U0528357

| 主编·汪剑钊 |

金色俄罗斯
Золотая Россия

普希金（第一卷）

ПУШКИН

[苏] 特尼亚诺夫 / 著
张冰 杜健 韩宇琪 / 译
张冰 / 校

四川人民出版社

图书在版编目（CIP）数据

普希金：上、中、下／（苏）特尼亚诺夫著；张冰，杜健，韩宇琪译，张冰校. —成都：四川人民出版社，2022.2
（金色俄罗斯/汪剑钊主编）
ISBN 978-7-220-12555-3

Ⅰ.①普… Ⅱ.①特… ②张… ③杜… ④韩… ⑤张… Ⅲ.①普希金（Pushkin, Alexander Sergeyevich 1799—1837）—传记 Ⅳ.①K835.125.6

中国版本图书馆 CIP 数据核字（2021）第 264354 号

PUXIJIN

普希金（第一卷、第二卷、第三卷）

[苏] 特尼亚诺夫 著
张冰 杜健 韩宇琪 译 张冰 校

出 版 人	黄立新
策划组稿	黄立新 张春晓
责任编辑	张春晓
装帧设计	张迪茗
责任校对	郭明武
责任印制	祝 健
出版发行	四川人民出版社（成都市槐树街2号）
网 址	http://www.scpph.com
E-mail	scrmcbs@sina.com
新浪微博	@四川人民出版社
微信公众号	四川人民出版社
发行部业务电话	(028) 86259624　86259453
防盗版举报电话	(028) 86259624
照　　排	四川胜翔数码印务设计有限公司
印　　刷	成都东江印务有限公司
成品尺寸	140mm×203mm
印　　张	23.875
字　　数	569 千
版　　次	2022 年 2 月第 1 版
印　　次	2022 年 2 月第 1 次印刷
书　　号	ISBN 978-7-220-12555-3
定　　价	128.00 元（一、二、三）

■版权所有·侵权必究

本书若出现印装质量问题，请与我社发行部联系调换
电话：(028) 86259453

金色俄罗斯
Золотая Россия

致敬"金色俄罗斯丛书"译介团队，感谢所有参与者为传播俄罗斯文学、增进中俄两国人民文化交流而做的努力！

汪剑钊 丛书主编、译者，北京外国语大学外国文学研究所教授，博士生导师。

张建华 丛书顾问、译者，北京外国语大学教授。

刘文飞 丛书顾问，中国俄罗斯文学研究会会长。

张　冰 北京师范大学俄语系教授，博士生导师。

赵晓彬 哈尔滨师范大学斯拉夫语学院副院长，博士生导师。

杨玉波 哈尔滨师范大学斯拉夫语学院副教授，文学博士。

郑艳红 中国社会科学院文学博士，绥化学院外国语系教师。

张　猛 北京外国语大学外国文学研究所博士。

李　莉 北京师范大学文学博士，杭州师范大学教授。

顾宏哲 辽宁大学俄语系副教授，硕士生导师。

赵艳秋 复旦大学俄语系副主任，文学博士。

侯炜红 中国社会科学院外国文学研究所俄罗斯文学研究室主任，文学博士。

池济敏 四川大学外国语学院副院长，副教授，文学博士。

飞　白	云南大学外语系教授，浙江省比较文学与外国文学学会名誉会长。
黄　玫	北京外国语大学俄语学院教授，博士生导师。
杨晓笛	北京外国语大学博士，太原理工大学教师。
李玉萍	洛阳理工学院副教授，文学博士。
王立业	北京外国语大学俄语学院教授，博士生导师。
邱　鑫	黑龙江大学俄语学院文学博士。
郭靖媛	北京大学比较文学专业博士在读。
薛冉冉	浙江大学外语学院副教授，博士。
温玉霞	西安外国语大学俄语学院教授，博士生导师。
潘月琴	北京外国语大学俄语学院副教授，博士。
余　翔	北京科技大学外国语学院师资博士后，文学博士。
李春雨	厦门大学外文学院助理教授，博士。
董树丛	北京外国语大学外国文学研究所硕士。
冯昭玙	浙江大学外文系教授。
杜　健	北京师范大学俄语语言文学专业博士。
韩宇琪	北京师范大学俄语语言文学专业博士。
苏　玲	《外国文学动态研究》主编，博士。
颜　宽	国立莫斯科大学语言文学系博士。
马卫红	浙江外国语学院教授，文学博士。
王丽欣	哈尔滨师范大学斯拉夫语学院副教授，文学博士。
于婷婷	西安外国语大学俄语语言文学博士在读。

王时玉　华东师范大学俄语语言文学博士在读。
穆　馨　哈尔滨师范大学斯拉夫语学院副教授，翻译硕士导师。
徐　琪　厦门大学外文学院教授，文学博士。
徐曼琳　四川外国语大学俄语系教授，文学博士。
欢迎更多的译者加入"金色俄罗斯丛书"……

（按译作出版时间排序）

四川人民出版社　　文学出版中心

目录
Contents

金色的"林中空地"(总序) / 001

尤里·特尼亚诺夫(译序) / 007

第一卷　童年

第一章 / 003

第二章 / 047

第三章 / 067

第四章 / 080

第五章 / 106

第六章 / 136

第七章 / 147

第八章 / 171

第九章 / 212

第十章 / 234

第二卷　寄宿中学

第一章　/ 247

第二章　/ 288

第三章　/ 330

第四章　/ 366

第五章　/ 386

第六章　/ 441

第七章　/ 457

第八章　/ 510

第九章　/ 511

第十章　/ 545

第十一章　/ 577

第三卷　青年时期

第一章　/ 591

金色的"林中空地"（总序）

汪剑钊

2014年2月23日，第二十二届冬奥会在俄罗斯的索契落下帷幕，但其中一些场景却不断在我的脑海回旋。我不是一个体育迷，也无意对其中的各项赛事评头论足。不过，这次冬奥会的开幕式与闭幕式上出色的文艺表演给我留下了深刻的印象，迄今仍然为之感叹不已。它们印证了一个民族对自身文化由衷的热爱和自觉的传承。前后两场典仪上所蕴含的丰厚的人文精髓是不能不让所有观者为之瞩目的。它们再次证明，俄罗斯人之所以能在世界上赢得足够的尊重，并不是凭借自己的快马与军刀，也不是凭借强大的海军或空军，更不是凭借所谓的先进核武器和航母，而是凭借他们在文化和科技上的卓越贡献。正是这些劳动成果擦亮了世界人民的眼睛，引燃了人们眸子里的惊奇。我们知道，武力带给人们的只有恐惧，而文化却值得给予永远的珍爱与敬重。

众所周知，《战争与和平》是俄罗斯文学的巨擘托尔斯泰所著的一部史诗性小说。小说的开篇便是沙皇的宫廷女官安娜·帕夫洛夫娜的舞会,这是介绍叙事艺术时经常被提到的一个经典性例子。借助这段描写,托尔斯泰以他的天才之笔将小说中的重要人物——拈出,为以后的宏大叙事嵌入了一根强劲的楔子。2014年2月7日晚,该届冬奥会开幕式的表演以芭蕾舞的形式再现了这一场景,令我们重温了"战争"前夜的"和平"魅力(我觉得,就一定程度上说,体育竞技堪称一种和平方式的模拟性战争)。有意思的是,在各国健儿经过十数天的激烈争夺以后,2月23日,闭幕式让体育与文化有了再一次的亲密拥抱。总导演康斯坦丁·恩斯特希望"挑选一些对于世界有影响力的俄罗斯文化,那也是世界文化遗产的一部分"。于是,他请出了在俄罗斯文学史上引以为傲的一部分重量级人物:伴随拉赫玛尼诺夫第二钢琴协奏曲的演奏,普希金、果戈理、屠格涅夫、托尔斯泰、陀思妥耶夫斯基、契诃夫、马雅可夫斯基、阿赫玛托娃、茨维塔耶娃、布尔加科夫、索尔仁尼琴、布罗茨基等经典作家和诗人在冰层上——复活,与现代人进行了一场超越时空的精神对话。他们留下的文化遗产像雪片似的飘入了每个人的内心,滋润着后来者的灵魂。

美裔英国诗人T. S. 艾略特在《诗的作用和批评的作用》一文中说:"一个不再关心其文学传承的民族就会变得野蛮;一个民族如果停止了生产文学,它的思想和感受力就会止步不前。一个民族的诗歌代表了它的意识的最高点,代表了它最强大的力量,也代表了它最为纤细敏锐的感受力。"在世界各民族中,俄罗斯堪称最为关心自己"文学传承"的一个民族,而它辽阔的地理特征则为自己的文学生态提供了一大片培植经典的金色的"林中空地"。迄今,在这片土地上生根发芽并长成参天大树的作家与作品已不计其数。除上述提及的文学巨匠以外，19世纪的茹科夫斯基、巴拉廷斯基、莱蒙托夫、丘特切夫、别林斯基、赫尔岑、费特等，20世纪的高尔基、勃洛克、安德列耶夫、什克洛夫斯基、普宁、索洛古勃、吉皮乌斯、苔菲、阿尔志跋绥夫、列米佐夫、什梅廖夫、波普拉夫斯基、哈尔姆斯等，均以自己的创造性劳动进入了经典的行列，向世界展示了俄罗斯奇异的美与力量。

中国与俄罗斯是两个巨人式的邻国，相似的文化传统、相似的历史沿革、相似的地理特征、相似的社会结构和民族特性，为它们的交往搭建了一个开阔的平台。早在1932年，鲁迅先生就为这种友谊写下一篇"贺词"——《祝中俄文字之交》，指出中国新文学所受的"启发"，将其看作自己的"导师"和"朋友"。20世纪50年代，由于意识形态的接近，中国与苏联在文化交流上曾出现过一个"蜜月期"，在那个特定的时代，俄罗斯文学几乎就是外国文学的一个代名词。俄罗斯文学史上的一些名著，如《叶甫盖尼·奥涅金》《死魂灵》《贵族之家》《猎人笔记》《战争与和平》《复活》《罪与罚》《第六病室》《丽人吟》《日瓦戈医生》《安魂曲》《没有主人公的叙事诗》《静静的顿河》《带星星的火车票》《林中水滴》《金蔷薇》和《钢铁是怎样炼成的》等，都曾经是坊间耳熟能详的书名，有不少读者甚至能大段大段背诵其中精彩的章节。在一定程度上，我们可以说，翻译成中文的俄罗斯文学作品已构成了中国新文学的一个重要组成部分，成为现代汉语中的经典文本，就像已广为流传的歌曲《莫斯科郊外的晚上》《三套车》《喀秋莎》《山楂树》等一样，后者似乎已理所当然地成为中国的民歌。迄今，它们仍在闪烁金子般的光芒。

不过，作为一座富矿，俄罗斯文学在中文中所显露的仅是冰山一角，大量的宝藏仍在我们有限的视域之外。其中，赫尔岑的人性，丘特切夫的智慧，费特的唯美，洛赫维茨卡娅的激情，索洛古勃与阿尔志跋绥夫在绝望中的希望，苔菲与阿维尔琴科的幽默，什克洛夫斯基的精致，波普拉夫斯基的超现实，哈尔姆斯的怪诞，等等，大多还停留在文学史上的地图式导游。为此，作为某种传承，也是出自传播和介绍的责任，我们编选和翻译了这套"金色俄罗斯丛书"，其目的是进一步挖掘那些依然静卧在俄罗斯文化沃土中的金锭。可以说，被选入本丛书的均是经过了淘洗和淬炼的经典文本，它们都配得上"金色"的荣誉。

行文至此，我们有必要就"经典"的概念略做一点说明。在汉语中，"经典"一词最早出现于《汉书·孙宝传》："周公上圣，召公大贤。尚犹有不相说，著于经典，两不相损。"汉朝是华夏民族展示凝聚力的重要朝代，当时的统治者不仅实现了政治上的统一，而且也希望在文化上设立标杆与范型，亟盼对前代思想交流上的混乱与文化积累上的泥沙俱下状态进行一番清理与厘定。客观地说，它取得了一定的成效，虽说也因此带来了"罢黜百家"的重大弊端。就文学而言，此前通称的"诗三百"也恰恰在那时完成了经典化的过程，被确定为后世一直崇奉的《诗经》。关于"经典"的含义，唐代的刘知幾在《史通·叙事》中有过一个初步的解释："自圣贤述作，是曰经典。"这里，他将圣人与前贤的文字著述纳入经典的范畴，实际是一种互证的做法。因为，历史上那些圣人贤达恰恰是因为他们杰出的言说才获得自己的荣名的。

那么，从现代的角度来看，什么是经典呢？商务印书馆出版的《现代汉语词典》给出了这样的释义：1. 指传统的具有权威性的著作：博览经典。2. 泛指各宗教宣扬教义的根本性著作。不同于词典的抽象与枯涩，意大利著名作家卡尔维诺归纳出了十四条非常感性的定义，其中最为人称道的是其中两条：其一，一部经典作品是一本每次重读都像初读那样带来发现的书；一部经典作品是一本即使我们初读也好像是在重温的书。其二，经典作品是一些产生某种特殊影响的书，它们要么自己以遗忘的方式给我们的想象力打下印记，要么乔装成个人或集体的无意识隐藏在深层记忆中。参照上述定义，我们觉得，经典就是经受住了历史与时间的考验而得以流传的文化结晶，表现为文字或其他传媒方式，在某个领域或范围具有一定的权威性和典范性，可以成为某个民族甚或整个人类的精神生产的象征与标识。换一个说法，每一部经典都是对时间之流逝的一次成功阻击。经典的诞生与存在可以让时间静止下来，打开又一扇大门，带你进入崭新的世界，为虚幻的人生提供另一种真实。

或许，我们所面临的时代确实如卡尔维诺所说："读经典作品似乎与我们的生活步调不一致，我们的生活步调无法忍受把大段大段的时间或空间让给人本主义者的悠闲；也与我们文化中的精英主义不一致，这种精英主义永远也制定不出一份经典作品的目录来配合我们的时代。"那么，正如沙漠对水的渴望一样，在漠视经典的时代，我们还是要高举经典的大纛，并且以卡尔维诺的另一段话镌刻其上："现在可以做的，就是让我们每个人都发明我们理想的经典藏书室；而我想说，其中一半应该包括我们读过并对我们有所裨益的书，另一些应该是我们打算读并假设对我们有所裨益的书。我们还应该把一部分空间让给意外之书和偶然发现之书。"

愿"金色俄罗斯"能走进你的藏书室,走进你的精神生活,走进你的内心!

尤里·特尼亚诺夫（译序）

尤里·特尼亚诺夫（1894—1943）苏联杰出文艺学家、批评家、作家兼翻译家。苏联早期俄国形式主义运动，即奥波亚兹——诗歌语言研究会（Общество по изучению стихотворного языка）代表人物"三巨头"之一。其理论著述在俄国形式主义发展的关键时刻起到了"挽狂澜于既倒"的巨大作用，是这一文艺学批评运动由早期的"语言学转向"进而向"社会学转向"转变的契机。他的一系列文艺学理论著作，如《诗歌语言问题》（1924）、《文学演变》等，都是这个文艺学运动发展史上划时代的著作，也是这位杰出文艺理论家留给后世的一份宝贵的学术遗产。可惜的是，他的这些享誉世界的基础理论著作，迄今尚无中文译本，介绍他的文字也寥寥无几。

除了写作大量涉及文艺学，以及在俄国形式主义发展史上占有重要地位的理论著作外，特尼亚诺夫还是一位著名的历史小说家和儿童文学作家。其著名传记小说如《丘赫里亚》《瓦吉尔·穆赫塔尔之死》和《普希金》等，系这位小说家兼文艺理论家留下来的传记体小说名著，也是苏联文学史上著名的儿童文学作品。

尤里·特尼亚诺夫在俄罗斯乃至世界文化中，是一个把大文学理论家 广博学识和睿智与独特的历史传记小说家的过人才华融为一体的典范作家。文学史上很少有能把这样两种截然相反的才能并行不悖地统一在一个人身上的范例。特尼亚诺夫之转入历史小说创作不仅是为了通过创作来研究往昔和过去，也是为了说出他关于当下的勇敢而又独立的见解，并且用鲜活的、充满活力的当代语言加以表现。把当下的百年和过往的百年进行悲剧性对比的结果，就是这位作家留给未来千年文化的主体的一部关于俄罗斯文学的道德和哲理遗言。

尤里·尼古拉耶维奇·特尼亚诺夫1894年10月18日出生于维贴布斯克省的列日茨城（现属拉脱维亚的雷泽克内）一个医生家庭。他本人在自传中写道，自己的家乡"距离米霍埃尔斯和夏加尔出生地约6小时车程，距叶卡捷琳娜一世出生地和青年生活地约8小时车程"。特尼亚诺夫之所以对家乡充满眷恋，是因为家乡是一种不朽的历史文化的代名词，它们不仅是一种道德支柱，而且还是每个人内心自由的一种标志。

但对在特尼亚诺夫心目中占据重要地位的这个"家乡人米霍埃尔斯"来说，这种吻合十分重要吗？所罗门·米霍埃尔斯是一名杰出的演员，是莫斯科犹太剧院的创始人。也许，特尼亚诺夫之所以在众多家乡人里特意把米霍埃尔斯标举出来，是出于对于表演艺术及其代表人物的一种礼遇和虔敬？当年曾经听过特尼亚诺夫在列宁格勒讲课的学生，都对这位年轻教授的渊博学识和幽默风趣的讲课风格记忆犹新，都为他善于模仿所有19世纪经典作家的步态口吻而绝倒。许多回忆文章的作者都指出，特尼亚诺夫极其善于模仿作家的表情和语调，连19世纪一些不怎么有名的作家也成为他模仿的对象。这一才华后来在他创作小说人物,如丘赫尔别凯、格里鲍耶多夫、普希金时,为他提供了很大帮助。

在特尼亚诺夫的家乡人中,马尔克·夏加尔是另外一个名人,他是20世纪最伟大的艺术家之一。在其整个一生中,始终保留对其故乡维贴布斯克的深深眷恋和深刻记忆,该城在他的绘画中已经成为历史的象征,成为永恒的象征。特尼亚诺夫对其家乡的记忆和他一模一样。对于他在此度过童年的这座城市,特尼亚诺夫有充分理由说:"假如我不曾有过童年的话,我就不会理解历史。"

在这位未来作家的灵魂里,俄罗斯古老的城市普斯科夫的记忆留痕同样也很深刻。他在那里度过中学时代。他对文学发生兴趣以及他最初开始写诗,也都起步于这里。保存至今的中学生特尼亚诺夫的一篇作文的题目是《当我们成为生活中必不可少的一环时,生活是美好的》,作者在文中巧妙地比较了俄国和国外经典作家,具有独立看待问题的最重要的见解。

进入彼得堡大学语文系以后,特尼亚诺夫开始在谢·阿·温格罗夫的普希金讨论班上学习。他嗣后最主要的科研选题和创作主题——普希金时代——就是在这里奠定的。但在这个课题的研究中,特尼亚诺夫最感兴趣的,是很少有人研究的现象和未知现象。他对威廉·卡尔洛维奇·丘赫尔别凯的研究,精细到了毫发毕现的地步——此人系普希金在皇村中学的同班同学,被发配的十二月党人,也是一个在诗歌创作上被公认不够成功的写诗者。特尼亚诺夫的第一部小说写的就是他——《丘赫里亚》(1925)。

《丘赫里亚》的创作本身就是一个"文坛传奇":特尼亚诺夫在旧书摊上偶然发现有人愿意出手一箱手稿,而这箱手稿出自普希金的同班同学也是普希金时代一位十二月党人、诗人丘赫尔别凯之手,便不惜重金买下。1924年，当时正在国家文学出版社工作的著名儿童文学作家科尔伊·丘科夫斯基向年轻教师特尼亚诺夫约稿，约写一本关于丘赫尔别凯的小册子。不想特尼亚诺夫一下笔就刹不住车了，竟然写成一部长篇小说，而且一上市就成为苏联"历史小说"中的名著，反映"时代精神"的典范。在问世以来的80年中不断重版再版，甚至时至今日也依然赢得读者的喜爱。

特尼亚诺夫创作的第二部长篇小说是以俄国文学史上著名剧作家、《智慧的痛苦》的作者格里鲍耶多夫为主人公的《瓦吉尔·穆赫塔尔之死》(1928)，小说把焦点对准格里鲍耶多夫生命中的最后一年。一年后又创作了怪诞历史短篇小说《吉热中尉》，这是以保罗一世时代生活中发生的真人真事为原型写的。彼得一世的悲剧时代则被再现于中篇小说《蜡人》(1931)中，而在短篇小说《幼年时代的维图希什尼科夫》(1933)中，作者讥讽地描写了尼古拉一世的形象。

1932年特尼亚诺夫开始创作关于普希金的叙事作品《汉尼拔家族》，但只来得及写完第一章的引言部分。这部分甚至讲述到少年时代的亚伯拉罕（即嗣后的"彼得大帝的黑奴"和普希金的祖父亚伯拉罕·彼得罗维奇·汉尼拔）如何被土耳其人俘虏，后来辗转被贡献给彼得大帝的故事。小说同时讲述普希金一家的贵族世系——这些人"生活过得安逸闲适，轻松飘逸"。这一广阔的史诗般的构思并不仅限于勾勒普希金的家谱。前言中如叠句一般重复多次的一句话是："问题涉及俄罗斯。"

但这样一种历史追溯显然牵涉面太广，于是，特尼亚诺夫开始创作一部关于普希金的长篇小说，并决定以1800年为起点。此时作家已经得了重病，并且也得知自己患的是不治之症。在再现普希金的童年和少年以后，他像是感染了普希金明朗的生命能量一般。小说第一卷于1935 发表，第二卷"寄宿中学"1936—1937年发表。第三卷"青年时期"写作时，作家已经重病在身。他起先在列宁格勒，随后被疏散到彼尔姆。1943年《青年时期》发表于《旗》杂志。对普希金命运的叙事一直延续到1820年。根据特尼亚诺夫朋友和同道者维·什克洛夫斯基的意见，业已完成的部分，只是原计划的四分之三。更何况这部作品已被当作关于这位伟大俄罗斯诗人童年和青少年时代的一部完整作品，和特尼亚诺夫有关丘赫尔别凯、格里鲍耶多夫的作品共同构成三部曲。这是唯一一部配得上《普希金》这样一个朴素而又简单的书名的作品，在众多普希金传记中也是独树一帜。在疏散地时，特尼亚诺夫还创作了另外两个短篇小说《多洛霍夫将军》和《红帽子》。在特尼亚诺夫的所有小说创作中，《普希金》是其小说创作的巅峰之作。

1943年12月20日，作家逝世于莫斯科，被葬在瓦甘科夫墓地。

特尼亚诺夫的所有作品都和俄国的往昔及其文化相关。其小说人物都是历史上有过的真人——彼得一世、尼古拉一世、格里鲍耶多夫、丘赫尔别凯、普希金。作家具有广博的历史知识，记忆里保存了许多故事和细节，善于在印刷和手写档案文献中收集那些具有表现力的细节。作为一位学者，特尼亚诺夫不仅是一个语文学家，也不仅是一个文学史家，而且还是一个俄国史学家——像卡拉姆津和普希金一样。有一种说法，说特尼亚诺夫似乎从不"虚构"，他虚构只是为了弥补知识的不足，或是为了把事实纳入某种既定的框架。实情不是这样。特尼亚诺夫力求像普希金那样"真实再现过往的时代"。在这个意义上，特尼亚诺夫的长篇小说和短篇小说都具有科学认识的价值。读过《丘赫里亚》的读者会对皇村中学、十二月党人起义有所了解，而对于丘赫尔别凯的身世，却 除此之外无从了解的。许多读者都是通过这些历史小说，平生头一次了解格里鲍耶多夫的外交官生涯和普希金童年时代的生活细节的。从这个意义上说，这些历史小说成为历史知识的可靠来源，是每个文化人都必须了解的。

特尼亚诺夫许多创造性的猜想后来都得到了证实，比如，想象不仅要求艺术也要求科学。特尼亚诺夫总是批判地对待知识的来源。"有些材料很花哨，可它们却像人一样在撒谎. 请不要相信它们，请走出文献材料之外，深入挖掘下去。不要相信别人转述的材料。"——作家在嗣后被收入集体文集《我们怎样写作》（1930）中的特写中这样写道。

充满经过严格考证方才成为事实的依据，这只是特尼亚诺夫艺术世界的一个基础而已，只是从中建构更加复杂多义的艺术现实和艺术世界的基础而已。特尼亚诺夫并没有用海量的档案资料把自己和生活隔绝起来。怎样的个人生活经验有助于作家深入体验作品所描述的情境呢？作为一个文艺学家的特尼亚诺夫，远远超前于他那个时代。他和他那些奥波亚兹的同道者们——什克洛夫斯基、艾亨鲍姆以及接近于这个圈子的罗曼·雅各布逊和托马舍夫斯基一起，开辟了研究文学的崭新的方法和路径，这种新方法特别注重对于艺术创作内在法则的关注和重视，对于诗歌和散文小说的织体、对于方法和风格的嬗变规律，必须加以密切关注。这种方法有一个不太适合的名称"形式主义方法"，这一学派也遭到了传统学院派老一代文艺学家的抨击和批判，也遭到苏联意识形态的批判。继续从事集体性的学术研究成为不可能实现的梦想。1927年，特尼亚诺夫写信给什克洛夫斯基说："我们这里已经在上演智慧的痛苦。我敢说这说的就是我们这三四个人而已。"特尼亚诺夫在这封信里，用格里鲍耶多夫去波斯的故事,影射自己因得了不治之症而必然死亡的结局。

特尼亚诺夫作品中对于普通人的描写也渗透着悲剧精神。例如《蜡人》描写彼得大帝时代下令收集畸形人标本的故事。特尼亚诺夫作品的结构特征反映了他对于俄国历史规律的悲剧性思考。情节永远都向着悲剧结局运行。对于格里鲍耶多夫、丘赫尔别凯临终时的描写,都是这样。对保罗一世被谋杀结局的描写令人感到历史的宿命意味。

时代的比较自然会在特尼亚诺夫的语言上多有反映。特尼亚诺夫娴熟地掌握了历史风格学,准确地再现了不同时代的话语特点。但模仿古风并非目的本身:对他来说,还需要创造一种读者在其再现情境中的亲在感,从而赋予人物肖像真实的话语表现力。总之,特尼亚诺夫的长篇小说和短篇小说,都是用极富时代特征的话语写成的:他属于那些赋予20世纪俄语以特征的作家之一。

特尼亚诺夫作品的艺术话语通常有两个以上的层次。如《普希金》开篇头一句话,就是"少校是个吝啬鬼"。其中"少校"一词用的是古老的书写方式。这立刻给人一种时代距离感。这个词立刻从句中脱颖而出,把我们的感觉推到从前和过去。与此同时,这样一种"话语修辞分层法"式的风格模拟,在读者身上能引起一种惶惶不安和忧心忡忡的感觉。凡是对现在不满意的人,通常都会寄托希望于未来,或是把过去理想化。

艾亨鲍姆在回忆中这样提到他初见特尼亚诺夫的印象:"在一次普希金讨论课上,有一个少年请求发言,他长得非常像普希金。"特尼亚诺夫的整个一生是在普希金的标志下度过的——作为作家,也作为文艺学家。如果我们探索一下长篇小说《普希金》的创作史,就应当把注意力转向特尼亚诺夫自传的头几页。那里讲到他在大约8岁时得到的第一个礼物，就是伍尔夫版一卷本的普希金全集。也就是说，最先吸引特尼亚夫的，就是普希金创作的非文选版的、写起来自然而然的轻诗，这些诗非常自然地建基于为一定时期特定圈子的人所共享的暗示和隐喻之上。特尼亚诺夫走进普希金的艺术世界不是通过正门，因此他对普希金的态度颇有所谓"接地气"之感。

在对普希金的研究中，特尼亚诺夫最忌讳人云亦云的市场流行语。他也不喜欢阿波罗·格里果利耶夫的"普希金是我们的一切"这种说法。他力求揭示普希金在俄国文学史中所起的具体作用。这是他最成功的地方。长篇论文《拟古主义者和普希金》（1924），阐述普希金在那个时代的文学争论中所占据的立场，这是一部充满了独立见解，论证丰富而又翔实的科研论著。写于1928年的《普希金》以罕见的科学的手法阐述了普希金的创作，揭示了普希金作为天才的一个最主要的秘密——不间断地发展和更新。读这部长篇小说应当记住，特尼亚诺夫还写有同名的科学论著，这部论著非常有助于我们读懂作家的小说艺术观。

"这本书不是传记"，特尼亚诺夫在为本书写的序言草稿（现存档案）中说。"读者如果在书中寻找对于事实的精确描写，准确的时间顺序，对科学文献的准确转述的话，将会是徒劳的。这不是小说家该干的，而是普希金学家的责任。小说中事件发生的时间顺序，常常被猜想所取代，而且是自由地取代，自由小说家自古以来就在充分利用这一古老的权力。这部小说无法替代科学传记，而真正的科学传记也是无法替代的。我想在这本书中接近于有关往昔的艺术真实，揭示这种真实永远都是历史小说家的目的。"流传下来的还有一句涉及《普希金》的构思的一句话："我这本书不是按照'小说化传记'写的，像史诗类作品从民族诗人的出生、发展和死亡一路写下来。我在小说中并未把主人公的生平和创作分隔开来,也没有把主人公的创作与其国家的历史分割开来。"①

这部小说按照原来的构思是很宏大的:特尼亚诺夫原本想要写作一部史诗性的大长篇小说,也许其规模应当相当于《战争与和平》。在建构多层次广角结构的同时,作家又给予广阔空间背景下的细节描写以密切关注。小说的语言像普希金一样简洁、充满动态,没有多余的废话,每个句子都有情节动作,每个判断都是格言警句。小说的简洁还依靠另外两种力量,一是离心力,一是向心力,以及这两种情节力的关系。这条力线用于发展主题和扩展叙事,使得新的人物不断出现。

长篇小说的艺术思想还有一个来源,就是勇敢地把两个主题进行对比:创作主题和爱情主题。在此作家走向对于年轻普希金爱情欲求的阐释,把一种不可遏制的生命渴望和一种崇高的灵魂结构结合起来。在小说的最后一卷里,作家艺术地展现了他在《无名的爱情》(1939)中记录的一个传记史假说,那就是普希金贯穿终生的对于叶卡捷琳娜·安德烈耶夫娜·卡拉姆津娜的爱情。该假说迄今为止既未被证实也未被证伪。但在这部小说中,这一假说却在普希金的人物观中得到了有机渗透和贯穿。最先提出这一假设的是格尔申宗。作为当时苏联学术界首屈一指的人物,特尼亚诺夫在此书中丰富了普希金研究中许多重要的事实、细节和关节点,并且对其创作遗产做了独特而又深刻的阐释。作家在创作过程中,还特别注重吸取许多苏联文艺学界的普希金研究成果。此书的构思始于1933年。其构思以其宏大规模和宏大气魄令人震惊:即作

---

① 《20世纪俄罗斯文学》11年级用书,德罗法出版社,第1卷,莫斯科,2002年俄文版,第454页。

家想通过这部著作全面展现普希金从降生以来的生平传记事实。在普希金一生中,特尼亚诺夫觉得最难以下笔的,是这位伟大诗人的童年:有关诗人这段生活,相关资料实在少得可怜。特尼亚诺夫在这部著作中表现了他独异于他人的普希金创作之路观:力图驱散普希金注释家们围绕这位伟大诗人的名字而制造的"花饰"和"传奇",写出一个作为"活人"的普希金,而非所谓"生活中的普希金"。例如,在魏列萨耶夫的《生活中的普希金》里,作为诗人的普希金几乎根本就不在场,读者从中看不到作为"活人"的普希金形象,倒是了解了不少普希金时代物质生活内容和环境的特点。特尼亚诺夫在其著作中,细致地描写了普希金所处的人物环境——他和敌友的,他的整个创作之路,他的悲剧矛盾和探索,他周围的人物——皇村中学校长恩格哈特、卡捷宁、戈尔恰科夫、沃洛佐夫等,通过这些人物的描述,读者仿佛回到普希金生活和创作的那个年代。值得注意的是,这部小说的第3卷也只写到1816—1820年间的普希金。作家在答记者问时,回答了他在这部小说中如何处理纪实与虚构的关系问题。通过所发掘的材料,特尼亚诺夫认为皇村中学时期在普希金的成长经历中是非常重要的一个环节,不仅对于诗人哲学思想的成熟而言,而且对于诗人在政治思想上的成熟而言,都具有非常重要的意义。特尼亚诺夫在这部小说中既表现了他作为文艺学家的才华,也尽情表现了自己作为小说家的才华。这部作品的成功表明这位作家在创作中实现了罕有的结合:即小说家和理论家的二者合一。

特尼亚诺夫关于普希金短暂一生中始终在暗恋着卡拉姆津娜的假说,最先见之于他的论文《不具名的爱情》。按照此文的解读,普希金在哀诗《白日的星辰熄灭了》中,隐隐透露出诗人正在为一种既不见容于时代,又注定无从实现的爱情所困扰的消息。当时流行着许多关于普希金的流言，似乎普希金当时是一个上流社会的"雄狮"，对待女性轻薄荡，举止轻浮。对此种流言，特尼亚诺夫不但嗤之以鼻，而且力图在他的小说中予以驳斥。在普希金的全部抒情诗作中，隐隐有一个系列，都与诗人对叶·安·卡拉姆津娜的"隐秘爱情"有关。这就是《巴赫切萨拉伊的喷泉》《奥涅金旅行记片段》《波尔塔瓦》题词、哀诗《在格鲁吉亚山冈上笼罩着夜的黑暗》等。和从前的研究者们（米·格尔申宗、帕·谢果列夫）的推断不同，他认为普希金"就其非同寻常的力度、持续的长度，并且终其一生都从未宣说的"爱情而言，不是针对米·阿·戈利岑娜或米·尼·拉耶夫斯卡娅的。"我们有足够理由和根据认为他终其一生都隐瞒了他对卡拉姆津娜的爱情和情欲。"——特尼亚诺夫如是说。他提出了自己独特的阐释，这些阐释不仅在普希金诗歌题献词和神秘的暗示中始终都是疑点，而且他还举证了一些普希金同时代人的某些证词来证明普希金和卡拉姆津娜之间的关系。其中包括普希金和卡拉姆津娜关系的最后一件证明，当诗人受了致命伤以后，他一再询问："卡拉姆津娜在哪儿？卡拉姆津娜在吗？"在做总结时特尼亚诺夫得出一个对于我们的普希金观具有原则性意义的重大结论："有一点变得十分清楚，即一度十分流行甚至成为非常时髦的普希金观，即说他是一个风流倜傥，举止轻浮，不断任意改变其恋情的轻佻之徒：一名年仅17岁的'中学生'痛苦而又激烈的爱情迫使他在生命的最后时刻首先喊出的名字是卡拉姆津娜。这一'隐秘的''无名的'爱情贯穿了他的一生。"

（Юрий Тынянов: Сочинения, том третий Пушкин, Москва, 《Терра》——《Terra》，1994，стр. 589）

第一卷
|童 年|

第一章

1

少校是个吝啬鬼。他深吸了一口气,随后便把自己关在屋子里,偷偷地数起了钱。

他忽然想起近卫军一个伙伴还欠他120卢布,便伤心起来。他冲着不合时宜地开始鸣叫的金丝雀嘘了一声,换上出门的衣服,对着镜子把自己好生整理了一番,这才转过身来,拾起手杖,走到门厅,他对老婆说:

"麻利点儿。别忘了穿得干净整洁点儿呵。"

随后,他踮着脚尖走到侧门,轻轻地把门开一道缝,语气柔和地说:

"我走了呵,我的小心肝儿。"

可却没人搭理他。他又踮着脚尖走到门口,轻轻地打开门,生怕发出吱扭声。小厮拎着一只旅行箱紧跟在他身后。

出了房门就是院子,房后是一座花园,有椴树和沙土甬道。那个哥萨克女人的任务是把邻家的母鸡赶跑。

一条看家狗听见脚步声,在梦里发出几声抱怨。少校敏捷地钻出门外。他走路步伐轻快,但也看得出,他在担心有人会叫他回来。

他沿街走去。他说住的那个地方，德国的街道一无可看：绵延不断的因遭受风吹雨打而变成银灰色的篱墙，每家门洞都嵌有一尊盲目的小圣像——上面满是尘土。雨早就不下了，可污泥还在上面——一块块，一片片，一条条的。路上有几个做手艺的德国人，一个农妇怀里抱着一只鹅。他看也不看他们一眼。他穿过一条又一条小胡同到开心酒馆去——那地方因为有了这家不错的小酒馆而得名。他在酒馆门前和车夫经过一番讨价还价以后，雇了一辆轻便马车，与此同时他的脸色变得越来越坚毅。他让车夫把他和旅行箱一起送到波克罗夫门。那匹驽马胆子似乎很小，小厮拎着旅行箱跟在车后跑。车到波克罗夫门，少校下了车，走上人行道。

一踏上人行道，他就像是换了一个人似的。

他系着一条和他眼睛的颜色极其接近的蓝领带，手里拄着一支轻便手杖，他摇晃着身子，走得很慢，空着的那只手里攥着一块绸手绢，半张的嘴像是在贪婪地吞食着人行道的凉意。随后他又从一位姑娘那儿买来一束野花。七月的阳光火辣辣的，酷热难耐。那个小厮被落在身后很远一大截。

他就这样一路走到米亚斯尼茨基大门，走进渔具街。他走路的样子显得很清闲随意，脚步轻盈，一直在不住气地瞥摸路上遇到的女人。那小厮不时地用袖口揩拭着汗水，吃力地跟在他身后。他走下一座酒窖。虽然时候尚早，但酒窖前已经有两位品酒的行家里手，正在争议勃艮第和拉菲哪种酒最棒。他花费了好长时间选酒，竭力想买到价廉物美的，他大大咧咧地付了款，然后，指着酒对小厮和蔼地说，似乎有意让周围的人都能听见似的。

"——小傻瓜，地址你还记得吧？哼，你肯定又忘了。我再告诉你一遍:戈洛芙金娜伯爵夫人家旁边,近卫军少校普希金家。到了地方是个人都能指给你。别了,你这个小傻瓜,到了可能还是什么也记不住。还是我给你写个字条,你去问面包师好了。"

说着,微笑着写了张字条。

小厮无动于衷地看着他,把字条塞进满是窟窿的裤口袋里。

2

近卫军少校,或更确切地说,大尉实际上已经退伍一年了。而且他当时服役时,也是在文官委员会工作,所以,他穿的也压根儿不是什么近卫军制服,但他仍然称自己是:近卫军少校普希金。天已经"凉了",对于那些姓氏高贵的人士来说,就是"朔风吹"或"北风寒",而人们之所以这么说,仅仅是为了不提及保罗皇帝的大名而已。

因此,在自称是穿灰制服的文官委员会近卫军官的同时,少校似乎是在暗示其退役的原因,以及其退役的暂时性。实际上他早就该退役了,和他哥哥瓦西里·里沃维奇一样,因为近卫军没有生活补贴,而文官委员会却可以领到一份薪水。

除了母亲、哥哥和姐妹们处,他还在下城区有一块土地。波尔金诺村是一处名副其实的大贵族世袭领地,有 3000 个农奴,可糟糕的是,在九年前那次不幸的财产分割中,其父第一次婚姻所生独生子也参与了分配,结果,大多数土地和农奴分给了独生子和生母。

谢尔盖·里沃维奇从那时起,便从内心深处永远地保留了对亲人的戒备心理,并把这位同父异母的哥哥永远从记忆里根除了出去。

谢尔盖·里沃维奇从未去过自己的领地,而且,每当妈妈提醒他——往往不无几分嘲讽地提醒他,说他不妨去封邑走走——他就皱紧眉头。他知道自己名下不多不少有 1000 名农奴，村里小河上还有一个磨坊，公家还在村里开了一家酒店，村子四周都是茂密的森林。至于林子里究竟有什么，他就不甚了了了——总不外乎是些浆果、野狼吧。每次接到进项，他总是会像得着一件宝物或意外的收获一般，心里乐开花，瞬间感到自己是个财主。而一旦进项拖延，他就开始隐隐约约地担起心来，心情郁闷。近卫军的财宝都是过路财神，口袋也像个漏勺。

然而，作为一个年轻的近卫军官，正如那些贵族少女们关于他所说的那样，他感情丰富，机智俏皮（法语：бельэспри），所以，在女性那里，谢尔盖·里沃维奇总是如鱼得水。

他能说一口流利自如的法语，以致说俄语时，也会不由得打个呼哨，或发出很重的鼻音。他会唱所有最新的法语抒情歌曲，对本国文学也有很浓厚的兴趣。文学在社交和自由方面的优点，令他感到十分满意。到哪儿可以让心灵得到安顿呢？只有在那些文学家中间。谢尔盖·里沃维奇在文学家中间，心灵能得到安宁，然而他永远不会放过拜访所有高雅艺术的先知——尼古拉·米哈伊洛维奇·卡拉姆津[①]的机会。如今的卡拉姆津似乎锐气有所消磨，热情有些冷却，变得比以前持重稳健了些，但却不像以前那样宽容、热情而又睿智。对谢尔盖·里沃维奇来说，卡拉姆津仍然是那颗指路的明星。他仍然住在特维尔大街普列谢耶夫那幢住宅里。

两年半以前，谢尔盖·里沃维奇结婚了。他的夫人真是一个非凡的女性。彼得堡的近卫军官们都管她叫"美丽的混血女人"和"美丽的布尔女人"，而她手下那些被她的任性胡来折磨得苦不堪言的仆人们，背

[①] 指尼古拉·米哈伊洛维奇·卡拉姆津（1766—1826），俄国文学家。——译注

后里都叫她"黑女人"。

她是彼得大帝身边的男仆、早年的密友、著名的黑人上将阿勃拉姆·彼得洛维奇的孙女。还在她幼年时代，凶神恶煞的父亲就把她和母亲抛弃了。她像个孤儿似的长大成人。但她有一些叔叔们——拥有苏伊达这座美丽庄园的陆军中将汉尼拔和住在普斯科夫地区的陆军少将汉尼拔。普希金弟兄们也常到陆军中将汉尼拔那儿做客，而会写诗的弟弟瓦西里·里沃维奇，甚至还曾写诗歌颂苏伊达及其主人。他们的父亲也是个黑人，同样也没当过室内男仆，而毋宁说是彼得大帝的匿友，而且，即便当过其男仆，也是挂着上将军衔的男仆。汉尼拔是一个足以令人骄傲的名字。除此之外，纳杰日达·奥西波芙娜长得非常漂亮。谢尔盖·里沃维奇对她是一见钟情，当即本着上流社会通行的所有法则，开始对其实施追逐，但却并不打算结婚。虽然他很快就提出求婚，却对结婚的事还是连想都没来得及想，却忽然蒙受了这位美人的允可和同意。

尽管家里的状况一片混乱，但她还是给少校带来一座位于普斯科夫省的小镇，而且她还得到承诺，父亲死后她还可以获得旁边另一座十分可观的大镇。虽然她父亲就其头脑和本意来说，不是什么恶人，但举止却极其轻佻——他背着妻子娶了普斯科夫省那个时代非常有名，魅力四射的美眉，结果把他的家产荡了个精光。而且，荡掉的不光他一个，还包括他的家庭和他的弟弟。他像是天生与金钱有仇似的，挥金如土，而且似乎一辈子都在走下坡路，连停下来喘口气的时间都没有。一有钱，他就会给那个美眉购买一套套的金银餐具。说到他的两个妻子，每个妻子都认为他和另一个妻子是恶人，占有了他生命的绝大部分，两位妻子的官司一直打到现在。那位年纪已然不轻的老美眉，和奥西普·阿勃拉莫维奇时聚时散，无论聚散都免不了要钱。根据传言，如今他住在米哈伊洛夫斯克村里,过着对一个老年人来说淫荡得出奇的生活。而米哈伊洛夫斯克村旁边就是科勃里诺小镇,也就是这位黑人女子的嫁妆。

叶卡捷琳娜女皇驾崩了。近卫军的顽皮和胡闹消停了下来。这对年轻人生下了女儿奥莉佳。纳杰日达·奥西波芙娜的母亲玛丽亚·阿列克谢耶芙娜从彼得堡来做客。谢尔盖·里沃维奇既然已经有了妻室,也就退役了。他那年只有29岁。谢尔盖·里沃维奇梦中见到的家是这样的:墙上覆盖着常春藤,门口有白色的柱子(哪怕是木头的也行)。而这也正是他对生活朦朦胧胧有所不满的一个地方——原来,在需要做抉择,安顿自己的家庭和幸福时,他很少过细思考,周密计划过。房子是偶然租来的,所以,屋里的摆设也就临时将就一下得了。无论庄园还是莫斯科抑或近郊,都算不上家,而是厢房,是那些英国商人马马虎虎当办公室盖的。眼下这位皇帝任性暴躁,不喜欢英国人——于是那帮英国佬便把房子卖给了一位官员,抬起屁股开溜了。谢尔盖·里沃维奇讨厌任何形式的忙乱。他当下就拍板把房子租了下来,好在房价十分便宜。

从前的冰屋冷灶,只剩下两只鸟笼,一只鹦鹉,一只金丝雀,但生活方式却产生了急遽变化。一个月前他刚生了个儿子,为了纪念其父亚历山大,他给儿子起名叫亚历山大,即萨沙。

此刻,经过一番洗礼,他打算安排一次"库尔塔格"①——像近卫军常说的那样——如他此刻常说的那样,即为心之所爱举办一次简朴的见面礼。

---

① 库尔塔格,德语,"待客宴"的意思。——译注

3

玛丽娅·阿列克谢耶芙娜从一大早就开始忙乎起来。接待来客和女婿的亲戚们,这令她很不安,可千万别出什么差错呀。来客可都是见过大世面的来自首都的时髦人物,而她待人又习惯于拖拖拉拉,简简单单的。厅里打扫过了,家族灶台也用白粉刷过了,物业下的垃圾也清扫一空。而以前垃圾可真不少。

她从内心深处认为在自己的一生中,只有李别茨克市才是她的主要根据地,也是她一生中最重要的地方。离那儿不远就是她父亲的庄园,而她的少女时代,就是在那儿度过的。这座城市非常干净整洁,主路两边都种着橡树和菩提树,樱桃和梨更是多了去了。小女孩们都穿着坎肩和绣花衬衫。而此时此刻恰好又是菩提开花的季节,菩提花散发着浓郁怡人的花香。每到夏季,来自首都的知识精英,达官显贵和雍容华贵的上流社会人士,便齐齐聚在李别茨克市洗泥浴。一些细皮嫩肉的军官被从首都打发出来,带着与火炮有关的各种指令和任务,来到这里的生铁丁。待她出嫁那会儿,她出落成一个人见人爱的美人,凡见过她的人都未免大吃一惊,却都连忙装出一副无所谓的样子,反而对她居然能将自己嫁给一个黑人这一点啧有烦言。可这黑人是军舰上的炮手,对她殷勤有礼,全身像装满了弹簧一样动作敏捷,为了未婚妻肯赴汤蹈火。不想进门才知是一个坏蛋。

她和尚在襁褓中年幼的女儿,被他可耻地抛弃了,连一点儿吃的都没给留下。于是她被迫回到乡下的父母家。可父亲已经年迈,闯进家门的这个黑鬼,令家门蒙羞,瘫痪在床的父亲很快就过世了。就这样,这个黑鬼成了两重意义上的恶棍。

父亲去世后,玛丽娅·阿列克谢耶芙娜与母亲和年幼的女儿相依为命,生活十分拮据。家里常常落到没有面包吃的地步。仆人们也害怕被饿死,纷纷风流云散。

这样一来,玛丽娅·阿列克谢耶芙娜最后不得不和女儿一起生活在彼得堡郊外的苏伊达村,靠黑人婆婆的面包为生,既不像一个寡妇,也不像一个有丈夫的人之妻。而无论是彼得堡,还是如今的莫斯科,所有这些地方,她都不认为是常住地,哪儿都住不惯,哪儿都不是根据地。她已经习惯于月月光的日子。在黑人婆婆所在的苏伊达村,她住在顶屋的阁楼里。她在彼得堡的普列奥勃拉任斯基军团有一间自己的小屋。后来,她把这间小屋卖了,带着纳杰日达搬到伊兹玛伊洛夫军团。她的弟兄们都是军官,丈夫即便人很混,也算舰艇上的炮手。生活就像行军打仗:天一亮就起床,号一吹就吃饭。窗外永远都是刀光剑影,马刺铿锵。她和女儿每天起得都很晚,成天坐在窗前看人影幢幢。

纳杰日达就这么长大了。在伊兹玛伊洛夫团时,一个亲戚,近卫军士兵,中尉曾经向她求过婚。玛丽娅·阿列克谢耶芙娜的娘家姓叫普希金娜,而谢尔盖·里沃维奇是她的堂兄弟。据资料看是个有钱人。他的求婚当然立刻就被接受了。年轻人去了莫斯科,这回她是到他家做客的——这也是规矩,而且,这次又轮到她住阁楼,就和从前在黑人婆婆那儿时一样,只不过这次她还带着外孙女奥莉佳。

玛丽娅·阿列克谢耶芙娜可谓阅人无数,尤其善于做那些官员的工作,因为官员们要处理那位犯了重婚罪的丈夫的官司事。她还非常善于待人,尤其是给她们提供住处和温暖的人,生怕得罪了人家,或是被人家小瞧了。如今一切都变了,人们开始把受教养和脸色苍白当作一种时髦了。

而李别茨克市却仍然像人们所说的那样，像从前那样挺立着。

如今她全权掌管着女婿的经济开销，虽然开销不大，但并不好管。仆人不多，但散漫惯了，个个偷奸耍滑。厨师尼科拉什卡是个酒鬼兼恶棍。仆人们个个懒得出奇，一个个操起双手，像苍蝇一般。人人都是撒谎大王。好在她来时带来一两个仆人——忠心耿耿的奶娘和女保姆阿丽什卡。这些年里家里的收入出乎意料地少。玛丽娅·阿列克谢耶芙娜毫不掩饰她的失望：她无论如何也搞不懂，谢尔盖·里沃维奇究竟是个富人还是穷人。说得倒好——农奴一千个，可家里连糖都没有，老是到杂货铺去赊。家庭的重担全压在她肩上，而谢尔盖·里沃维奇只会永远躲在外面不着家。她对纳杰日达做事没有头绪也很不满意，也不相信她能把生活安排得井井有条。玛丽娅·阿列克谢耶芙娜不止一次说过女儿的性格一点儿也不像自己，说女儿的脸长得像父亲，像那个黑人。就连手掌也像黑人似的又黄又黑。而且，常常表现出一种非此世的，非李别茨克式的冷漠：淡定而又慵懒，穿着一身粗布衣服，整天在那儿晃来晃去，咬着指甲——又忽然好像中了邪一般，疯疯癫癫。把家里重新摆放，教训仆人，往墙上挂画，摔碟打碗的。

而李别茨克市则仍然向人们常说的那样，屹立在那里。

"阿丽什卡，快到厨房！尼科拉什卡，小猪煎好了没有？蠢货，香槟里要搁在冰块煨着的。"

4

第一批抵达的是普希金家族的人。谢尔盖·里沃维奇的妹妹丽佐尼卡和她的丈夫，以及安涅塔妹妹。玛丽娅·阿列克谢耶芙娜不喜欢这两个妹妹，在她俩聊天时，她在一边根本坐不住。她觉得丽佐尼卡很空虚。选了个比自己还年轻的男人做丈夫。玛丽娅·阿列克谢耶芙娜不由自主地把松采夫和谢尔盖·里沃维奇做了番比较,结论是松采夫较好。松采夫比少校微胖一些,人很善良,也很安静——从不丢开家到处乱跑。不讲究穿戴,却像毛茸茸的小羊羔似的招人喜欢。的确,马特维·米哈伊洛维奇·松采夫就时尚而言并不令人嫉妒——而是像个卡拉卡拉皇帝。而安涅塔,安娜·里沃芙娜,玛丽娅·阿列克谢耶芙娜则因为虚头巴脑而不喜欢她。安娜·里沃芙娜已经 30 多岁了(都三十好几了——玛丽娅·阿列克谢耶芙娜如是说),可还是在耐心等待白马王子的出现,成天把自己打扮得花枝招展,说起话来嗲声嗲气的。她对谢尔盖·里沃维奇很上心,总是关心他脸色怎么那么苍白,一定要保重自己。玛丽娅·阿列克谢耶芙娜觉得纳杰日达·奥西波芙娜成天只知道倒腾纪念品,小摆设呀,无非是些小扣环、小羽毛之类的玩意儿。

最近一段时间安娜·里沃芙娜好像等得有结果了:前不久谢尔盖·里沃维奇告诉他,说伊万·伊万诺维奇·德米特里耶夫——一个长相标致的彼得堡诗人,货真价实的四等文官——向安娜·里沃芙娜正式求婚了。玛丽娅·阿列克谢耶芙娜向她表示了祝贺,但心里总还是有些嘀嘀咕咕。每逢姐妹俩来,她总会躲出去做家务,实际上却是为了能好好喘口气。

"全是胡说八道。"她转回身来小声嘟囔道。

瓦西里·里沃维奇是携着夫人,坐着漆光锃亮,像教堂钟声一般响亮的四轮马车到的。玛丽娅·阿列克谢耶芙娜开始忙乱起来。她很喜欢这对夫妻。瓦西里·里沃维奇动作敏捷,十分健谈,成天总是乐呵呵的。——天生的乐天派——这天可以说是盛装出席:杜洛克式的发型,而且,尽管天气很凉,却带着又高又硬的竖领。只不过他把竖起的高硬领子掩在斗篷下面了而已。而且,斗篷把他的身材也给遮盖了——瓦西里·里沃维奇深知自己肚大腿细。他身边坐的那个女人,他深深引以为荣,甚至比他诗人封号更甚。这女人以其高贵的家族和四轮马车,令他的虚荣心得到极大的满足,这是一个美艳不可方物的女人,她就是他的夫人卡皮托丽娜·米哈伊洛芙娜。他们的到来引来人们普遍的关注。

瓦西里·里沃维奇感觉到周围人们对他的关注后,在整个家族聚会期间,都保持着一种既冷淡又神秘的样子。只是在屋里有些昏暗,名人们比刚才少了一些后,才允许自己扫了几眼周围,这才看出,大家的注意力全都凝聚在他夫人而不是他身上。

"mon ange①,mon ange,"他不无几分伤心,但即刻又爱怜地嘀咕道,"把肩膀盖上,有风……"

说着,亲自动手为她披上纱巾。

玛丽娅·阿列克谢耶芙娜见到卡皮托丽娜·米哈伊洛芙娜时,就眯着眼睛,露出笑容,就像 30 年前在彼得堡,当人们想要发号施令时那样。

关于卡皮托丽娜·米哈伊洛芙娜人们说法不一,在近卫军里,人们都管她叫"野鸡",会让所有男人都变成坏蛋或马上就要干坏事。玛丽娅·阿列克谢耶芙娜不愿意指责女性的轻佻作风。"年轻不风流,犹如水白流"——她总是这么说,说着还宽容地抿抿嘴唇。

玛丽娅·阿列克谢耶芙娜和谢尔盖·里沃维奇在大厅里接见客人。

"纳杰日达马上就出来。"玛丽娅·阿列克谢耶芙娜见姐妹俩有些被怠慢的样子,连忙说道。弟兄两个开始小声地对彼此讲述着同一件事:

---

① 法语,"我的天使"之意。——译注

著名咖啡屋的女主人什妞太太上周弄瞎了自己的右眼。涅耶洛夫为她画了一幅速写。

这幅速写画得很可笑，不适合太太们看。两人说着说着嗓门都大了起来。在萨尔蒂科夫伯爵的马尔费纳剧院，上周尼古拉·米哈伊洛夫维奇在其轻喜剧里出场了，在幕间剧和序幕里，以及在他自己的剧里，都一展歌喉了，而且，唱得很棒——伯爵现在对他是百依百顺，上周就因为他一句话，伯爵就吩咐把布景全换了。不过剧情实在是简单不过：乡村爱情，争风吃醋，一个善良的男人，就是伯爵本人所扮，退役回村，让一对恋人重归旧好。但表演实在是太棒了！台词和曲调都充满诗意！名声都传到彼得堡了。跳舞的姑娘们身穿薄裙简直一个个美若天仙。已经演了一百场了。两兄弟都急不可待，好不容易等另一个住了口，有时还不得不像是帮对方把话快快说完似的，用嘴唇模仿对方说话的动作。

谢尔盖·里沃维奇明显是在拿瓦西里·里沃维奇打岔，因为后者不仅到过马尔费纳，而且对此剧的详情细节了如指掌。瓦西里·里沃维奇想要告诉大家尼古拉·米哈伊洛维奇给那部剧起的名字，可谢尔盖·里沃维奇却打断了他的话。那剧名是："只为了马尔费纳。"瓦西里·里沃维奇点着头，随后又扫视了一下周围，见周边都是自己家人。他打了个呵欠。

纳杰日达·奥西波芙娜步伐轻盈地走进来——亲吻着女宾们。她手里攥着一块手帕，是她那位非洲来的爷爷给她留下的痕迹。

她冲着瓦西里·里沃维奇粲然一笑。这一笑真可谓倾国倾城。

就连好写诗的瓦西里·里沃维奇的眼睛也斜了：他那双行家里手的目光从自己那位野鸡的香肩移到纳杰日达的肩背上。

他总是想说一句奉承话，憋了半天总算说出一句来。他即便是在自己写的诗里，也竭力追求逻辑性，因此竭力避免自然风景描写：他认为自己最主要的优点在于戏谑。可他一见到大美人心就化了，所能想起的，都是别人的什么诗，无名氏的赞美套话和只言片语，当然，有时候也会想起几句什么诗来。他无论写诗还是在生活中都没常性。

与此同时，大家已经在细瘦的菩提树下，把餐桌摆放好了。

大家在等着两个重要人物莅临：尼古拉·米哈伊洛维奇·卡拉姆津和法国人孟德福。孟德福，或如他自称的孟德福伯爵，还是年轻人，成天乐呵呵的，是个画家兼音乐家。他来自法国的波尔多，前不久才抵达莫斯科，这是波尔多公爵的正式随从之一，现在和那位被处死的法国国王路易的弟弟，住在米塔瓦。他们从法国和巴黎被驱逐后，流落到了俄国，成了"吃军饷"的。

那位好嘲笑人的法国人迈着轻快的步伐刚一走进来，两姐妹都抬起脑袋，笑脸相迎。安娜·里沃芙娜脸上的笑容也变了：一只眼睛半睁半闭，嘴唇翕动念念有词，既像在嘀咕什么，又像在嚼着什么甜食。接着，她对玛丽亚·阿列克谢耶芙娜说，自己死也不愿见这帮法国人了，跟他们打交道很危险，一不小心就会堕入他们的拉别特卡①里去。玛丽亚·阿列克谢耶芙娜觉得安涅塔的笑容很不体面。她走出门去，声音不大但却气恼地说：

"丢人现眼！"嘟囔完，她又返回身来。

尼古拉·米哈伊洛维奇·卡拉姆津气色不佳，穿着也很随意。

"这些天光鲜亮丽显摆招摇总归不好，"他悄声说道，"到您家我比较随便。"

---

① 拉别特卡，法语，"圈套"之意。——译注

尼古拉·米哈伊洛维奇一到,众人便一对儿一对儿地来到花园里。谢尔盖·里沃维奇忽然不见了。他又回到自己的书房,打开锦匣,连数数都不数,抄走最后一沓纸巾,便冲伺候他起居的男仆尼基塔嚷道。

"尼基什卡,"他匆匆忙忙地说,"酒不够,你跑一趟酒馆,买什么你知道,买一瓶两瓶三瓶波尔多葡萄酒或勃艮第红酒,有什么买什么。快去!小心别把袖筒弄脏了。"

他关切地摸了摸尼基塔的花边袖口。男仆尼基塔穿着鲜艳的蓝色制服。

"你的叙事诗没忘了吧?没忘了什么吧?"

"放心吧老爷,没忘,"男仆尼基塔回答道,"茶、文章,都是自己的,又不是别人的。"

男仆尼基塔还是个写手。几天前,谢尔盖·里沃维奇意外地发现,尼基塔竟然写了一本很长的诗体小说。仆人的发型和制服穿在他身上显得很不合适。他中等个头,脸上略有几颗麻子,浅淡头发。他性格沉静到了惊人的程度。今天,谢尔盖·里沃维奇想把尼基塔隆重推出显摆显摆。尼基塔关于夜莺大盗和耶鲁斯兰·拉扎列维奇的诗体小说写得非常搞笑。谢尔盖·里沃维奇管这部小说叫叙事诗,并且生怕尼基塔一忙就把词给忘了。

5

一切都安排妥当,可以尽情享受舒适的环境和惬意交谈的乐趣了。菩提树下,花园里,人们到处都在尽情地感受着,自由地呼吸着,如同宁静娴雅的栖居。

这座花园并不很大,而这恰好就是它的优点。规模宏大与简单素朴是矛盾的,而规规矩矩的园林反而无法刺激人的想象力。一束乡村的野花放在圆桌上。倒退十年,这些野花是绝对不会摆上桌的。

这是一个动荡不安的时代。人人都想避世隐居到宁静的乡下,在密友圈中栖身,因为交往的人越多,越没有什么人可以信任。自家的菜园,四季新鲜的萝卜,山羊,一杯浓稠的奶皮冻,芬芳的马林果酱,一嘟噜一嘟噜的花椒果,被雨水冲刷过的乡野风光,田园景色——所有这一切忽然浮现脑际,像已经失去而不复能再的童年时代,自然美景平生头一次展示在儿童眼前那样。你会觉得即使一个小市民和手工工人的命运,也是那么幸福,令人羡慕不已。自己家的一寸土,房前屋后物产丰饶的小院子,床前的花瓶里插着一朵凤仙花——那些老派诗人们怎么会发现不了这种生活方式的无穷诗意呢!老派诗人酷爱战争与厮杀,性格暴烈的英雄和轰动世界的大地震。而这些小房子多么像被打扫得干干净净的鸟笼子呀。要知道人们的幸福就在于此呀。

白色成了一种时尚,女士服装也开始以软色调为主,因为粗野的颜色容易使人想起那些每个人都唯恐避之不及的东西。人们对奢华也不那么热衷了。每个人都从自己的经验里知道奢侈豪华的无常和无谓。能给人带来愉悦的恐怕只有忧伤了。夏日里园中的一角,一如冬日里壁炉前的一方天地一样,成了大家最觉惬意的地方,在想象中它完全可以取代整个世界。上流社会里,如今非常时兴 jeux de societe①,使得生活内容丰富多彩。上流社会人士还爱玩沙拉德字谜、限韵诗、贯顶诗竟使得人们作诗的才华得到了长进。人们说起宫廷内幕全都悄声细语,引得全家人又全都唉声叹气。

---

① 法语,"上流社会的游戏"之意。——译注

而谢尔盖·里沃维奇却总觉得似乎缺了点儿什么,什么东西忘买了,玛丽娅·阿列克谢耶芙娜完全不值得信赖,至于纳杰日达·奥西波芙娜就更别指望了。他满脑子都是诸如此类的胡思乱想,以至竟未发现,银餐具里果然没清洗干净,两个长颈瓶偏偏摆了那只有裂纹的。

纳杰日达·奥西波芙娜对每个人都笑脸相迎,就像是在借笑容展示她的一口白牙似的。

他终于放心了。

"……明眸皓齿,宛如珠贝,"瓦西里·里沃维奇忽然想起了什么人的几句诗,"——卡帕牙少了,而那些姑娘们,安努什卡,牙比谁都白。"

瓦西里·里沃维奇在和那个法国人聊天。待人随和,有求必应,语速飞快,再加上对女性十分宽容,所有这一切,他都心知肚明,而且所有这一切对他来说都是那么亲切,如同自己身上的一部分。20 年前,无论是在莫斯科还是彼得堡,都曾有过许多法国人,可那都是些怎样的法国人呀! 时尚品店的女老板,男仆和 les outchiteli①。其中某些人十分可笑。而现在呢,由于一次政变,为了逃命,一下子拥进来那么多高雅出身的真正贵族。这些年里,他们受了多大罪,处境是那么寒酸,可仅过了七年就已经习惯了,人们对他们也熟不拘礼了。话说到底,就是贵为王子,又何妨叫来吃顿饭。眼下人们还是同无套裤汉②斗争,无套裤如今可时髦了。

不过话说回来,伯爵的无袖套衫实在是旧得可以,都让伯爵给穿破

---

① 按照俄语发音拼的法语词,"家庭教师"之意。——译注
② 泛指法国大革命的极端民主派。——译注

了,而且他的事业也让他整得一塌糊涂。近来沙皇变得既小气又执拗了,不光他身边那些随从,甚至连沙皇本人也没钱。伯爵,说实话,也为了排遣寂寞,打算开设法语课,如果可以的话,也可以开个绘画、音乐课。谢尔盖·里沃维奇根据某种征兆,料到伯爵肯定会开口借钱的,于是,预先就想好了说辞,推脱自己没钱。

这里的主角当然还算不上伯爵。尼古拉·米哈伊洛维奇·卡拉姆津是聚会者中年龄最长的。他34岁了——正是开始走下坡路的岁数。

> 喜欢的时代已成过往,
> 无论你是否把它迷恋。
> 燃烧,但不要那么激烈,
> 我们这门手艺的确不赖。

在他那张变长了的白皙的脸上,还没皱纹,但却非常冷淡。尽管他很爱开玩笑,尽管他给那些被他称之为"痒宝宝"的年轻人挠痒痒挠得人家挺舒服,但一眼就可以看出,他阅历丰富,见多识广。这个世界坍塌了,俄国到处是满目疮痍,一片废墟,破坏的程度更甚于法国佬的暴行。别再做人类幸福的春秋大梦了!他的心被一个美丽的女人打碎了,而她曾经是他的至交。从欧洲旅行回来后,他开始变得对朋友们十分冷淡。《一位俄国旅人的书信》成为哺育心灵教人谈吐文雅的法典。女人们纷纷为他而垂泪。

此时他正在编辑一部文选,他给文选起了个女性的名字"阿格拉娅",女人们对这份杂志趋之若鹜,致使其已经开始赢利了。而这一切无非都是小菜一碟。可野蛮的检察机关却连这样的小玩意儿也不放过。

而沙皇保罗也辜负了所有好心的朋友寄托于他身上的期望。他独断专横，脾气暴躁，身边围绕着他的，也不是什么哲学家，而是加特契纳那帮下士们，他们颟顸愚蠢，对高雅食物简直一窍不通。

而他的忧郁却给所到之处带来了秩序和节制。人们为了安抚自己的内心，纷纷想要与其结交。

他称普希金一家为："我那些下城的朋友们"——他在下城省有一处庄园。外省或乡下的庄园生活使住在京城的人们彼此之间变得十分融洽。

而此刻他的思绪十分散漫。望着女主人，他对松采夫感慨地说，可爱的女人们居然能化腐朽为神奇，在模仿中保持自己的个性。纳杰日达·奥西波芙娜穿得很时髦，一袭白裙，细部杨柳身条，头上绾了一个绸结。模仿法式时尚在上流社会是禁止的：前不久还有人专门在街上没收男人头上的圆筒帽和燕尾服，而女人们都得以幸免，——细细的杨柳身条，就是从自由的法兰西女人那里学来的。这些可疑的服装要比沉甸甸的太太装更时髦，沙皇一个劲儿地加以鼓励，现在宫中的太太们都穿这种服装。纳杰日达·奥西波芙娜心满意足，神采焕发。

他也打开了话匣子，说他这些天靠什么为生，指望些什么，原来他一直盼着去一趟卡尔斯巴德河皮尔蒙特。他生病了，不会劝阻一个病人出门寻医的。莫斯科的气候对于他来说越来越难受了。但他却对无论是皮尔蒙特还是卡尔斯巴德，都只字未提。

"上帝呀，"他说，"想想智利、秘鲁、圣赫勒拿岛、波旁、菲律宾这些四季鲜绿、鲜果飘香的地方，气候有多美呀，可在这闷热的莫斯科，我都快被憋死了。"

于是大家都唉声叹气，都为自己所听见的话而欣喜，就好像大家都在参与一件对所有人都十分重要而又愉快的事情。

卡拉姆津对老辈人这种热情厚道露出了微笑,看起来他心情很愉快。宴会进行得十分顺遂。谢尔盖·里沃维奇一心扑在食物上。打来的野味也做得咸淡适中。他吃得很慢,有滋有味的,像是在仔细咂摸味道。

餐后,大家都略感疲劳,于是转移到了客厅,以此消磨到傍晚的一大段时间。

客厅里泛着一股淡淡的被精心护理的味儿,卡拉姆津满意地四下扫视了一眼,说他每次来这里,都觉得他们家忒像伦敦。

谢尔盖·里沃维奇无论如何也不习惯这幢房子,可此刻却觉出了它的全部优点。

大家玩起了 petit-jeux①,玩起了限韵诗:按照给定的韵脚写诗。选定的韵脚字是:nouvaute-repete②,avis-esprit③。

卡拉姆津写的诗,当然要比瓦西里·里沃维奇优雅,也比孟德福睿智。

大家禁不住为他写的四行诗鼓起掌来。

孟德福画了一幅脸上洋溢着幸福神采的,手持弓箭的丘比特。但大家都请他秀一把技巧,于是他精心地在纳杰日达·奥西波芙娜的画册上画了一幅蒙着双眼的丘比特,小爱神的头发鬈曲着,脸上一边一个笑窝,手脚胖乎乎的。

瓦西里·里沃维奇请他画丘比特不是没有原因的。他听人说过卡拉

---

① 法语:一种游戏。——译注
② 法语:新奇—重复。——译注
③ 法语:意见—理性。——译注

姆津题词的事儿：有一次，卡拉姆津到一位美妇人家做客，应女主人的请求，用铅笔摹画了大厅中央放着的一尊全裸的大理石爱神雕像。随后，他微笑着同意想几句诗，在孟德福的爱神图的四面八方，题写诗句。题写在脑袋的诗是：

> 在大脑工作的地方，
> 心灵都会变得懒洋洋，
> 那里因而不会有爱情，
> 那里的爱情全停留在嘴上。

题写在孟德福的布带上的是——

> 爱情是盲目的，
> 是的，除了其
> 无比珍爱的对象之外，
> 它是什么也看不见的。

最后，题写在小爱神威胁人而伸出的手指上的是——

> 即便幸福无比，也请不要说话：
> 我已为你把微薄的礼物备下。

瓦西里·里沃维奇心满意足地摇晃着身子。这一上流社会典型贵族风范的化身竟然会赞美他，这令他沾沾自喜。瓦西里·里沃维奇只要一看见他的齐尔采娅,就喜不自禁,心存忌惮,可与此同时,却并不放过一切与女奴调情的机会,而在臭名远扬的老鸨潘克拉季耶娃那里,他更会表现出其对底层人的爱情风格的偏爱——尽管如此放荡不羁,他还是能够严格保守秘密,做事从不张扬。他为弟弟感到惋惜,屋里就缺一尊大理石爱神像。那尊爱神像手臂、翅膀、脚和背部题的即兴诗,他还能记得几首,而题词簿已经被题满字了。

大家要求安涅塔大姐唱一首根据诗人诗作谱写的,脍炙人口的歌曲:

瓦灰色的小鸽子咕咕叫……

安娜·里沃芙娜嗓音很细,而那时飙高音变得很时髦。玛丽娅·阿列克谢耶芙娜走出门外吩咐上菜,说道:

"嗓音太尖。"

大家又要纳杰日达·奥西波芙娜唱一个,于是她唱了一曲:"仙女,在春无的仙境里飞翔吧。"① 她唱的是低音。她的嗓音喉音很重,湿漉漉的,尤其到"p"音时,更是沉雷滚滚。听着这样的声音,谢尔盖·里沃维乜斜着眼,傻乎乎地,沉湎在一种悒郁的想象中。他面对的,恰好就是纳杰日达的香肩,而他一边翕动嘴唇像在重复歌词,一边似乎在亲吻近卫军中闻名遐迩的肩背一般。纳杰日达·奥西波芙娜的歌声,令瓦西里·里沃维奇想起的,不是一位迷人的女性,而更像是出自一位皮

---

① "女气精,在春天的仙境里飞翔吧",据说系卡拉姆津诗歌《女气精》开头的一句。——原注

肤黢黑,法拉翁牌戏的发牌的茨冈女人之口,不过,他挺喜欢的。

> 仙女,在春天的仙境里飞翔吧,
> 欢快地在每一朵玫瑰上栖息!

尼古拉·米哈伊洛维奇感动得落了泪。这时候罗曼司的歌词与某种回忆有关。

"如果不是缺乏耐心,她早成音乐家了。"玛丽娅·阿列克谢耶芙娜说道。

这些出于某种缘故而聚在一起并善于相互尊重的人们,心性都变得十分愉悦起来。

浓厚的紫红色的晚霞透过窗户照射进来,预示着又一个晴朗的天气。安涅塔大姐说:

"呵,简直和奥西安①一样。"

卡拉姆津像个孩子一般冲她露出宽容的一笑。

只要一喝酒。他的眼睛就会被蒙上一层云翳,湿漉漉的,暖融融的,于他而言,这是灵感降临的确切征兆。他并未用英语提议干杯或致辞,但却依然充满了感情:他提议为我们的家乡——西伯利亚省——他就是在那里出生,并度过了天真无邪的年华的,还要为西伯利亚上的诗人,干杯!这诗人指的是德米特里耶夫。卡拉姆津刚找到这位诗人的来信,诗人打算退休,离开潮湿的彼得堡,到莫斯科定居。他已经在红门附近相中了一个住处,房子坐落在一个小花园里——对于菲勃蒙和巴乌

---

① 传说中3世纪克尔特人的武士和游吟歌手。——译注

希斯①的幸福而言，可谓万事俱备，只缺巴乌希斯了。

于是大家全都响应，与安涅塔干杯，安涅塔脸红到耳根了。

"朋友们，"卡拉姆津说道，"贺拉斯曾对蒂沃利赞美不置，而我却要为红门，为萨玛罗沃山干杯！"②

这一阵轻微的忧郁过后自然想要淳朴自然的。

现在，正是展现家庭诗人尼基塔让客人聆听其逗乐的叙事诗的最好时机。尼基塔获了个满堂彩。卡拉姆津笑得很开心。接着，他沉吟了一会儿，语气严肃地讲起了罗蒙诺索夫家族的新一代人。根据皇帝的旨意，罗蒙诺索夫的亲戚们都被人从按人头发放工资的份额里开除出去了。于是，人们终于又想起了这位早就被遗忘的诗人，这次人们怀着无限的敬仰，原谅了他那近乎野蛮人的口味，当然，在那个遥远的时代，所有人都带有这种口味。小辈人的话匣子也敞开了。所有老式的东西于今看上去都很可笑。大家聊起了杰尔查文。

尼古拉·米哈伊洛维奇与杰尔查文的友谊，颇似外交官之间的那种礼仪。有一次老头子给他寄来几首诗要他发表，他硬着头发给发了，却又在背后大肆嘲笑。瓦西里·里沃维奇当即从四年前杰尔查文为别茨克老人逝世而写的诗中，援引了两句：

你忽而陨灭，呼出了好闻的

---

① 希腊神话中一对永不分离的恩爱夫妻，心地善良，殷勤好客。——译注
② 萨玛罗沃山离莫斯科不远，正对科洛缅，在彼列尔河对岸，是他喜爱的地方。他就是在这里构思了《可怜的丽莎》和《娜塔莉亚》，而且他早就下定决心——如果出国无望的话，就以此为自己的隐居地，他要在这里迎接来自各国的友人，欢迎像让·雅克·卢梭那样真正睿智的友人。让·雅克·卢梭1756—1758年间，曾住在一处名为"埃尔米塔什"的独居别墅。——原注

最后一口气……

杰尔查文曾把别茨克老人比作烛台的香火,而在这句诗中,如果不提及烛台,诗意便含糊不清,甚至有些颇不体面。瓦西里·里沃维奇出于狡猾才故意念这两行诗。大家全都会意地笑了,而女人们则来不及理会,可能是猜不透里面的笑点。

"是呀,我们的加夫里拉·罗曼诺维奇喜欢香的气味。"卡拉姆津也边笑边想这个瓦西里·里沃维奇居然敢当着女人的面说这些。

卡拉姆津冲瓦西里·里沃维奇伸了下手指头。

"你这个老木头,老海盗。"他对他说道。

瓦西里·里沃维奇高兴得脸都红了。"大桡战船"是彼得堡一个热闹甚至超热闹的社团。这个社团及其成员们的种种奇遇,真是千奇百怪。瓦西里·里沃维奇就是该社团成员之一,而且莫斯科人十分看重彼得堡这家社团的声誉。大家都怀疑这家社团所搞的恶作剧,有些却是他力所不逮的。而美人卡皮托丽娜·米哈伊洛芙娜主要也是对此声誉有所迷恋而已。

接着,卡拉姆津便责备他太懒惰,这类指责对诗人而言是最不伤大雅之堂的——此时聊起了他编辑的那套丛刊。瓦西里·里沃维奇呛了一口,胸前溅了些口水;不过,他身上没一件值钱的东西——倒是有不少——种类繁多的——小饰物。

谢尔盖·里沃维奇同样也想显摆一番,可就是不敢。在他的书柜里藏着好几本自由诗抄本,不是什么官样文章就是下里巴人。他保存此类罕见的抄本的原因,正因为这都是些自由体轻诗,描写的一切都带有朦胧含蓄的味道,感情最奔放的地方,都有一声声的叹息:"呵呀",而很少用"哎呀"。另一些诗中则不仅敢于嘲笑厄洛斯或女性,甚至敢于讥笑大人物。谢尔盖·里沃维奇很沮丧:这不行,绝对不行……如今这世道,无罪还要判有罪,简单地说吧,无辜者也会起诉到耶稣那儿剥你一层皮。

当尼基塔和彼季卡点亮了夜间的蜡烛,大家全都在茶桌前就座后,他才放下心来,感到心满意足。

卡拉姆津对樱桃果酱赞不绝口:

"这果酱我吃得是津津有味呀。"

正在此时,一辆四轮轿式马车响着铃铛格隆格隆地驶进来,在大门口停下了。

谢尔盖·里沃维奇的脸变得煞白。

傍晚时分,一辆驶进来的四轮轿式马车的格隆声,对于那些正在品茶的客人们来说,总归不是一件愉快的事。来的原来是一个机要信使。遮阳棚下人们嗓音嘶哑恨恨不已地议论了起来,脸色煞白的尼基塔打开门,惊恐地盯着谢尔盖·里沃维奇报告道:

"彼得·阿勃拉莫维奇·汉尼拔少将阁下大人驾到。"

6

他个子不高,脑袋也不大,两条手臂都是蜡黄色,腰都很细,前额凸起,两鬓生出一绺绺的白发。他身上穿的是一件深绿色的,太古洪荒时代的军服,走路脚步轻盈,脚不点地的样子。他就这样走了两步,停了下来。

他鞠了一躬,磕磕绊绊地说道:

"从兄弟……伊万·阿勃拉莫维奇那儿得知……这件喜事……"他

说着用眼扫视了客人们一圈。"我来这儿是路过，我认为自己有责任，"说着，他向玛丽娅·阿列克谢耶芙娜深施一礼，"向您，尊敬的夫人太太，表示祝贺。而您，我仁慈的老爷，"他对谢尔盖·里沃维奇的态度，却颇似有些随便。"我顺便看一眼……我的小孙子，并亲手给他戴上来自爷爷的十字架……"

他叹了口气，又问：

"他在哪儿？我的小孙子？"

彼得·阿勃拉莫维奇是纳杰日达·奥西波芙娜的亲叔叔，和所有汉尼拔家族的人一样，他也当过炮兵。他哥哥奥西普·阿勃拉莫维奇和一位普斯科夫女人有染，之后就把自己的家庭弃之不顾。彼得·阿勃拉莫维奇愿意也好，不愿意也罢，总归得把这副光荣而又不会有结果的监护重担承担起来。他对侄女极其悲惨命运充满了同情和怜悯，但却根本不适合监护人这个角色，因为他对监护人职责的理解很奇特：不时乘车前去劝说犯有过失的哥哥，偶尔写几封长信给玛丽娅·阿列克谢耶芙娜，只是一说到金钱当即三缄其口，装傻充愣。个中缘由在于，金钱问题，也是他本人的一个病灶，他自己就曾因挥霍过炮兵官饷而被调查。哥哥伊万·阿勃拉莫维奇把这桩丑事给暗地了结了。而在此期间，已经退役了的彼得·阿勃拉莫维奇作为一个监护人，和妻子离了婚，和一个来自普斯科夫省的性情剽悍的姑娘私奔了。他回到自己的村子叶利茨，在那里他给妻子寄了份书面通知，通知上写明为了让他生活平静，她从今后再也不和他同居了。在劝说犯有过失的哥哥时，他发现自己和哥哥的许多观点是一致的，有许多契合点。

他的此类拜访总是会以兄弟二人喝得烂醉如泥，沉醉酒乡长达一周乃至更长时间作结。很快那位善于勾引人的老女人就把彼得·阿勃拉莫维奇也牵连到金钱的事务上来。凭借哥哥的借款信函他交给那位美人儿许多钱，弄得自己差点到了破产地步。刚退役时他还算年富力强，很快就彻底搬家，和犯有过失的哥哥成了近邻。哥哥所过的奢侈豪华、放荡不羁的生活，对他是有无穷吸引力的。他和那位剽悍的姑娘住在一个叫彼得洛夫斯基的小村，和娶了两位夫人的哥哥住的大村米哈伊洛夫斯基比邻。据传言他在那里过得很快活，但却从不招任何人进村，而且任何人也不会去那里看望他。他即使出村，也无非是为了办理夫人以及儿子韦尼阿明那场纠缠不休的离婚官司去的。他到莫斯科原是为此而来。客人们被弄得很困惑。

　　对于谢尔盖·里沃维奇来说，这次见面很不愉快，尤其是在卡拉姆津也在场的情况下。他与之结为亲家的汉尼拔家族，是一个非同寻常的姓氏，源远流长，家喻户晓，地位显赫，备受尊崇。但这一切全都停留在口头和话语中，而且是在没有黑人的情况下。在黑人距离我们尚十分遥远的时代，谁都无法和整个彼得堡近卫军中的年轻人们一样，对伊万·阿勃拉莫维奇恭恭敬敬，又略带几分嘲讽，颇为好奇又不无几分宽容，而他也压根儿就不主动求见自己那位行为放荡的岳父大人，不愿意与妻子那边的亲戚见面，尤其是对其有意见而自己又不能不尊重的人在场的情况下。这位 la belle creole① 的确长得美，命也好得招人羡慕，只是这位黑人叔叔的出现太令人扫兴。他有一张完全属于黑人的脸，但旁人对他的兴趣却说不上体面。这位老黑人对婴儿——谢尔盖·里沃维奇就是为了这个孩子而安排了这一切的——表现出的那种好奇心，在今天这个隆重的接待日里，实际上已经令所有人感到窘迫。那些忙于彼此关

---

① 法语：美丽的混血女人。——译注

心,谈论最新事件,正在玩游戏和填诗作词的客人们,直到现在都还没有时间和理由去想想这个孩子的事呢。而这孩子也好像故意似的,始终都一声不吭,连哼唧都没一个。说到底孩子究竟在哪儿呢?很有可能还躺在上面的阁楼里睡觉呢。

这黑人自己也开始犹豫不决了。他没想到会见到这么多贵宾。他那张脸上全都是皱纹、咬纹,一双褐色、咖啡色,而瞳仁却像患有黄疸病一样呈深黄色的眼睛滴溜溜转,一对鼻孔很大。那个法国人好奇地盯着他看个没完。老头子突然把一双猴眼停留在谢尔盖·里沃维奇身上,嗓音嘶哑地问道:

"我不会妨碍你们吧?"

玛丽娅·阿列克谢耶芙娜忽然不满却又礼貌地回答道:

"怎么会呢,你请坐,彼得·阿勃拉莫维奇。"

黑人乐了,露出满嘴的白牙,像烤苹果一样皱皱巴巴的小脸忽然展开了,显得有几分儿童般的天真来。

"谢谢您,夫人太太。"他温柔地回了一句。于是,女人们发现,这个黑人老是老,却很会对女人献殷勤,而且很可爱。

纳杰日达·奥西波芙娜走到叔叔身边。

"您还是那么漂亮。"他混淆了年龄,说着恭维话,吻了吻她的前额。"来自父亲的召唤,我仁慈的老爷,父亲邀请您带您的夫人来,"他对谢尔盖·里沃维奇说,"叫你们夏天到我们那儿品尝浆果。"

谢尔盖·里沃维奇客气地接受了这一邀请。一切比他预想的都更愉快,更体面:这位老黑人带来了父亲的邀请。

接下来该是与岳父大人谈话了——也许,谈话将涉及嫁妆。夏天的大自然会令人感到更加惬意。到岳父大人那里品尝野果的憧憬使他微笑。谢尔盖·里沃维奇非常喜欢浆果。而玛丽娅·阿列克谢耶芙娜却得陪孩子们待在家里。

玛丽娅·阿列克谢耶芙娜走到门外，说：

"又一位大使露面了。"说完又返回来。

彼得·阿勃拉莫维奇却不喝葡萄酒，一开口就要喝伏特加。玛丽娅·阿列克谢耶芙娜不知从哪儿拎出一瓶陈年的艾蒿药酒。

他啜了一口，慢慢地嚅动着嘴唇和舌头，严肃地瞪着每个人。

玛丽娅·阿列克谢耶芙娜始终用一种疏远的目光盯着他的一举一动。彼得·阿勃拉莫维奇尝了尝伏特加的味道。

"夫人太太，"他对玛丽娅·阿列克谢耶芙娜说，"我不喝普通的药酒，我把药酒全处理了。我只喝特定度数的酒。樱桃，苦艾，果酒，只要够一定度数就成。"

这时他一眼看见了卡皮托利娜·米哈伊洛芙娜，立刻容光焕发。这张桌前坐着几位年轻的女性。他敬了女人们一杯酒。

美人卡皮托利娜·米哈伊洛芙娜礼貌地冲他点了点头。这位老黑人的关注令她心里很受用。她耸了耸肩。

他皱着眉头把整间屋子扫视了一圈。

"这厢房还暖和吧？"他张口问了句，可还没等人家回答，就把厢房的事忘在脑后了，随后又想起那个孩子来，"孩子给起名了吗？"

他脑子转得飞快。

谢尔盖·里沃维奇皱起眉头：这位黑人叔叔居然管这幢房子叫厢房。这幢房子当然做过厢房，但早就重新装修过，改建过，如今已经成了纯粹莫式住宅了。

得知孩子给起名叫亚历山大，叔叔拍起双手。

"名字起得太好了,"他说,"夫人太太,世界上只有两个最伟大的统帅:伟大的汉尼拔和亚历山大。此外还有亚历山大·瓦西里奇——苏沃洛夫。祝贺你,夫人太太!您给孩子起了个伟大的名字。"

"名字主要是根据家族记忆给起的,"谢尔盖·里沃维奇很不情愿地说,"是根据孩子的祖父,亚历山大·彼得洛维奇的名字起的,因为他祖父是家族事业的直接奠基人,和苏沃洛夫没关系。"他微妙地补充了一句,说着,瞥了卡拉姆津一眼。

如今只有那些老辈人还在尊崇苏沃洛夫。弗里克森,即脑软化,就是苏沃洛夫时代开始有的。正因为此,和无套裤汉的那次战争才打得不顺利。

彼得·阿勃拉莫维奇皱着眉头看了他一眼,把一杯苦艾酒一饮而尽。

"太老爷我不记得了,"他说,"您爷爷没见过。"

他和男人说话与同女性说话截然不同。——断断续续,也不怎么客气。

"噢,不不,"他忽然又嗓音嘶哑地说,"您爷爷我记得。我记得已故的老爸给我说过亚历山大·彼得洛维奇。好像就是他吧,夫人太太,其实让人给动刀割了?"

谢尔盖·里沃维奇仰起脑袋,眼睛眯成了一道缝,像在回忆。瓦西里·里沃维奇整了整领口。

假使这位叔叔不是那么非同寻常,说话不是那么毫无来由,突如其来,东一榔头西一棒的话,这句话绝对可以算作一种侮辱。

亚历山大·彼得洛维奇的老婆、夫人,在分娩时的确挨过一刀,不过给她动刀的人不是别人,就是亚历山大·彼得洛维奇本人,而如今这小孩子也正是以他的名字命名的。他是在极度嫉妒中,在精神错乱的情况下动手杀她的,为此他的后半生一直在法庭受审。在此提及此事既不合时宜,也不礼貌。

不过,根据这位老黑人断断续续的语气看,这只不过是一位老人突如其来的一节回忆罢了。顺便说说,根据所有人的眼神就可以断定,这位少将今天没等人家把酒斟上就开始豪饮伏特加了。

卡拉姆津发话了。

他本来一直都在好奇地偷偷观察这位黑人,此刻,他和往常一样,声音凝重而又平静地问这位少将以前是否有过旅行的经历。看此人那滴溜乱转的咖啡色瞳人和又干又瘦及敏捷的动作,这老头的确酷似一位环游全球的非洲旅行者,正如如今英国人喜欢在其小说中推出的那种,压根儿不像一个来自普斯科夫省的地主。

而他却神定气闲地顶着人们好奇的目光岿然不动,显然,他对这一切早已安之若素了。

"说到我吗,我的老爷,在炮兵部队为沙皇当了一辈子兵,"他颇有些自尊地说,"的确到处跑,但却从没当过旅游者。现在,远方战争刚一打响,我肯定会申请去往远方,挣别人的生活费……没有我们这些老头子年轻人办不成事儿呀。"

卡拉姆津本应感到不爽——他可是《一位俄国旅行者的书信》一书的作者呀——而且,我们不妨推断这位少将想必喜欢高雅文学。如果这样的话那他这么说可就太大胆了。可是,见多识广的卡拉姆津断定,这个黑人老头想必是对"旅行"这个词儿感到不爽。他觉得这倒不失为一个非常好笑的特点。

玛丽娅·阿列克谢耶芙娜斜着瞅了一眼小叔子。

"你怎么那么向往?"她问道,"奔向远方?离家出走。人家让你走吗?"

玛丽娅·阿列克谢耶芙娜指的是那位普斯科夫美人,是她拒不让少将登门。她恨这个女人,甚至比拆散他们的人更恨,尽管她一次也没见过这个女人。

"我嘛,太太夫人,"少将忽然语气平静而又温柔和蔼地说,"我想寻找姑姑的公园。为此我才会离家出走。"

他对玛丽娅·阿列克谢耶芙娜说话恭恭敬敬,很有耐心,连眼皮也不抬一下。他从年轻时和她说话就是这般模样。

"哪儿来的什么公园呀?"玛丽娅·阿列克谢耶芙娜又问道。她明显不相信他的说法。

"是黑人公园。"少将耐心地说,说完瞟了卡拉姆津一眼,"在黑人担任省长的埃塞俄比亚公园,在阿比西尼亚,可能有我老爸的一个公园。老爸的父亲,我的祖爷爷阿特莫伊,是非洲大公。"

卡拉姆津白皙的脸上露出一丝浅浅的笑容。

"我可从没听说过,"玛丽娅·阿列克谢耶芙娜说道,"什么省长不省长的。不过,彼季卡,你的那些兄弟们,在你之前不也从未找到那个公园吗?"

"夫人太太,我一直都很忙,"彼得·阿勃拉莫维奇说道,他的声音依然那么温柔而又清晰,"在为国家大事操劳呵——根本没时间去寻找姑姑的公园呀。我的那些兄弟们也一样。"

玛丽娅·阿列克谢耶芙娜摇了摇头,可此时卡拉姆津又开口了。他原本就是个文学家。所以,他对黑人的命运分外关心。

"你老爹那辈人活一辈子不容易呀,"他礼貌地说道,"他走后没留下一些书信、文件之类的东西？对历史而言这都是价值连城的宝物呀。"

老头子缩起肩膀。一提起文件就让他对卡拉姆津失去了任何信任。

"老爷，我那儿连一件也没有，"他胆怯地说，"再说我老爷也不喜欢那些文件什么的。或许我哥那儿，伊万·阿勃拉莫维奇那儿，说不定有。"

一度挥霍家产导致的官司让这位少将开始对一切文件产生了畏惧心理。

卡拉姆津让这个老头子安静下来。他问以信使闻名圈子的松采夫道：

"库塔伊索夫①就要走了，是真的吗？"

"走"在这里意味着堕入不为某人所喜欢的行列。

库塔伊索夫曾是个被俘的突厥人，是个转赠来的理发师——而如今却成了伯爵社交场合的男伴，是能识尽全国马匹的伯乐。"人们口头活的寓言。"

"没有的事，"松采夫心满意足地说，"他现在是亚历山大·涅夫斯基的男伴。"

他在草拟命令的宣令局有许多朋友。

少将忽然紧盯着卡拉姆津。他的鼻孔也张得大大的。

"库塔伊索夫，"他嗓音嘶哑地说，"当年不过是个室内男仆，却因接近宫廷而授勋。我之所以叫彼得，就是出于这个原因。"

实际上卡拉姆津心里想的也和他一样：他早就知道，这个光荣的黑人曾经当过彼得大帝的室内男仆或侍从官。因此他才会想起库塔伊

---

① 伊万·帕夫洛维奇·库塔伊索夫（约1759—1834），保罗一世的宠臣。——原注

索夫。

他感到几分窘迫。

"我老爸,"老头子豪迈地说,"本身就是个伯爵,只不过是非洲的伯爵而已。他是被叫来当榜样和模特的。授军事驻城学来的。至于说他肤色黑,那也只是脸上最醒目,他也因此而好记,而且,他竟然出落成怎样一个伟男子了呵。先生,哎呀,简直是一只号鸟呵。"

说着,他屈起一根手指,亮了亮带有黑色印章的宝石戒指。

此刻,他喝酒的节奏已经是毫不间断——一杯接一杯了,一瓶浆果药酒已经完了。

"有人证件齐全,还是德文的。只有我,先生,我是不会向你们出示证件的。"

他已经有些醉了。

"贪心的家伙。"玛丽娅·阿列克谢耶芙娜说道。

老头子再次服软了。

"请您相信,我永远都是您的人,"他对阿列克谢耶芙娜说,"至于说老爸脸长得不怎么的,可心眼儿好呀——简直和汉尼拔一模一样。我敢用汉尼拔的名义起誓。"

玛丽娅·阿列克谢耶芙娜突然叹了口气说:

"心眼儿不好,脸也难看,就是 куртуази①。比你,彼季卡,更懂礼貌。人家会笑。"她意味深长地说。

彼得·阿勃拉莫维奇紧盯着阿列克谢耶芙娜出神。

"是啊,金子般的心。"他忽然开怀大笑,露出满嘴的白牙。

---

① 用俄文字母拼的法语:懂礼貌之意。——原注

"比你好,比你强,牙也比你白。"玛丽娅·阿列克谢耶芙娜挥手说道。

谢尔盖·里沃维奇略有些不安,心里一阵紧张:可千万不要让卡拉姆津有什么不高兴。

果不其然,卡拉姆津脸上现出几分郁闷的神色。这老头说的那番火热的话,他听懂的很少。偏偏彼得·阿勃拉莫维奇说这番话很动了番脑筋。他出汗了,于是,掏出手绢擦着额上的汗水。

他的确在弟弟伊万·阿勃拉莫维奇那里,见到过卡拉姆津提到的那份文件。在雷瓦尔,因其肤色发黑而被那些德国少校们大肆嘲笑过的父亲,的确给一位他比较信赖的德国人交付过一份文件,供他撰写履历用ретумация①。儿子们遵照老头子的指示,群策群力,费了九牛二虎之力,才在一位熟识的药剂师帮助下,识懂并记熟了这份文件的内容。

草拟这份文件的目的是获得贵族身份。在彼得大帝时代忙忙乱乱地没顾上,直到伊丽莎白时代,这老黑才想起其贵族身份,那时候所有人都争先恐后地证明其出身是贵族。也就是在那时候,除了贵族的头衔外,他还获得一枚家族徽章,这是一枚彼得·阿勃拉莫维奇直到现在仍为此而骄傲不已的徽章:在一架海用望远镜上面,有一面折叠的旗帜,而在所有这一切之上,是一只猫头鹰——象征学问和智慧。彼得·阿勃拉莫维奇的这枚徽章是镌刻在戒指上的小图章上的。

"彼得大帝,"履历中说,"想要为自己手下那些达官显贵树立榜样,

---

① 用俄语拼的拉丁文:否认。这里说的是一份证明其出身是显贵的文件。——原注。

竭力想找到一个能力过人的小黑人。小黑人——即 Neger①，Mohren②——世界上所有的宫廷都把黑人当奴仆"——一个德国人这样写道，"而彼得大帝想要证明，用勤勉和科学是可以把一个黑人教育好的。彼得大帝认为，根据其皮肤的黑色，全体宫廷显贵即 Ritterschaft und Adel③ 都应能很好地记住这个榜样。"这些贵族懒惰成性，似在与彼得作对。文中对于"黑人是否可以担任省长"未予说明，但却转述了老黑人本人的一段话，说易卜拉辛或亚伯拉罕，来自阿比西尼亚，出身公爵家族，统治三座城市。彼得·阿勃拉莫维奇相信自己已经简洁地讲述完了事情的始末。

他使卡拉姆津彻底失望了。

这位有名的黑人其实是大帝安插的亲信——急于揽权的皇权统治，其特征就在于闹剧还兼有珍贵稀有的特征。

据说大帝对诺凡后人、侏儒和黑人，有无穷的好奇心。大帝关于人本性的野蛮概念令身为拉瓦特④弟子的卡拉姆津觉得好笑。

此刻这位少将已经是醉醺醺了。

"叫什么名字？"他断断续续地问尼基塔。

"叫尼基塔，老爷。"

"尼基什卡，你不够意思，"少校说，"瞧我家的格里什卡会弹古斯里琴会哼曲——唱得有声有色！能唱得人浑身颤抖！泪流满面！还有一颗金子般的心！可你呢——一锥子扎不出个屁。你不怎么的。"

---

① 德语：黑人。——译注
② 德语：摩尔人。——译注
③ 德语：骑士阶层及贵族阶层。——译注
④ 拉瓦特（1741—1801），瑞士作家。——译注

卡拉姆津起身告辞。晚会的气氛被破坏了。

萨马格夫山,知音至交的乐园,位于莫斯科的英格兰人的家,乡野的自在独处——瞬间风流云散。

这个黑人的突然出现,他的粗野和温情,他那种急躁的处事方式——也不知是非洲航海家的,还是一个醉意阑珊的地方的——把一切可爱的梦幻全都打碎了。

谢尔盖·里沃维奇在大谈他对之一无所知的波尔金,那个法国佬是一个子虚乌有的宫廷里的廷臣,卡拉姆津的未来一片黑暗。

一直劝安涅塔妹妹一定得梳发髻的法国人,还没来得及开口借钱,就和卡拉姆津一块儿离开了。

谢尔盖·里沃维奇送走客人,回来时脸色阴沉。花掉的钱算是打了水漂了,卡拉姆津走时也很不满意。没有了卡拉姆津,整个屋里似乎显得更空旷,更黑暗了似的。

他一辈子都安分守己,规行矩步,尽量和大家看齐,不做任何出格的事。表叔这种不拘礼节的玩笑腔是卡拉姆津所难以忍受的,而表叔本人也惹他生气,但他很难表达自己的愤懑之情。

表叔站起身来——忽然朝着顶楼的楼梯走去。

"我要看我的孙子,"他嘟囔道,"没别的。孙子,我孙子在哪儿?"

玛丽娅·阿列克谢耶芙娜拦住了他。

"我不让你看,"她既害怕又凶狠地说,"孩子在睡觉,屋里又太乱。"

老黑让步了。

他眼神暗淡地瞥了阿列克谢耶芙娜一眼。

"爷爷?"他嗓音嘶哑地嘀咕道,"叔叔?我带了个十字架!爷爷给的。"

他说罢从口袋里摸出一枚小小的金十字架,攥在拳头里挥舞着。

纳杰日达·奥西波芙娜始终眼睛一眨不眨地,以一种奇特镇静的态度盯着叔叔看。她这辈子还是孩子时见过父亲两次——而且在她们的记忆里,第一次见比第二次见更清晰。她记得父亲西式坎肩上镶有人工宝石的纽扣,假花,五颜六色的蝴蝶结。温润的吻和令人惊奇的轻盈的步态——他像个皮球似的从她身边跳了开去。她记得很清楚,这就是她和她母亲这一辈子,她这23年的岁月里一切不幸的根源。此时此刻,她大睁双眼,看着这位叔叔。

叔叔抻长脖子,非常坚定果敢地,摇晃着两条短小的腿,朝阁楼走去。在他那苍白的脑袋上,根根白发都直立了起来。

纳杰日达·奥西波芙娜连忙站了起来,跟在叔叔身后。

于是玛丽娅·阿列克谢耶芙娜退让了。

她退到壁炉前眼睛避开了这一幕。

"小孙儿,"她嘀咕道,"哪儿冒出个爷爷……"

她开始默默地吞着眼泪,任由它一串串地滚下脸颊。就像她年轻时遭受恶霸欺负时那样。

7

客人们不知道自己是走呢还是留下好。

瓦西里·里沃维奇和往常一样,一遇到什么难题,便只会呼哧呼哧喘气和眨巴眼睛。妹妹们眯缝着眼睛,偷偷地相互握握手,偷窥着玛丽娅·阿列克谢耶芙娜脸上表情的变化。

松采夫是真切地感到伤心。他本来挺好,只是一些莫名其妙的变化妨碍了他消化系统的工作。尽管心中不快，他还是在努力把手头那块长方形大烙饼消灭掉。

只有身为美人的卡皮托利娜·米哈伊洛芙娜，既不为这个黑人担心也不为其伤心，她才不费那个劲儿呢。更何况如她所感觉到的那样，这个黑人老者对她的美貌并非那么无动于衷。实际上这里既没发生争吵也没发生拌嘴，况且，眼下，一眼看得出没什么值得一吵的。对于玛丽娅·阿列克谢耶芙娜来说，汉尼拔家族的人无论何时走到哪里，在其周围总会形成人声鼎沸的旋涡或兴奋、纠纷和激动。就像澡堂里的人被裹在一大团热气蒸腾的水汽里似的。

谢尔盖·里沃维奇生气地迈着小碎步，跟在众人之后，沿着楼梯往上爬。

"不要担心，亲爱的玛丽娅·阿列克谢耶芙娜，"伊丽莎白·里沃芙娜说，"小心肝儿，为这么点小事生气不值得。"

玛丽娅·阿列克谢耶芙纳用手绢擦了擦眼睛和鼻子，甚至脸瞧都没瞧那俩妹妹一眼，就上了阁楼。

安涅塔偷偷攥紧了妹妹的手。两人开始贪婪地谛听起来。

8

脂油蜡烛眨着眼睛淌下油来，蜡烛上的灯芯竟然无人给挑一挑。窗户上没有挂窗帘，可以看见窗外的一轮月亮和一堵秃墙。被子被团成一团塞在角落里。壁炉前的绳子上晾着尿布。屋子房间的地上放着一只早被泡软了的木盆，黑人在经过时给绊了一下。屋里的杂乱无章达到了惊人的地步。颤动的火苗赋予这间儿童室以远征途中的、游牧部落的茨冈人的样子。这间屋子原来不打算让外人进来参观的。普希金一家都不会过日子。

一个小女孩蹲在黑人面前。

"她是谁?"黑人吃惊地问。

"奥莉佳·谢尔盖·里沃维奇耶芙娜,老爷,"女保姆边鞠躬边说道,"您好,彼得·阿勃拉莫维奇老爷。"

小女孩的眼睛很年轻,动作灵巧,反应灵敏。

"你好,"黑人说道,"你叫什么名字?"

"阿丽什卡,老爷,我来自科布拉,是汉尼拔家的。"

阿丽娜说话就像唱歌似的。她来自汉尼拔家族的世袭领地,很小时就过继给了玛丽娅·阿列克谢耶芙娜。她向彼得·阿勃拉莫维奇深深地鞠了一躬。汉尼拔家的仆人都很听话。

"这里的空气,阿丽什卡,很不好。你要看护好小少爷。"

谢尔盖·里沃维奇走上楼来。

黑人朝婴儿俯下身来。

"轻点儿,mon ondl①,"纳杰日达·奥西波芙娜轻声说道,"在睡觉。"

"没睡。"黑人说。

孩子的确没睡觉。婴儿一对如海水般蔚蓝的在母腹尚未来得及变清澈的小眼睛,娴静地,毫无反应地望着他们。

黑人仔细打量婴儿。

"头发是浅色的。"他说。

他又看了一眼。

---

① 法语:亲家。——译注

"皮肤真白。"

孩子手脚动了起来,目光越过众人。

"真是亲死个人!"老黑叫道,"我用汉尼拔的名义起誓——我的小狮子,我的小黑黑!亲爱的!伟大的汉尼拔呵!多像他爷爷!瞧那眼神!我喝光你!我的葡萄酒!"

谢尔盖·里沃维奇走上前来。这个已经喝得烂醉的老黑在他家里,像在他自家的领地那样,居然发号施令起来。虽然他很爱自己的妻子,但也一直认为,自己是不是把汉尼拔家的人拔得太高了,让他们和自己平起平坐不说,甚至让他们比自己都高。从童年起他就在心里牢牢记住一位达官贵人在彼得堡奔跑的一幕:浓雾、路灯和一个人的喊叫声:"等一等"。而一个身穿红色仆役制服的卡尔梅克人和黑人,则站在马车的后踏板上。如今的莫斯科只会对老一代的贵族俯首称臣。土耳其人库塔伊索夫没人能瞧得起。

老黑把客人们全都赶跑,自称是汉尼拔后人,几乎要把那个小黑人宣称为自己的儿子。

"仁慈的老爷,"谢尔盖·里沃维奇以一种非凡的自尊叹了口气道,"您奔波一天不累吗,是不是该歇一歇了呢?况且父亲归父亲……我敢说,我儿子才不是什么……狮子呢……也不是个小黑鬼,他和我一样,叫普希金。我挚爱并尊重你们这个民族——一度也曾是个优秀民族来着,"他严峻地补了一句,"但您得承认,儿子是我的……我是他的父亲……"

那老黑忽然把孩子抱在怀里,跑到炉火前以整间屋里都能听见的响亮声音,湿漉漉地亲了婴儿一口。

他一手抱孩子,另一只手把一枚小十字架塞进了束襁褓的带子里。

玛丽娅·阿列克谢耶芙娜生气地抢过了孩子。

"你会磕了他的，"她说着，生气地用另一只手把他推开，"离孩子远点儿，你这个老黑鬼。"

她摇晃着终于哭出声来的孩子。

老黑冲谢尔盖·里沃维奇转过身来。他做了一个简捷的动作——一把抓住对方的腰带和马刀。没有什么马刀，老头子早就退役了。

"你我都一样！"他嗓音嘶哑地嚷叫道。有一点令人惊奇，一个人的喉咙里究竟能有多少低沉喑哑湿乎乎的啰音呀。"你究竟是什么人？你，老爷，也会完蛋的……"他吹了声口哨，"你不过是个空口说白话的家伙罢了！我是汉尼拔。这才是我的民族呢！"

他的眼神雾气蒸腾，朦朦胧胧，他已经醉了。

谢尔盖·里沃维奇脸色煞白。

"请您不要嚷叫，mon oncle。"① 纳杰日达·奥西波芙娜压低嗓音制止道。她的脸上飞起了红晕："孩子在睡觉。我不允许你们大吵大闹。"

"要嚷冲你自家的姑娘嚷去。"玛丽娅·阿列克谢耶芙娜拉长着悠扬的声音，幽幽地说。

老黑踮着脚跟退了出来。

他的双唇在颤抖，却连一个字都没说。

"我要把所有叫普希金的人……都统统忘掉！"他攥紧了拳头嚷道，"像掸掉灰尘一样！"他用腿踹了一下椅子，风风火火地踩着楼梯下去了。

屋里也能听得到，他如何丁零哐当地穿过大厅，走到了遮阳棚下。

———————
① 法语：我的叔叔。——译注

玛丽娅·阿列克谢耶芙娜把孩子放在摇床上,忽然她身子缩成一团,整个身体缩成一条干瘪苍老、船头尖尖的小船。她擤了下鼻子,摇着脑袋,走了,不知去了哪里。脸色仍然煞白的谢尔盖·里沃维奇抱着胸脯,在屋里来回踱步。他被这件丢脸的事儿给搞糊涂整蒙了。

过了一会儿,他打开门,朝楼下瞅了瞅。客人们都走了。

玛丽娅·阿列克谢耶芙娜蹲在窗前。

"好一个大使出现了,"她小声嘀咕道,"还爷爷呢。"

她呼吸艰难。她的脑袋摇来摇去。

少校脚步趔趄地但却疾速地正步走过院子。

一辆轿式马车正等着他。

"瞧,这也叫当爷爷的,"玛丽娅·阿列克谢耶芙娜说,"自己个儿连站也站不住了。真丢人!"

而谢尔盖·里沃维奇却在此事之后很长时间都吹牛皮夸海口。他说他当时在育儿室满地走来走去,把散落在地板上的床单枕头什么的往一堆里攒。他绞尽脑汁地想要搞清一个问题,这场毫无道理的争执究竟是因何而起,因何而在。

"为了这份宁静,我情愿牺牲一切。"他把手放在心口上说道,"情愿忍受一切,尽管这不符合我的性格,我的朋友……可只要他胆敢动我一指头,要知道这是什么地方? 这是在我家呀! 说句心里话,我可再也不愿见这个……vieux raifort①。"

说到这儿,他偷偷瞅了纳杰日达·奥西波芙娜一眼,便立刻惊呆了。

---

① 法语:老家伙。——译注

只见她坐在阿丽什卡的小床上，用一只脚摇着摇床，对他摆出一副不闻不问的样子。她的眼睛瞪得大大的，眼睛一眨也不眨，在哭鼻子：大滴混浊的泪水正从她的眼眶里流淌下来。她却似乎未曾察觉。随后，她瞪了一眼婴儿，像瞅一个陌生人似的。她忽然看见谢尔盖·里沃维奇，看见他的步态，看见他那一耸一耸的肩膀，并且也看出他正在喷发高尚的怒火，于是，谛听起来。

"滚。"她压低嗓门说道。

于是，吃了一惊的谢尔盖·里沃维奇连忙缩起脖子，从屋里走了出去。

她平生头一次把他给赶出去。他怎么也弄不明白究竟是为什么。

"把一个叔叔给赶跑了。"阿丽娜正在下房里小声议论道。

"他活该，估计再也不敢来了。总说什么：我们是汉尼拔的后代！一眼就认出我来了。20年没见面，一眼就认出来了。人家的眼睛是尖——真糟糕！"

"来时就喝得醉醺醺的，"尼基塔解释道，"他的性格真让人受不了。说话多粗鲁。就像行劫的强盗。还将军呢！"

第二章

1

家庭这艘船终于迅疾而又出乎意外地从莫斯科的叶罗霍夫起航了：侧翼房的房顶坍塌了，根本就没法儿住人了。玛丽娅·阿列克谢耶芙娜准备动身回彼得堡把她在伊兹马伊洛夫团的小房子卖掉（"我可知道那些仆人们，她们会让一切变成废墟的。"）谢尔盖·里沃维奇想四处走走看看。他家族血缘里就带有喜欢迁徙的情绪：他更喜欢一劳永逸地摆脱所有债务，乘上装有弹簧的四轮马车，甚至乘坐旧式远程轿式大马车也在所不惜。一登上路他就把尘世里的一切忘得一干二净了。一看见天上的云彩和无边的回路，他的目光便显得既朦胧又含蓄——他喜欢在路上这种感觉。

听着车轮的轧轧声，路上偶尔遇到的陌生人，总会令他遐想无垠，万分惬意，而一旦无法出门远游他便会陷入甜蜜的昏昏欲睡中。

但他并未思考多久，普希金便和家人全家搬到彼得堡去了。谢尔盖·里沃维奇想起了此前姑妈的邀请，便动身去了米哈伊洛夫斯克村，好让夫人和女婿熟悉下新环境。

但与岳父大人的见面还是令他窘迫不已。他原来期待的是亲戚之间的拥抱，眼泪，忏悔和温暖的回忆，甚至在心里想象亲人间相互谅解的场面。他早已以夫人的名义,更别说以玛丽娅·阿列克谢耶芙娜和他本人的名义,原谅了岳父大人。

但根本不是那么回事儿。

围绕这位老黑的,就只有深沉的冷漠。他冷漠地握了下女婿的手,机械地问了问身体健康与否的话,直到一分钟后,才露出了持续时间较久的苍白的笑脸。这之后主人和客人坐在一张长椅上,小径上飘洒着黄黄的落叶,而黑人却始终一声不吭。他那浅紫色的双颊深陷在翻起的衣领里,一双眼睛蒙上一层红红的云翳——他这位岳父大人从一大早就把伏特加当早饭吃。

他嘴唇翕动着,没人敢吭声,眼望着道路。落叶和秋天的树木。他更像是一座火灾过后被烧得黢黑的、被人遗弃的建筑物,而非一个人。所有人包括玛丽娅·阿列克谢耶芙娜和阿丽什卡所赞不绝口的他那"像安了弹簧"一样的敏捷轻盈,究竟到哪儿去了呢?他浑然忘掉了身边这位谈话人,同时觉得身边的一切都是那么陌生,嚅动着瘦瘦的嘴唇。直到前面道路拐弯处出现几位乡村女孩,拎着小口袋,身穿五颜六色的萨拉凡,仙女一般飘进小树林去采蘑菇时,他才停止咀嚼。他目送她们远去,这才转身面对女婿。他的目光此时变得清澈了些。

"多么好吃。"他笑着对女婿说道。和所有汉尼拔家的人一样,他笑起来大张着嘴唇。

接下来却又被困意给征服了。他打盹时眼睛大睁着一动也不动,与此同时,嘴唇和肚皮却有规律地张合和起伏。他那件纽扣上镶有宝石的丝绸坎肩,浸满了油汗。

最后一天他领着女婿四处走了走。他拄着一根沉甸甸的拐杖,把树林和领地的边界指给他看,原来那座长着三棵小松树的小丘岗,就是庄园的大门。到处都是一派荒废破败的痕迹。林中的长椅都朽烂了，小凉亭也歪歪斜斜的了，耕地里长满了山荞。这之后他们往下走，左右两边都是蓝莹莹的湖。他们在湖边站了一会儿。湖水泛起细小的涟漪，犹如老太婆脸上的皱纹。风过后湖水像镜面一般平，连水也显得清冽。谢尔盖·里沃维奇既为岳父大人的庄园一片荒凉破败而悲伤，又为其如此静谧而惬意。

"像大海一样！"他望着湖面对岳父说道。

他从未见到过大海。黑人瞥了他一眼，感到不理解。黑人长久地站着，手扶着拐杖，他再也不用为女婿操心了。随后，他瞥了女婿一眼，就好像看出了他心里的想法似的，挥舞手杖，指点着属于他的湖、松树和森林。

"这一切都将是我留给你的。"

岳父的领地对谢尔盖·里沃维奇而言，始终都是个谜。按照玛丽娅·阿列克谢耶芙娜的讲述，主人住的房子其实并不大，但很舒适——屋顶覆盖着麦秸。这座房子一长溜，墙上嵌着模板，从外表看特像一间板棚。旁边是个小小的澡堂，右边也是个侧屋，房前有座花房——屋顶却盖着麦秸！但这位老黑的手势和动作幅度很宽，湖里的水满满的——因而，谢尔盖·里沃维奇离开时，心里装满了困惑，而脸颊上还印着岳父大人湿乎乎而又冰冷的吻。

"今年收成不错。"他心情不错地对汉尼拔家那名口眼歪斜的马车夫福姆卡说道。

路上他的情绪有所好转，当车到距家最近的驿站时，他和两位当地地主聊得很起劲。到家后，则对岳父大人的热情接待赞不绝口，并意味深长地告诉妻子和外甥，岳父大人走了，精气神明显大不如前，庄园也荒废了。

眼下冬天到了，可他们一家仍然在彼得堡，既下不了决心留下来，也拿不定主意离开。一待在首都，大家的心情便阴晴不定，无人敢于采取任何果断的决定，大家所能预计的时间，最多不超过一个月。沙皇的心情也同样是每日一变。谢尔盖·里沃维奇决定自己要静观其变，但决计不在彼得堡过冬。这样一来，也就越往后拖越好办。

他们就这样仍然住在伊兹马伊洛夫斯克团，尽量减少出游和在主要街道上抛头露面的机会，因为眼下游艺会和主要街道都被沙皇给占用了。

2

奶娘阿琳娜把小少爷包裹好，给他头上戴了一顶带耳的大盖毛皮帽，抱着小家伙走过一连、二连、小胡同，一路上始终像只有奶娘和野人才会做的那样，为婴儿唱着歌——对于所有碰见的东西，歌中都提到了。

"就像当兵的迈正步。亚历山大·谢尔盖耶维奇，您快看……多像大兵呀……铜制的小童帽……在阳光下闪闪发光……号牌下还有一枚闪闪发光的十字架。童帽要这么戴。等您长大了，您也会戴这样的帽子的。"

"到处都有当兵的。嵌有马耳他十字架的黄钢制帽是满大街都是的普列奥勃拉任斯基团的士兵。"

"亚历山大·谢尔盖耶维奇老爷，快看，大炮，多威风呀！炮声隆隆，能把人耳朵震聋。小帽戴好，耳朵要捂上，帽子要戴紧点儿，外面冷，小心冻着。是吧。"

阿琳娜轻盈地穿过整个炮兵营房营区。营区的大门敞开着,当兵的正把大炮推出来,两个士兵正蹲在地上擦洗大炮。

"姑姑,"当奶娘走到身边时,其中一个当兵的声音很小地撩拨道,"您这是带着小少爷去采蘑菇吗?想不想清洗大炮呀?"

"不用你们这帮无赖我们也能找到。"阿琳娜平静地说道。

她脚步轻盈地走到主街即伊兹莫依洛夫街上来。她牵着小孩子的小手手。小男孩目光专注地,眼皮一眨也不眨地死盯着一切。

"哎呀,多么漂亮的小马儿呀——鞍子还带穗子,外衣是红色的,灯笼裤是绿色的,"阿琳娜歌唱般地说道,"帽子是巴哈尔登的,小伙子们个个留着长胡子。"

这原来是乌拉尔河百人队里的哥萨克,是皇帝专门在彼得堡豢养的。百人队正在缓慢地通过伊兹马伊洛夫大街。街上空荡荡的。

"哎呀呀,这不就是将军的小叔叔吗。这不是你老爹吗。人那么一点点,小制服蓝蓝的,穿的裤子白白的,马脖上的铃铛丁零当啷的,手攥缰绳多威风呀。"

说着,只见那位小将军真的抖了下缰绳,坐下的马打着响鼻,果然放快脚步。

"瞧小叔生气了,小叔生气多怕人。"

奶娘说着说着便像钉在那儿一样一动不动了。将军生气地抖动着缰绳,让马掉转头来,结果那马差点儿撞在她身上。将军双目喷火地死死盯着她奶娘,车在严寒的天气里粗重地喘息着。将军紧攥缰绳的双手和那张宽脸,都已冻得通红。

"脱帽。"将军一挥小手,嘶哑地命令道。

即刻便来了一群穿着比他们更阔气的将军们。

"稍息!"

"下跪!"

"大檐帽!蠢货!"

直到此时阿琳娜才连忙跪倒在地,并把大盖帽从小少爷的脑袋上摘下来。

小个儿将军冲婴儿那亚麻色毛茸茸的脑袋瞧了一眼。将军忽然忍不住扑哧笑了出来。人都走了。

婴儿望着离去的人的背影,嘴里模仿着马的奔跑声。

谢尔盖·里沃维奇得知这件事后呆立无语。

"傻瓜呀!"他双手捂住胸口说道,"要知道这是沙皇本人呀!真傻!"

"哎哟哟,吓死我了,"阿琳娜说,"是沙皇呀。"

谢尔盖·里沃维奇被此事吓得喘不上气来。他先是想人家可能马上开始全城搜捕,因而必须即刻飞往莫斯科。可等到傍晚他的心平静下来,便去了他的朋友博德男爵家,详尽地讲述了这件事的始末。男爵听得兴高采烈,而谢尔盖·里沃维奇也就胆壮了一些。

他本应以严格保密的方式详尽描述这件事的详情细节,比如沙皇是如何威严地下令:

"脱帽!我把你们这些蠢货!"说着,沙皇胯下的坐骑立了起来,前蹄扬得比亚历山大红功碑的脑袋都高。随后便打马朝炮兵营飞驰而去。

"这是我儿子与当今皇上的首次会面。"说到这儿,他摊开双手,深鞠一躬。

一周以后他最终断定,继续待在彼得堡终归难以避免一定的风险,必须尽快转移到莫斯科的住处。对他来说俄国只有两座城市可以供他居住：彼得堡和莫斯科。

3

谢尔盖·里沃维奇举家迁往莫斯科——虽然身负重任,但他只有一个愿望,那就是隐姓埋名——一个月以后,沙皇保罗去世了。

保罗的死以一种非凡的速度传到了莫斯科——几乎比快邮还要快许多。随后,关于死亡的一些详情细节也陆续传来,人们异常兴奋。皇帝是被人暗害的,贵族阶层的自由得以恢复。法式圆形帽和裤子也可以穿戴了。谢尔盖·里沃维奇发自内心地害怕宫廷,因为想想自己属于宫廷反派的行列。对于库塔伊索夫令人可笑之极一落千丈——他被剥得一丝不挂游街——他和大家都感到欣幸。什——么!他可是御马总监呀!莫斯科竭力想要在几天之内弥补保罗留下的巨大空缺。这一年里人们在外面和家里所发表的议论,比此前三年加起来的还多。但舞会仍然毫不间断地进行着。

当纳杰日达·奥西波芙娜离开时,家里的一切都已经乱套了。她很懒,而且穿着永远都不应季。等到她动身前,姑娘们开始一个劲儿地往家里跑,把脸盆里的热水洒得满屋都是,蒸汽氤氲,嗞嗞啦啦地熨着丝绸衣物。纳杰日达·奥西波芙娜在其屋里发出一声又一声尖叫,响起了洒水的哗哗声和大嘴巴的噼啪声。女孩子们脸被抽得通红,满地乱跑,可她们根本没时间痛哭一场。几乎半裸着的纳杰日达·奥西波芙娜如狂风一般卷进邻屋,转眼又从那里跑出来。谢尔盖·里沃维奇不无几分赞许地皱起了眉头。玛丽娅·阿列克谢耶芙娜耸了耸肩,很不满意地回了自己的房间。

"主人去打猪,狗还得我来喂。"

接着，纳杰日达·奥西波芙娜步态悠扬，盛气凌人地飘出了房间，谢尔盖·里沃维奇眯缝着眼睛偷看了她几眼，像初次见她一样。他们走了，而把一片嘈杂和混乱丢在了身后。

如今，在那些频繁举办的舞会上，跳舞的人们都能自如得体，就连那些老头子们，也都变得精神焕发了。

孩子们有时深夜醒来，能听见父母在吵架。再次入睡已经是下半夜了。

在这两个月里，人人都觉得自己是万众瞩目的当今英雄，而人们之间的秩序——年老的达官显贵和底层的三教九流——全都搞混了。人人都滋生了希望。法国新生代女画家薇姬·勒布伦①如今每天都在为时髦美女画肖像，她仅用两天就为纳杰日达·奥西波芙娜画了一幅微型肖像，画得很可爱，头上还有一绺鬈发。谢尔盖·里沃维奇对此画不太满意，嫌鼻子画得弯，但却不敢开口，只一味夸奖。

谢尔盖·里沃维奇满以为贵族特权可以让他逃避公务，因而中断了自己的仕途。即使没有公务，他的每一天也安排得满满当当的。他甚至觉得没时间应付所有的事。他飞快地抽了孩子们每人一巴掌，动身去了猎县街。闻名左右的行家里手们都围聚在一口大木箱前，大腹便便的售货员们身穿蓝色长外衣，以深鞠一躬来向客人致敬。大家说起话来都低声细语。活蹦乱跳的鱼儿堆成一堆堆的。挑鱼的人们仔细观察着鱼鳃、鱼眼——主要看眼睛是否清亮，鱼鳍发白还是发红，顾客全都会仔细闻一闻，嗅一嗅，同时相互交流意见和新闻。仆人们也在这里等候。谢尔

---

① 薇姬·勒布伦（1755—1842），法国女画家，因给皇后玛丽·安托瓦内特绘画肖像而出名。——译注

盖·里沃维奇并不常买鱼,有时候根本就不想买鱼。但这有点儿像是一个英国俱乐部,是朋友聚会的一个角落似的。世上恐怕再也没有比这样的聚会、比这样隐秘的顽皮之举更令人愉悦的活动了。炫目但却转瞬即逝的仕途与之相比根本不值一提!谢尔盖·里沃维奇对之不屑一顾。

可以从事公务的年龄就这样过去了。就这样无所事事地又过了两三个月。在此之后莫斯科稍稍有些安静了下来。

对环境也比较熟悉了,各就各位了。可忽然间谢尔盖·里沃维奇有时又会伤起心来:煮熟的鸭子又飞了,距离万事大吉和亚历山大的新世纪莅临只差一个月,举家迁居(一路可谓艰辛备尝——那辆四轮轿式马车坏在路上了),彼得堡此刻正在给一些真正睿智的名人们办法官衔和爵位。但在莫斯科,尼古拉-米哈伊洛维奇-卡拉姆津在数日之间赢得了人们广泛的敬重,还获得两枚镶嵌宝石的戒指。刚上台的沙皇不知为何没理他,虽然他还属于委员会编制,但他早就不上班了,而妻子又快生了。

纳杰日达·奥西波芙娜的确又快生了,而且儿子很快就出生了,家人管他叫尼古拉。

谢尔盖·里沃维奇惊奇地发现自己已然成为一个日渐扩大的大家庭的一家之父了。他对家庭的增扩没有任何明确的想法,而且忽然之间未来似乎也变得不可数起来,事件一个接一个地发生,搞得他根本无暇对事变做些准备。总之生活中的一切都瞬息万变,变化之快令人喘不过气来。比方说,大家似乎全都忘了,安涅塔妹妹是一个未婚妻。伊万-伊万诺维奇-德米特里耶夫在莫斯科买了一处带小花园的住宅,但却并未结婚。玛丽娅·阿列克谢耶芙娜在没人能听见她说话的时候说道:

"他根本就不想结婚。她那是做梦。"

安涅塔妹妹脸色发黄，开始穿一些深色调的衣服。头发和以前一样松松垮垮，但到教堂却去得更勤了。她觉得自己和兄弟们都是牺牲品。纳杰日达·奥西波芙娜和卡皮托利娜－米哈伊洛夫娜也不属于会安排幸福生活的人。谢尔盖·里沃维奇同样也开始悄悄地为自己打起了小算盘。妻子是一个美艳的混血儿，可以说是人见人爱的尤物。每当看见妻子在舞会上与一个个头高挑的近卫军官跳舞，他就会气得脸色发白。每逢这种时候他都会充分意识到自己的个头是如何矮小。但随着她的肚子越来越大，对他实施的家庭监管也就越来越严厉。纳杰日达·奥西波芙娜一刻也不让谢尔盖·里沃维奇脱离她的视野。他连拧一拧仆人家的女孩的脸——完全是一种无辜的玩闹——都不敢了。

在这种局势尚不明确的情况下，他总是一有机会就要出门做客，从布图尔科家到苏什科夫家，再从苏什科夫家到达什科夫家，再从达什科夫家到别的什么人的家，如此而已。每周二他会去贵族俱乐部。他是在寻求消遣，就好像在寻找失落的时间，或寻找丢失的物件。如今他最担心的事情，是刚刚发生的事变千万别让朋友和熟人离他而去，那些熟人们可千万别傲慢自大起来。达什科夫漫不经心的一次还礼，就能让他心惊肉跳。玛丽娅·阿列克谢耶芙娜看着他正从园子里溜走，悄悄地哼起了一首老歌：

年轻的女郎呀我多苦闷，
哪儿也没地方安身立命。

如果他不在家吃饭，午饭前和傍晚以前——家里的午餐非常之简陋——他反倒有一种惬意的慵懒。他往往会边打着哈欠，边回忆自己在这一天中说过的 bon-most① 和某件偶然发生的小事。纳杰日达·奥西波芙娜不时地偷偷沉思而又怀疑地偷窥他，谢尔盖·里沃维奇察觉她对自己不信任后便撒起谎来。她并未全方位地信任谢尔盖·里沃维奇，而她这么做是对的。从小就习惯听玛丽娅·阿列克谢耶芙娜讲男人如何善于笑里藏奸、心地狡猾的故事的她，一直怀疑谢尔盖·里沃维奇在外面另有外室。跟这样的男人过日子实在是太不可靠了。的确，谢尔盖·里沃维奇在上流社会里并非什么都炫耀，近来他喜欢与一群年轻同事交往，其缘由还是那个让他诅咒的委员会编制，这些同事就年龄讲还都是些大孩子，就精神讲则都对他颇有好感。他背地里常和这些人一起打牌。打的都是上流社会流行的波士顿纸牌戏、澳门牌戏、文腾牌戏及一些新近刚开始流行的牌戏：斯托斯、三点三。谢尔盖·里沃维奇对牌戏非常热衷和投入，嗜赌如命，一沾上牌就难以释手。一旦他赢了，就高兴得恨不能拥抱整个世界。他只担心一件事：对手可千万别忘了还赌债。在家里他一直顽强地隐瞒自己的这种爱好。但每当他赢了，他往往得尽最大的努力，才能忍住不对纳杰日达·奥西波芙娜说。他咬紧嘴唇，把口袋里的硬币攥得叮当作响，也一声不吭。过后他会长叹一口气：我在自己的家里却不被任何家人所理解。

4

谢尔盖·里沃维奇每月会有一次做出一副忧心忡忡的样子，带着全家人出门去探望住在菜园村的奥丽嘉—瓦西里耶芙娜老妈妈。她的家很大，也很冷，老妈妈从不出门。激情洋溢的年华过去后，如今的她管

---

① 法语：俏皮语。——译注

理着一群老太太和三个眼睛高度近视的仆人。管理儿子们的生活她已经力不从心了，她只是偶尔会发发牢骚。她的女儿们也个个很听话。

她家里有一个房间堆满了各种杂物，实际上早已用作了储藏间，这地方老太太从未进去过。儿子们只要在家时，经过这间屋时，总会带着儿时即已养成的胆怯的习惯，斜着眼瞅几眼那扇紧闭的门：他们的父亲临终时刻就是在此度过的。无论是奥丽嘉－瓦西里耶芙娜还是儿子们，都好像达成了某种默契似的，从不提及列夫－亚历山大洛维奇。只有那几个眼睛高度近视的仆人在傍晚或是深夜，睡不着觉时，会偶然提到他。他是个天性残忍性情暴躁的人，他曾出于对一位意大利家庭教师的嫉妒而整死了自己的前妻。前妻死在他的家庭监狱里，那是个地下室。她躺在麦秸上，戴着脚镣。而对那个意大利人，他则给予其以一顿非正当的痛打，以致那人当场毙命。

奥丽嘉－瓦西里耶芙娜是他的二房。她活下来了。丈夫临终时已经变成野人了。奥丽嘉－瓦西里耶芙娜开始管理家务和孩子后，给他安排了一间侧屋。彼得三世皇帝驾崩后，列夫－亚历山大洛维奇立刻辞职，迄今已四十多年了，他不愿意承认叶卡捷琳娜大帝的统治，为此在要塞的临时监狱里被关押了两年。出狱后，他凶狠而又疯狂地把自己的家产挥霍一空，时而用在自己身上，时而用在不知什么人身上。他特别喜欢骑马奔驰，这辈子给自己攒了一厩名马。每当他策马奔腾，迎面走来的人纷纷避开，满脑袋都是普希金家人骏马奔腾的嘚嘚声。等到奥丽嘉－瓦西里耶芙娜开始管账和当票时，感到自己脚下踩着一片沼泽：财产正向四面八方流失。十年前列夫－亚历山大洛维奇去世了。早就盼他死的奥丽嘉－瓦西里耶芙娜在丈夫死后，意外地发现生活竟然变得如此空虚而乏味。于是，她从此以后再也不出门，心里已经断定，反正自己谁也无力去拯救,任何事情也无力去加以干涉或左右,不如听之任之。从丈夫大权旁落时起,奥丽嘉—瓦西里耶芙娜就不停地谴责叶卡捷琳娜,尤其是奥尔洛夫一家:

"什么伯爵!不过是些养马汉罢了。"

她认为彼得三世才是合法皇帝,每当有人当着她的面殷勤地称叶卡捷琳娜为母亲时,她就会啜嚅道:

"是老娘,也是老爹。"

她这辈子一直害怕丈夫歇斯底里发作,以及他的其他种种怪癖,但却不无伤心地发现,她的几个儿子都不像父亲,个个都很小气。她一方面对他们攥紧缰绳,另一方面,连她自己也颇感意外的是,对于儿子们时常会有的酗酒狂欢、打架闹事及其目无法纪的胡作非为,她竟然还有几分高兴。不,这一切都早已销声匿迹了。儿子们都成了跳跃派了。

老太太向谢尔盖·里沃维奇伸出瘦骨嶙峋如同蜡像般的手让他吻,一双锐目死盯着这个不肖的儿子。这两个儿子都被人怀疑有挥霍浪费的不良嗜好。有一次她甚至修改了遗嘱。对谢尔盖·里沃维奇,她的想法是,他很快便会挥霍一空,一贫如洗的。对谢尔盖·里沃维奇的妻子她多少有些敬畏,她相信"谢尔盖·里沃维奇的仕途之所以受欢迎",全都是因为妻子的缘故。她爱抚地摸一摸孩子们绯红的脸蛋,凝视了他们童真的眼睛,抑制住一声叹息,便打发他们自己玩去了。

"免得他们在屋里闹!"

每逢母亲在场,谢尔盖·里沃维奇便像是换了一个人似的,和他当年到委员会上班时一样,外表看上去非常矜持稳重。他给老太太讲彼得堡,讲宫廷新闻,并用国外的事件来吓唬老太太:讲法兰西人的胜利,讲波拿巴和领事夫人,混血儿若泽芬娜。母亲斜睨着谢尔盖·里沃维奇:他满嘴吐着彼得堡那些达官要人的名字,就好像他刚刚和人家分手似的。但有时他也会轻轻骂他们几句:"科丘别伊,Ce coquin de①!"

有一天,他可把当妈的给吓坏了,他居然干预辱骂当年的权臣亚当-恰尔托利斯基伯爵。

"他的贵族派头是虚伪的,"他说,"他本人是一个私生子,我们知道这些皇亲国戚的傲慢。他的母亲是一个女阴谋家,是个放荡的木兰女人,向法国人卖身求荣的女人——仅此而已。"

奥丽嘉-瓦西里耶芙娜很伤心。这个傻儿子和他父亲以前一模一样,也处心积虑地奔着监狱去了。可另一方面,这些法兰西的暴动者们,又是多么强大呀!在她眼里,儿子再也不是一个只会空口说白话的人了:莫斯科人都知道这个时代极不可靠,沙皇年幼,彼得和保罗之间有第三种真理。如今老年人们都下去了,年轻人则步步上升。儿子此刻就坐在她身边,额上披着一绺卷发,身边是他的妻子,瞧着吧,他今后肯定能有所出息。

老太太眯着眼睛瞅儿子。她被说服了。

晚上,躺在此前一直是体形最胖的老姑娘为她焐热的被窝里,奥丽嘉-瓦西里耶芙娜对自己非常信任、眼睛半瞎的乌里雅什卡说:

"如今的黑女人可出风头了。巴黎如今有一些人——怎么叫我忘了——也娶黑人做老婆。"

而乌里雅什卡只会附和她:

"男人全都一个样儿——喜新厌旧,喜欢小鲜肉。"

---

① 法语:这个坏家伙。——译注

5

如今他们住在一幢非常体面的木头屋子里,叫尤苏波夫宫,旁边是一位伯爵、大名流的住宅。谢尔盖·里沃维奇对这处住宅的位置十分满意。不过伯爵却很少回莫斯科来。谢尔盖·里沃维奇在整个夏天就只见他来过一次,看见他那位室内男仆如何忙忙碌碌,开窗通风,搬运东西,在此之后,才见一位体形臃肿,嘴唇肥厚,有一双非俄罗斯人的哀伤眼睛的男人,目不旁视地走进自己的家。接着伯爵似乎刚刚看见纳杰日达·奥西波芙娜,于是向她深鞠一躬,他的姿势说不上是亚洲式的,也说不上是欧洲式的。随后他打发其管家告诉普希金家,说普希金家的孩子们只要愿意,随时可以到他家的园子里玩。伯爵是一位闻名遐迩的女性爱好者,他的关照令纳杰日达·奥西波芙娜心里暖暖的。但他很快就走了。

而他的那位管家却要被住户们搞得快发疯了。"普希金少校先生",他在给伯爵的汇报中写道,"中间的住户,五月预付了一个月的租金,那之后已经半年了,一分钱也没给。我已经来过三次,催他们交租金,可那家人托人转告说人不在家。伯爵大人,我作为您忠实的仆人,请您给我下令,需要我和普希金少校怎么说,抑或干脆拒绝他们。"

恰在此时谢尔盖·里沃维奇遇到了不幸,母亲奥丽嘉—瓦西里耶芙娜去世了。此次生病,她把所有儿女都叫到了身边,逐个地注视着他们,伸出两根手指警告他们后,就这样走了。

谢尔盖·里沃维奇安葬了母亲后,立刻搬到离旧家不远的另一处又宽敞又舒适的住宅。

纳杰日达·奥西波芙娜两眼放光,她喜欢迁徙。管家亲自帮马车夫搬运家居和用具。承蒙伯爵开恩,孩子们仍然可以由奶娘阿琳娜领着在尤苏波夫花园里玩耍。

这座园子很大。尤苏波夫对常春藤的凉爽和喷泉有一种鞑靼人式的喜好,而对规则有序的甬道、通道和池塘的喜好则接近于巴黎人。他还从曾长期担任过公使的威尼斯和那不勒斯带回一些人物雕像,雕像的臀部下垂,膝盖依然发黑。作为一个东方式的吝啬鬼,他却不惜在满足想象方面花钱。于是便有了位于莫斯科菜园城附近的这座园林,面积不少于一俄亩。

伯爵允许他的熟人和邻居来园子里玩,以显示他的善意和宽厚,却很少允许孩子们进来。一座园林如果无人问津固然可以保存得很好,但对一个迷信的老人来说,还有什么能比一座荒凉破败的园子更令人悲哀?伯爵的那些熟人们在自己也未曾察觉的情况下,使得死的风景平添了生气。

这个被西方所震惊的莫斯科人,从此开始登上他读过或是听说过的凡尔赛式的楼梯,他那莫斯科式的步态也发生了变化。如警卫一般的雕像每天把他迎候。被富于节奏感的林荫道所吸引的他,开始迈着一种匀称的步伐沿着浑圆的池塘转圈。池塘很圆,以至湖水仿佛成了一面凸镜,过了一小时后,他才迈着同样的步伐走回自己的菜园城。一段时期中,他把自己想得十分美好,只是之后才听人议论:"独木舟!独木舟!"或是一旦碰见熟人,才意识到这件事似乎有些不妥,凡尔赛是凡尔赛,而他却并非法兰西人。

对于带着少爷们的奶娘阿琳娜来说,这座园子是开放的。

阿琳娜勇敢地登上那架凡尔赛梯,眼睛一刻也不离开少爷和小姐,生怕他们一不小心丢了什么东西,或是把哪个栏杆给拧断了。

她一副忧心忡忡的样子。她总是故意不看那些雕像,而把全部注意力转向池塘。

"水面多平静呀,"她说,"在这样的水里,连鱼儿也感到寂寞。瞧,那鱼吃得多饱。"

少爷却不想看那条鱼,而是皱着眉头盯着狄安娜。关于她他略知一二。有一次管家告诉他说,这位是狄安娜,另一次告诉他说,这是森林女神。在家里他问过父亲狄安娜是谁,谢尔盖·里沃维奇笑了好久,笑过后意味深长地解释说,她是奥林匹斯山上的女神之一,是一位女郎。女神漠然地仰着脑袋,让尖尖的乳头和纤细的大腿尽情地沐浴在阳光下。女神脚上的大拇指被磕掉了。

"呸!"阿琳娜懊恼地小声啐了一口,"也许老爷您是在绕着池塘跑吧。"

他们来到一个宽敞的平地,上面覆盖着肥厚的草。小径上撒落着湿漉漉的黄沙。一尊罗马式喷泉矗立在草地的中央,如琉璃一般的水流溅落在一个石头碗里。

"你的磨坊怎么样了?"阿琳娜笑着问道。她喜欢这个地方。她觉得喷泉很好玩。

"亚历山大·谢尔盖耶维奇老爷,那些有钱的鞑靼人,大都喜欢让水这样流进园子里。"

他跑开了。奶娘在对付正在玩沙子的奥莉佳·谢尔盖耶芙娜,并擦了擦尼古拉·谢尔盖维奇的鼻子。

他跑得远离了平常散步时的那条林荫道,从旁边一条小路下去,绕过雕像那几个白皙的脑袋和石头的肚腹,直到迷路为止。隔得很远他已听到奶娘在喊他,可他却根本不予理睬。他跑得更远了。已经跑到了经常有鞑靼人的野禽出没的草本茂密之处。新建的方方正正的花园到此中断了——从此以下就是那座废园了。这里的树冠都覆盖一层青苔，像浮了一层灰烬似的。雕像淹没在枯枝败叶丛中。雕像的眼睛都蒙上了一层白翳，嘴巴张大，它们那慵懒的姿势偏偏为他所喜爱。他脑子里油然涌现出一些含糊不清、下意识的话，就像在梦中一样。他连自己也没发现，其实打从他到这儿起，脸上就一直浮着毫无意义的笑容，他不由自主地用手摸了摸雕像那又白又脏的小腿。这些雕像被岁月打磨得既丑陋又冷漠。过了一会儿，脸色阴郁的他，才懒洋洋地朝池塘、朝奶娘阿琳娜走去。

那是一个很憋闷的夏天。莫斯科就和撒马尔罕似的，热得像是就要着火了似的。树上的叶子都打蔫儿了，枯萎了，落满灰尘。来自波尔金诺得的村长向谢尔盖·里沃维奇报告说，庄稼都被烧掉了。纳杰日达·奥西波芙娜只穿一件女内衣在半明半暗的屋里走来走去：白天都没敢打开护窗板。

秋天大地都迟迟冷不下来。孩子们整天整天地在尤苏波夫花园里玩耍。规整的草地和水源对一切包括暑热都有一定的节制。

下午两点钟左右，正是午休时刻。阿琳娜在椅子上打盹，嘴半张着。忽然来了一股凉快的风，连树上的叶子都哗哗响了。他看见苗条的石头人往前摇摆了两下，就好像是要撞什么人似的。他的心脏停止了跳动。尼古拉和奥莉佳哭了起来。阿琳娜睡醒了。而对阿琳娜，他毫无意义地耍滑头，数落她没干别的，就只是一直望着池塘出神来着。

他们一起往家走。傍晚时分，信使传来消息，说这天莫斯科发生了地震。晚上起了大雾。夜里他睡不着觉，躺在床上谛听。阿琳娜的呼吸声又粗又重，像唱歌一样悠扬。随后，门外传来光脚踩地板的沉重的走路声,像是一只巨兽在移动:原来是母亲在屋里来回走动。接着母亲手里的杯子发出叮当声,她喝了口水,重重地喘息着。父亲嘀咕了句什么话,要不就是从远处叫她,她笑着作答。随后,光着的双脚又在每个房间里走动起来。他这才睡着。

一连五天,莫斯科都是浓雾重重,人走在街上常常会碰头。周围人们议论的话题除了地震没别的。一个地窖的墙上出现了裂缝,人们纷纷前去观看,就像参观名胜古迹似的。烟囱上出现了一个宽达一俄尺的大洞。外祖母玛丽娅·阿列克谢耶芙娜肯定说她感觉到了地的颤动。

"尼古拉什卡刚刚受到惩罚,连牧场都烤焦了——整个村子,我亲眼看见:桌子像肉冻似的会动弹。"她自己也不无几分疑惑地说道。

普希金家族唯一十分牢固的信仰,是对预兆和占卜的迷信。一旦碰上一个农妇拎着空桶,玛丽娅·阿列克谢耶芙娜和阿琳娜会立马返回家。纳杰日达·奥西波芙娜害怕毒眼,当姑娘时每逢圣诞节她总是会用浇蜡和凭借鼻子是否尖翘占卜命中注定会成为其未婚夫的白马王子。甚至就连谢尔盖·里沃维奇,每次碰见神父,都会悄悄做一个鄙视的手势。每当夜晚,玛丽娅·阿列克谢耶芙娜、阿琳娜姐姐便会不紧不慢地,一五一十地讲述奇特的巧合事件。

如今家里人个个一副严肃的表情:地震那可不是闹着玩的。卡拉姆津作为名人,理应写一篇特别的文章,向基斯科居民解释一下,地震是物理世界的一种现象。但在他本人的内心身处,道德那根弦也在颤动不已。他号召人们像安德列斯群岛、菲律宾群岛、马来群岛、西西里岛,尤其是岛国日本——那里几乎每天都有地震,就像夏天的莫斯科每天都有雷雨一样——的岛民们那样,尽情享受生活。

他在此处提到地震似乎有些不合时宜,因为在瓦西里二世统治时期，地震是如此频繁，以至整座城市几乎被火烧了个一干二净。

物理学上的解释让玛丽娅·阿列克谢耶芙娜、阿琳娜和纳杰日达·奥西波芙娜愈加惶恐不安：说什么这是地球里面的火烧热了空气，狂暴的热气想要找到一个宣泄的出口导致的。还说什么这次莫斯科地震是另一次地震引起的，地震永远都会有一次震中，说地球里面有一些相互靠近的空心，里面灌满了被烧得滚烫的空气。还说分别位于地球两端的世界可以在同一时间发生震动！地球上所有城市的方位都是这样的，其中包括莫斯科、涅格林和雅乌扎。正如尼古拉·米哈伊洛维奇所认为的那样，从瓦西里二世至今，已经过了三个半世纪不曾有过地震了，足以让他们平平安安地过一辈子了。

纳杰日达·奥西波芙娜每到深夜，脑海里便会浮现出一幅画面：火苗在空荡荡的、和他们家非常相像的走廊蔓延，这时候，她便会捅一捅谢尔盖·里沃维奇的肋骨。她还说人们一定能等到那天，说软弱的老爷总是会有强悍如强盗的仆人。如今诸如此类的闲聊传遍了莫斯科。谢尔盖·里沃维奇响亮地擤着鼻子，接着就睡着了。

厨师尼古拉什卡喝醉了，谢尔盖·里沃维奇下令把他圈起来，并亲自命令在马厩里惩罚他。

这之后雾散了，一切又恢复正常了，地震也被人们忘得一干二净了。

第三章

1

安涅塔妹妹并未嫁人,妈妈去世了,又发生了地震,瓦西里·里沃维奇的生活也很快发生了变故,而且一切变故都发生在同一年。妻子抛弃了他,他们夫妻俩终于分道扬镳了。

安涅塔妹妹终于找到了自己一生的志趣所在。她和伊丽莎白·里沃维奇都很激动,她俩马不停蹄地离开瓦西里·里沃维奇,投奔谢尔盖·里沃维奇,甚至为此还专程去找一位莫斯科的算命先生卜卦。

瓦西里·里沃维奇慌了,摩挲着额头。

他已经两次当着外人大哭了一场。家人前来帮他,他也心甘情愿并且长期喝起了生水,这之后他绝望抑或困惑地挥了一下手。

一切都完了。

"生平头一次呵。"他朴实憨厚地感慨道。

在这个家里,勇敢出面为兄长的荣誉进行严厉辩护的,只有谢尔盖·里沃维奇和安涅塔小妹。卡皮托丽娜·米哈伊洛芙娜的名字已经被扫地出门,忘得一干二净了,家人给她起了绰号:女坏蛋。每次一说及她,安娜·里沃芙娜便发出嘘声,打发孩子们出去,而谢尔盖·里沃维奇会意味深长地眯起眼睛。

而瓦西里·里沃维奇对此事的解释和说明却云山雾罩,窃窃私语也罢,感慨万端也罢,总之让你不知所云,云里雾里。他吃得仍然很多,胖了一圈,即使鼻涕眼泪一大把,也忘不了说几句即兴的俏皮话。

"我的心肝儿,我的小心肝儿,瓦西里,别忘了一切是从哪儿起头的。"安娜·里沃芙娜恳求他道。

于是瓦西里·里沃维奇开始了回忆:近卫重骑兵团军官——B伯爵的拜访变得更加频繁了。瓦西里·里沃维奇是这么说的——伯爵(双料王子W)。于是他起了疑心,开始一个劲儿地规劝——有一次他没碰见她在家。对于离家出走这件事,唾沫星子飞溅的他只能将这解释为一种背叛。按照他的说法,他的妻子甚至已经打算把自己嫁给某个外人了。这简直是闻所未闻的丑闻。妻子离开还活着的丈夫准备嫁给外人。

谢尔盖·里沃维奇断断续续地说道:

"名字。"

他要求提供勾引者的名字。

针对提供名字这个问题,瓦西里·里沃维奇却以问代答,问为什么。对此,谢尔盖·里沃维奇冷冷地回答:

"决斗用。"

瓦西里·里沃维奇竭力避免直视弟弟的眼睛,并拒绝说出那个人的名字。

他难以确定这事的确是B伯爵干的,他说。说不定B伯爵仅仅只是为了引开大家的视线而冒充的。虽然有一次他的确说出了他的名字,对他说:你。但其他一切就都一无所知了。

"他说了他的名字了?"安娜·里沃芙娜慢腾腾地问了一句,"你也在场?"

"是啊,可他是我堂兄。"瓦西里·里沃维奇游移不定地回答说。

"Le cousinage est un dangereux voisinage"① 安娜·里沃芙娜咬紧嘴唇,嗓音尖细而又抑扬地说道。她的脸此时此刻绝对酷似一位天主教教士。

"至于他么,我的这位朋友,也许对她只不过是出于礼貌罢了,可她呢——别忘了,她可是我的心肝儿呀——她弄不好却是在讨人欢心。"

由于瓦西里·里沃维奇在场,所以,安娜·里沃芙娜出于可怜他的意思,从不说小姑子是个坏蛋,而是简单地用"她"来指称。

总之这包含着一个秘密。女仆安努什卡,或如安娜·里沃芙娜总是称呼她的那样,安卡,静悄悄地走来,一双眼睛哭得又红又肿,身上戴着一个新的漂亮的胸针。她和往常一样可爱。安娜·里沃芙娜把她打发出去,与此同时,瓦西里·里沃维奇不知为何忽然眨了下眼睛,哼了哼鼻子。

忽然,瓦西里·里沃维奇不看任何人的眼睛,但却相当清楚明白地表明,说他对妻子没有任何非分的要求,说他既然不了解事情的真相,那么他只存有一个愿望:就是希望妻子能回来。并说他根本不愿意和妻子离婚。相反,他希望在未来的岁月能和妻子白首偕老,并说他作为丈夫和基督徒,愿意做出任何牺牲。

谢尔盖·里沃维奇被感动得无以复加。

"我的天使啊。"安涅塔说道。

瓦西里·里沃维奇用坚毅的声音重申,说他首先是一个男子汉,大丈夫,而且还是一个基督徒。他立刻显得精神焕发,并当即穿了一件新

---

① 法语:亲戚就是可怕的邻居。——译注

的蓝色燕尾服,往自己身上喷了些香水,出门到林荫道上散步去了,而这在他来说是出事以后的第一次。

谢尔盖·里沃维奇取消了进行决斗的决定。决定和那位不肯屈从的女人进行沟通。纳杰日达·奥西波芙娜被全权委托与那个女罪人见面并进行劝说。

意料之外的是,纳杰日达·奥西波芙娜回来时板着一张脸,脸上僵硬得没有任何表情,甚至隐隐有些心在乐活的意思。她说,卡皮托丽娜·米哈伊洛芙娜不回来了,说她已经打定主意死在修道院里,睡麦秸,靠那些吝啬鬼为生了。

"不是靠吝啬鬼,是以蝗虫为生。"谢尔盖·里沃维奇更正道。

"……也比回这个家强。"

随后,纳杰日达·奥西波芙娜和安涅塔妹妹嘀咕了一阵,安涅塔妹妹摊开双手。

"假如您,Nadine①,您尽可以相信这个坏女人,"她说,"但您小心点儿自己!"

于是,弟弟和妹妹连忙坐车去找瓦西里·里沃维奇去了。

在瓦西里·里沃维奇家里,那天傍晚正巧发生了令人惊奇的变化:他又一次气馁了,在屋里走来走去,唉声叹气。为他的生活而担忧害怕的安娜·里沃芙娜服侍他躺进被窝里。果然,他患了热病。瓦西里·里沃维奇声音微弱地叫安努什卡过来。虽然谢尔盖·里沃维奇不同意,安努什卡还是被送了过来。安娜·里沃芙娜甚至安顿她坐在病人的床前——你一个护工。还打发了人去叫医生。

---

① 法语:娜佳。——译注

医生宣布瓦西里·里沃维奇的生命没有危险，热病没有发展，可傍晚时分，瓦西里·里沃维奇却对妹妹说，他已经完了。

他说卡皮托丽娜·米哈伊洛芙娜打发的使者曾经见过他，但这使者或许是B伯爵打发的也说不定——对此他并不想知道——强迫他交出了那封信。一提到这封信，瓦西里·里沃维奇就开始在床上辗转反侧，烦躁不安。安娜·里沃芙娜往他身上泼了些水，躲到一边去后，瓦西里·里沃维奇坦白招供说，他在这封信里对自己实施了闻所未闻的诽谤和匪夷所思的诋毁，并且以自己的署名加以确证。

"你呀，"安娜·里沃芙娜严厉地说，"喏，我的小朋友，我的小心肝儿巴济尔，你怎么能这么胡写一气呢？"

"我当时已经不省人事了。"瓦西里·里沃维奇摊开双手无奈地表白道。

说到这儿他腾地从床上跳下来，以一种非常生动的语气对妹妹说道：

"想离婚，办不到，这是惩罚，打官司我不怕，可爱的女士，咱们走着瞧！"

2

松采夫被派去和卡皮托丽娜·米哈伊洛芙娜谈判。马特维·米哈伊洛维奇气喘吁吁地回来了，说连他自己也不敢相信自己的眼睛了：人家让他读了一封信，在这封信里，瓦西里·里沃维奇一清二楚、明明白白地亲笔写道，鉴于瓦西里·里沃维奇与其名下的农奴姑娘非法同居两年零一个月了，因此，不能昧着良心违逆其夫人想要离异的意志，因而赋予其夫人以随意处置之全权，其中包括嫁人，而且想嫁谁就嫁谁。

瓦西里·里沃维奇皱着眉头说：

"我记不住了。彻底遗忘，而且忘得一干二净。而这根本不像是真的。我什么都不记得了。"

说罢就又哼哼起来，但他这次的哼唧声比前一次轻微得多，而且天性很快就重占上风——第二天他就若无其事地该玩就玩，该上剧院便上剧院去了。

但大家的好奇心却被极大地调动了起来。一种流言蜚语说，瓦西里·里沃维奇实际上正与某个侍女安卡同居。

有天晚上，包括大胖子松采夫，在全家人坐在一起的时候，妹妹安涅塔就坐在他旁边，大家聊起了瓦西里·里沃维奇，松采夫皱起眉头，吸了吸肚子，说瓦西里·里沃维奇身上永远都有这样一种俄罗斯民间的神经纤维和血液，这使得他永远都喜欢某种质朴简单的女性。安涅塔妹妹当即让他住口。

瓦西里·里沃维奇常常不得不三番五次地对自己的朋友们赌咒发誓，说他根本没有任何过失，他的朋友们为了不伤害他的自尊心，便称他为善于讨女人之欢喜的塞拉东和法布拉斯[①]，说罢嘿嘿一笑。

瓦西里·里沃维奇不无恐慌地感到，自己先前那种听来令人愉快的诗人的名望，以及并非无关轻重的独立人士的声誉，发生了动摇。人们对他忽然间开始不拘礼节起来——对他说话以"你"相称，有时甚至抬着鼻子——而这些人远远算不上是他的熟人。

彼得堡双桅战船的声誉在莫斯科也很招人喜欢，这么说吧，一提起

[①] 塞拉东为法国作家于尔菲（1568—1625）的爱情小说《阿斯特蕾》的主人公；法布拉斯出自法国小说《法布拉斯骑士冒险记》。——译注

过去，这些声望就会从此处把他笼罩。而如今这声望都显得百无一用：瓦西里·里沃维奇有时会梦见宫廷侍从所佩戴的蓝色蝴蝶结，他才根本不希求什么法布拉斯的称号呢，说到底，用他自己的话说，他自己本人也不是毫无过错。但在所有方面都犯有过失的，是不幸的环境本身。

他无论如何也不愿意和这帮乳臭未干的小儿们走得太近，在这出闹剧之后和他们走得太近会有危险的。关于他，周围的人已在窃窃私语，指指点点的了。

想要终止这种模棱两可的状态的瓦西里·里沃维奇，心里对妻子生着气，便前来找到了他的岳父。他岳父是一个在其职业方面受人尊重的人，但却优柔寡断，渺小卑微，还欠了瓦西里·里沃维奇一份情，在一年以前瓦西里·里沃维奇曾经为岳父大人那名不见经传的出版物《宗教的赠礼》写了两首十分体面的神学诗，《给在腹中孕育了我的你》和《给一个罪孽深重的妻子》。后一首诗尤其感人，全诗从描写一位浪荡的妻子起首：

罪孽深重的夫人，

窘迫苍白地向造物主祈祷，

——该诗以彻底的宽恕作结。

瓦西里·里沃维奇准备在与岳父大人谈话时把这首诗用在卡皮托丽娜·米哈伊洛芙娜身上。

但傻瓜岳父却并未召见他。

他所有的想要装腔作势，抵御乳臭未干的小儿们纠缠不休的好奇心的努力，未取得任何效果：瓦西里·里沃维奇面对严肃庄重的语气，坚持了还不到半小时,而那些乳臭未干的小儿们则竭力想挤进他的朋友圈。

最后他终于看清自己不过是省城人的笑料罢了。

而与此同时,卡皮托丽娜·米哈伊洛芙娜向法院递交了离婚起诉书。

瓦西里·里沃维奇没料到这一手。他马马虎虎总算对付了过去,敷衍了过去,但继续待在莫斯科于他而言是一天比一天难。甚至就是对那个坏女人心怀仇恨的安涅塔妹妹也开始对瓦西里·里沃维奇颇有烦言。而谢尔盖·里沃维奇则干脆退避三舍:他耸了耸肩膀,就躲到一边去了。每当有人问起他哥哥的事,他就装聋作哑,和兄弟说话,也开始断断续续,有一搭没一搭了。

有一次,瓦西里·里沃维奇从剧院回到家后,发现口袋里有一张字条,字条上是用小孩子一样的工整笔迹抄写的格列库尔关于女仆的那首名诗的无名译本:"谁愿意,就让他向所有美女大献殷勤好了!而我却希望从早到晚,不分昼夜地,亲吻漂亮的女佣。"瓦西里·里沃维奇惊呆了。

诗译得很糟糕,意思也一团糟,错译多得超过了尺度。毫无疑问是一个乳臭未干的浑蛋干的,此人想必竭力想要混入朋友圈,为了不引起怀疑,才故意让小孩子把这首破诗重新誊抄一遍。瓦西里·里沃维奇尽管气愤至极,但还是把文理不通的最后一行诗彻底改了一遍,改动后好多了:"狂吻女佣"——在此之后,才把字条撕碎扔掉。

更糟糕的是,他的好友,青年时代的同伴,彼得堡派的酒友、亲戚阿列克谢·米哈伊洛维奇·普希金也和莫斯科这帮乳臭未干的小儿们沉瀣一气。阿列克谢·米哈伊洛维奇可不是个凡人。他父亲和叔叔都曾是骗子，因伪币制造罪被判决流放到西伯利亚，根据指令兄弟二人被称之为"前普希金兄弟"。前普希金的儿子是在外人那里被教养长大的，其类如飘蓬似的性格。不但如此，他还把这种类如飘蓬的性格发挥到了极致。他在沙龙里到处宣扬无神论，认为生活中的一切皆为想象、迷雾，仅此而已，舍此无他。他在莫斯科的布道大获成功，很快就成为社交活动中一个不可取代的角色。他的性格强悍而又凶恶，但凶恶中又不乏滑稽可笑。

和瓦西里·里沃维奇在上流社会交际场合结识后，他开始有了特殊的习惯，那就是用他的暗喻和俏皮话对其实施轰炸，与此同时，又表现出对其狂热的爱戴和友谊。他把他拥在怀里搂搂抱抱，亲吻个没完，随后严厉地紧盯着瓦西里·里沃维奇的眼睛，令人感动地说道：

"呵，还是老样子！不务正业的家伙！勾引者！"说着把他推开，像是怕沾染上他的晦气似的。

瓦西里·里沃维奇为岳父准备好的那些神学诗，引起了阿列克谢·米哈伊洛维奇极不体面而又放肆的嘲笑。在布图尔林家人头攒动的舞会上，和瓦西里·里沃维奇站在一起的他，对他的诗作赞不绝口，却忽然出乎意料地向着另一面大声地说：

"伪君子！"

瓦西里·里沃维奇绝对不愿与这位堂兄相遇，但在他离婚一事传遍全城以后，他的这位非事实主义者的堂兄，简直是不让他活了。只要在社交场合遇见瓦西里·里沃维奇，他就会黑着脸扬扬手指威胁他。瓦西里·里沃维奇开始怀疑，这几首诗的飞速传播同样也少不了其堂兄的协助。

臭名远扬的声望令他感到厌恶之极。他是一个非常懂得自尊的人。

3

瓦西里·里沃维奇逢人便说他马上要去巴黎。

朋友们有人信,有人不信。但大家的好奇心都被勾引起来了。谢尔盖·里沃维奇从内心深处并不相信。但莫斯科人却似乎除了瓦西里·里沃维奇的出门远行外,别的什么也不会谈。他那些年纪轻轻,游手好闲的朋友们拿他打赌——能还是不能?

"亲爱的,请你告诉我,普希金在哪儿,是去巴黎了吗?"

瓦西里·里沃维奇装作没听见,但他的心脏却因狂喜而几乎停止跳动,他感到身体疲软——无论怎么说,这都是声望。

"一个无名鼠辈,"伯爵说,"还想去巴黎?"

于是瓦西里·里沃维奇便不得不真的着手办理去巴黎的许可证,借口是找那里的名医看病。意外的是,许可证居然办下来了。

瓦西里·里沃维奇就像换了个人似的。他忽然变得比以前任何时候都矜持,就好像他踏足脚下的,已然不是什么库兹涅茨桥,而是香榭丽舍田园大街。为了不至于让自己在去巴黎这件事上栽了面子,他每天都要去库兹涅茨桥的法国人的小铺子里买点什么——买了一大堆带钢钩的小人儿、手绢和小手杖。见面时总有人尊敬而又羡慕地问他:

"您还在本地呀?我们还以为您已经到巴黎了呢。"

如今不但那些年纪轻轻的游手好闲之徒,就连那些老朋友们,也都重新对他有了兴趣。卡拉姆津连忙吩咐他,一到巴黎就给他写信寄信用于发表。

"关于世上的一切,我绝对会写点东西的。"瓦西里·里沃维奇坚定地承诺道。

终于，动身的日子定下来了。全家上下共同参与动身前的准备。瓦西里·里沃维奇得到的最大奖赏是，他在动身前的一个月，有了几次病态的发作。

动身前第三天，同样也被瓦西里·里沃维奇的出行所打动的伊万·伊万诺维奇·德米特里耶夫写了一首长诗《N 先生游历巴黎和伦敦》："朋友们，姐妹们，我已到巴黎了！"

这首长诗即刻便传开了，比新闻还快。诗写得非常好，比这位诗人从前写过的严肃诗都好。不但内容新，形式也生动活泼，用的是一种絮絮叨叨的口语。就这样，不光诗，就连瓦西里·里沃维奇的奇遇本身，也为新诗赋予了新的生命。

有一位年轻的游手好闲之徒，往瓦西里·里沃维奇的手上塞了这首长诗，说这不是别的，一个小玩意儿而已。

忙忙叨叨的瓦西里·里沃维奇把这首长诗忘得一干二净。晚上，坐在窗前，望着街上日复一日的景象，他想写一首哀诗，却怎么也写不出来。一来二去他真的抑郁起来，而他在抑郁心境中是从不写哀诗的。

这时他油然想起早晨那位朋友给他的那个小玩意儿。刚读头一行他就明白作者指的是谁。诗中描写的是瓦西里·里沃维奇想象中的旅行。他扑哧笑了。

所有的小径都通向便道，

所有的商店都展示着时髦……

长诗的下半部分使他有些伤心起来：瓦西里·里沃维奇好像就住在巴黎——住在六楼。

"由此可见，他没到过巴黎，"瓦西里·里沃维奇嘿嘿一笑说，"那里很少能见到高达六层的楼房，而阁楼则有生以来从没住过。"

接下来说的就是他的缺点了，当然，说得不多：

> 那我说吧，我当然永远都喜欢，
> 朗诵我的副歌——
> 别人爱听不听都与我无关……

"我可不会写什么副歌，"瓦西里·里沃维奇脸上挂着苍白的笑容轻轻嘀咕道，"而只写一些哀歌……或寓言……和您伊万·伊万诺维奇一样。"

> 我还喜欢奇特的服装，
> 只要时髦能够炫耀就行……

"和所有那些法国人一样?"瓦西里·里沃维奇自语道。

> 多么漂亮的裤子和燕尾服！
> 全都是最新潮的款式……

"韵脚……倒还自然。"瓦西里·里沃维奇眯缝着眼睛评论道。

在这件事上究竟应当归咎于谁——不甚了之：但随着瓦西里·里沃维奇的名声越大，其吹牛皮的名气也就越响亮，以致在这名望里已经不可能包含任何尊敬的成分。

瓦西里·里沃维奇不快地四下里扫视了一下,一眼看见了安努什卡,她正亲切地看着他,像往常那样白皙、可爱和壮硕。他抱了抱她,心情立刻好了起来。

"写诗的人永远会以公众人物的面孔出场!"他对她说道。安努什卡快坐月子了。

动身那天瓦西里·里沃维奇胆怯了。他还是平生头一次出远门。谢尔盖·里沃维奇、安涅塔妹妹及其他亲友都来送他,这给了他几分勇气。

谢尔盖·里沃维奇怀着真挚的惋惜和羡慕之情看着已经捆扎起来的行李。安努什卡像个老娘们儿似的哭得一把鼻涕一把泪的。她再次亲吻了老爷的肩头,与此同时已经承担起其旅游者之义务的瓦西里·里沃维奇响亮地吧嗒了一下嘴,平生只一次称呼她安娜·尼古拉耶夫娜。所有朋友把瓦西里·里沃维奇送到关卡那儿,临别时为祝福他分饮了一瓶葡萄酒。瓦西里·里沃维奇拥抱了众人,啜泣起来,坐了下来,挥了挥手绢和手杖,起身去巴黎了。

第四章

1

五岁时的他胖乎乎的,身体不灵活,亚麻色的头发开始渐渐变黑。他的眼神好像有些散漫,似乎有些不太聚焦,行动迟缓。母亲和奶娘强迫他玩的所有游戏,在他眼里都显得很生疏。他常常毫不关心地丢弃玩具。对于一块儿玩游戏的小朋友和同伴,他都不记得,至少是见面时无所谓高兴,分手时无所谓伤感。他的样子总像是做了一件责任重大、力不从心的大事似的,而对于这件事,他却不想也无法对外人诉说。他总是一声不吭。

有时候家人看见他似乎正在做某种游戏:他正测量一些物体之间的空间,还把手放在眯缝着的眼前,这只能是几何学家的游戏,而绝非一个上流社会骄子应干的事。别人叫他,他答应起来总像是不太情愿,似乎有几分懊恼。他开始养成一些不良习惯——经常丢失手绢,有几次母亲见他在咬指甲。不过,这后一种习惯,毫无疑问,他是从母亲本人那里继承的。

母亲总是长久地凝视着他,而他一旦察觉,便会把视线转移开。小叔彼得·阿勃拉莫维奇说得对,他长得绝对像他的爷爷奥希波·阿勃拉莫维奇。母亲已经记不得父亲的长相了,而且从童年起就害怕别人提及父亲的名字。她又不肯问玛丽娅·阿列克谢耶芙娜，但却总会理解并感觉到：儿子和她的父亲一脉相承——不像父亲像谁。她把孩子总爱丢失的手绢别在孩子身上。这很不方便，于是他开始不带手绢。为了不让他咬指甲，她把他双手用皮带绑了起来。只是不知道在这位酷似其爷爷的小男孩身上，危险以及不良而又奇特的特征，究竟是从哪儿染上的。小男孩从不哭，但是他肥厚的嘴唇抖动不已，他在观察母亲的动态。

他会成为一个腼腆怕生的孩子的。小姑妈安娜·里沃芙娜仅凭空气嗅觉就已经感知到了这一切。她如今经常出入他们家。瓦西里弟弟如今算是暂时得救了，他人在巴黎，但她还得拯救弟弟谢尔盖。对纳金娜①她什么也没说，可她能明察秋毫，身边哪些地方乱了，她立马能察觉。一旦有裂纹的杯子被端上餐桌，她立马就会说：

"哎呀，这杯子裂了！"

有一次尼基塔忘了给谢尔盖·里沃维奇摆放醋，她立马冷漠地对他说：

"把醋瓶和芥末罐什么的给拿来。"

纳杰日达·奥西波芙娜当她面碎了一只碗，想用一件事分散一下她的注意力，让她消消沸腾于胸中的一肚子气。但在一个观点上她俩——安涅塔和纳金娜——基本一致：亚历山大的成长偏离了正道——他不懂礼貌。小姑妈认为罪在教育。

"亚历山大，站起来。"她命令道。

"萨什卡②，谢谢父亲和母亲。"

---

① 即纳杰日达·奥西波芙娜。——译注
② "萨什卡"是"亚历山大"的小名。——译注

孩子的父亲和母亲在需要表现温情时都叫他"萨什卡"。可小姑妈叫这个名字时却显得恶狠狠的，因此当有人这么叫他时，小男孩简直受不了。

亚历山大站了起来。他谢了谢父亲和母亲。有一次，他看了小姑妈一眼，忽然笑了一笑。小姑妈心都碎了：这孩子的笑来得那么突然，那么胆大，那么不是时候。

"你笑什么，你龇什么牙呀？"她忧心忡忡地问道，"喏，这有什么可笑的？"

"萨什卡，出去。"谢尔盖·里沃维奇命令道。

亚历山大站起来走了出去。

在门口他碰见了阿琳娜。阿琳娜怜爱地看着他，给了他一块蜜糖饼干，就势把他搂在自己那宽阔温暖的胸前亲了亲。

他像狼崽子一般蹑手蹑脚地潜入父母的屋子，光着脚，置身于隐隐仇视他的物品当中。他总是笨手笨脚的，打烂的餐具不计其数，至少在谢尔盖·里沃维奇眼中是这样。谢尔盖·里沃维奇懊恼地感受着从这个孩子手中脱落的杯子的价值是如何失落的。对周围的物件视若无睹并且实际上也不珍惜这些物件的他，却偏能极其鲜明地感受到它们在战火纷飞时刻不可取代的价值。这是普希金家族最害怕的事情，即害怕物件的减少和损坏。一块手绢的丢失常常能令谢尔盖·里沃维奇沮丧到绝望的地步，当一本小小的法文新书不在原地时，常常会令他着急上火到身心疲惫。没有这本书生活便显得盲目而又可怜。他把一切都归罪于孩子。那本小书终于找到了，他却又冷淡地把它丢在一边。东西永远是无可取代的，是无法补偿的。每个杯子都处于危险之中。

纳杰日达·奥西波芙娜总是抽这个笨拙的小男孩的脸，像抽仆人的巴掌一样,声音响亮地抽,这一点颇像汉尼拔家族的人。父母连忙蹲下来捡拾那些碎片。谢尔盖·里沃维奇竭力想把碎了的杯子恢复原状,最后总是绝望地一摆手:完了!亚历山大把杯子打了个粉碎。纳杰日达·奥西波芙娜把一腔怒火转移到女孩身上,她呼吸粗重地走回来,断断续续地说了一番话,但逐渐平静下来。女孩儿的屋里传来一阵尖厉而又小心的尖叫声——挨打的小女孩发出哀怨声。

渐渐地,两人也没经过商量,却开始暗中较劲,一旦需要长久地看管儿子时,就更其如此。这个让某种希望破灭,同时并未给家庭带来小鸟依人般的叽叽喳喳声的小男孩可不懂什么礼貌,而这始终符合谢尔盖·里沃维奇的预料。

很快就生下了第三个儿子,起名叫列夫。

列夫一头卷发,性格活泼,圆滚滚的。谢尔盖·里沃维奇生平头一次感到自己做父亲了。他被打动了,怀着深情吻了吻纳杰日达·奥西波芙娜。泪水打湿了他的脸庞。纳杰日达·奥西波芙娜同样也是一下子,突然疯狂地爱上了这个儿子。从此以后其他孩子对她来说便像是不复存在了似的。一周后一切才走上正轨。

有时候,思想正在神游的谢尔盖·里沃维奇忽然不无惊奇地定定地看着自己的大儿子。他感到困惑和伤心。周边人家的小孩子总归都还是些孩子,孩子身上无处不可爱。而他的儿子却像夏多布里昂笔下的野人纳特齐兹之子。他喜欢读夏多布里昂的书,使他的自尊心得以满足的是,他和纳杰日达·奥西波芙娜的婚姻,受到了人们的普遍关注。但情妇或妻子是一回事,儿子则是另一回事。因此他竭力想要让一切如同所有值得尊敬的人那样按部就班,但却处处碰壁:谢尔盖·里沃维奇在处理自己的家庭关系时,暗暗发现自己走入了死胡同。每到一处住宅——

他家常常不到一年就要更换住处——他都首先占领书房和靠近壁炉的地方。书房里一张书桌就占了半个屋那么大地方,桌上永远放着一张干净的白纸。谢尔盖·里沃维奇总是坐在书桌前写信。他眼望着窗外,细细打量拥进厨房和下人室的所有人。他不厌其烦地询问每个人,你是什么人,到哪儿去,干什么。他其实很少写信。写字台上那张白纸,一躺就是几个星期。他眼睛蒙上了一层云翳,嘴唇翕动着念念有词,脸上露出微笑。谢尔盖·里沃维奇沉浸在说俏皮话的幻想中:他用出乎意料的格言警句,与想象中的对手陷入了绝境。粗陋的现实无法闯入他的书房:家人对他从事的工作充满敬意。他偶尔会用一把特别的钥匙打开写字台的一个抽屉,从里面拿出几本珍藏的笔记本。笔记本的封面是绿色的,书脊上面有烫金字。他悄悄打开本子,眯着眼睛开始阅读。他捧书的那只手轻微地颤抖了起来。里面的素描五颜六色,有墨黑、玫瑰色和鲜红,也有黑墨水画的,但都出于一个老练又勇敢的画家之手。这全都是庇隆①、比耶弗里昂②和多拉③的作品选作,接下来就是帕纳斯山④一些无名鼠辈小小不言的劣作,但极其具有感官刺激性,以至谢尔盖·里沃维奇的眼前蒙过了一层云翳。笔记本里也有些俄国作家的篇作,巴尔科夫太粗俗,他距离法国作家实在是太远。就连法国人也只会拿裸体打趣而已。

纳杰日达·奥西波芙娜像是茨冈女人一样,总喜欢一个房间一个房间换着睡,还时不时地更换一下房间的布置,家具的摆放,遇到什么改

---

① 阿列克西斯·庇隆(1689—1773),法国剧作家,诗人。——译注
② 比弗侯爵(1747—1789),法国作家,喜剧演员。——译注
③ 多拉·克洛德·约瑟夫(1734—1780),法国诗人。——译注
④ 指诗坛。——译注

什么，唯独不敢打动他的工作。但她的生活却集中在卧室：她成天待在卧室里，头不梳，脸不洗，没客人来时就啃指甲。忽然之间她来了兴致就要教育孩子。不然的话，整整一个月，累得筋疲力尽的谢尔盖·里沃维奇，就得天天晚上领孩子出去散步。这之后母亲又会沉湎于空旷的卧室不出门。

谢尔盖·里沃维奇当着客人的面年轻了10岁，因为除了客人之外任何人也无法准确估测他的年龄。他只有在人群中才活得滋润，呼吸畅快。早晨，当他在客厅里又对着镜子走来走去时，他甚至偶尔会表演一下客人刚刚出现那一刻的情形：轻快几乎是优雅地点一下头，便立刻扬起头颅。亚历山大看见父亲的嘴唇在翕动，脸上挂着笑容，眼神也随之变得殷勤而又睿智。一见亚历山大，父亲立即拧紧了眉头，脸上又恢复了原来的样子。他这是被打扰了。

亚历山大也喜欢客人。蜡烛点亮了，母亲唱着动听的美声。她笑起来喉音很重，像春天的鸽子窝里鸽子的咕咕哝哝声。父亲信心满满地端坐在安乐椅上，而不是像往常一样，只坐了边角。他像个一家之主似的主导着谈话的进程。母亲毫无怨艾地对他言听计从，任何事上都无异议。这俨然是另一个家庭，另一些更年轻更优秀的陌生人。只要有客人在，母亲就会对他微笑，而在平常的日子里，母亲只会偶尔对列武什卡笑一笑。客人在场的情况下，关于他们这些孩子们，她会向客人讲述许许多多的故事，他吃惊地听着大人的讲述，暗暗发笑。

尤其是在狡猾、优雅而又宁静的卡拉姆津在场的情况下，经常发生类似的事。亚历山大明白卡拉姆津不同于别人。当卡拉姆津在场的时候，家里人常常会忘了打发他去睡觉。

有一次，有一个谢尔盖·里沃维奇在下城庄园的邻居——该邻居还从没去过这个庄园——前来拜访,这一天俨然成了个真正的节日。谢尔盖·里沃维奇话说得很微妙,但一谈到庄园经营,便以意味深长的沉默来对付——按照他的说法,他的主要庄园在普斯科夫省——俨然是一个善于高瞻远瞩的庄园主。他的目光在客人身上停留了两次,只见他叹了口气,摆起了他的爷爷亚历山大·彼得洛维奇的架子。身材臃肿的客人眼望着纳杰日达·奥西波芙娜宛如望着一个奇迹,看得入了迷。客人走后,父母边笑边回想那位老实人的一脸憨态,待了好久。

客人离开了,母亲不管不顾地打着呵欠,松开一直紧紧勒在腰上的皮带。家里也都是灰扑扑的,而非新的。

但毕竟很少有客人来:在普希金家,无论玛丽娅·阿列克谢耶芙娜如何打理,油是变味的。卡拉姆津正在忙大事,他对谢尔盖·里沃维奇不感兴趣。

2

当谢尔盖·里沃维奇不知为何而偶尔在家时,他一开始要做的事,就是环顾四周——不会有什么东西丢失了吧。看了一会儿后,心性平静下来了,便穿上睡袍,坐在靠壁炉的地方。在这样的夜空和这样的地方,他喜欢浏览他那些近卫军中的老同事晋升的消息。一个当了个将军,另一个指挥一个团,第三个在戈和岑[①]手下当差。新沙皇执秉朝政为其同事们的仕途开辟了前景。但做公务这一想法本身就是他不愿意有的:他唯一看重的,是贵族的自由散漫和消磨时光的愉悦和惬意。他无

[①] 戈和岑(1773—1844)公爵,俄国国务活动家,神秘教会和反动分子。——译注

时不在强调这一点，但也无时不因此而沮丧。

壁炉火苗的温暖吸引着他。无怪乎哥哥瓦西里居然会给壁炉写情书。此刻哥哥在巴黎，其所能享受的，远不止壁炉的火苗的飞舞。尼古拉·米哈伊洛维奇在其主编的杂志上，发表了他的巴黎来信。巴黎还有那么多剧院呢！天哪！原来引导人走向幸福的是错误和过失。他在心底羡慕而又深深地嫉妒哥哥，并且主要是嫉妒他所犯下的错误。当有人向他打听哥哥的近况，谢尔盖·里沃维奇每次都既感到受宠又不无几分伤心：瓦西里·里沃维奇一次也没给他这个弟弟写封信。莫斯科并未忘掉瓦西里·里沃维奇。在波拿巴或让利斯太太附近的叶利谢耶夫校场，人们喜欢想象他的形象。孟德福画了一幅画：瓦西里·里沃维奇张着嘴巴，站在鼻子尖尖的波拿巴雕像前，他手中的呢帽放在地上。

而谢尔盖·里沃维奇却坐在莫斯科的壁炉前，从事高尚的阅读，深深体会着莫里哀笔下的角色，身边没有新开的广场学校里学生们的欢笑打闹声。他扮演的阿巴贡和达尔杜弗①的角色十分成功。谢尔盖·里沃维奇有力地表现出了悭吝人既高尚又卑鄙的性格。

纳杰日达·奥西波芙娜对他的表演毫无兴趣。或许她觉得丈夫这种演员的自尊心非常可笑，其朗诵也令人感到无聊。她喜欢剧院里的一切，除了场景。但奇怪的是，也许在他朗诵过程中，其性格的弱点也显现无疑了吧。

但他却拥有了儿子这个忠实的听众。每当儿子来到壁炉前时，他总是忧心忡忡地关注着亚历山大的一举一动，接着便冷漠地叹息着，开始

---

① 阿巴贡和达尔杜弗分别为莫里哀的喜剧《悭吝人》和《伪君子》的主人公。——译注

小声吟诵台词。

亚历山大在聆听。父亲似乎并未察觉他的在场。这时亚历山大会请求父亲朗读莫里哀。他说话怯生生的。谢尔盖·里沃维奇吃了一惊。

"您想听?"他不太情愿地问道,"可我根本没时间。不过,随您便。"

只是由于儿子从未表达他的赞许或喜悦这一点令他的自尊心多少受到了伤害,不过,儿子聆听时的全神贯注还是很值得嘉许的。

谢尔盖·里沃维奇是一个优秀的朗诵者,他懂得如何朗诵。他能深入体会到莫里哀诗句的魅力,并且永远严格遵守句读。他表演得最好的是莫里哀剧中的哑场和停顿。

在《丈夫学堂》① 一剧中,他对哑场和停顿的表现是无与伦比的:

I me semble……

Ma foi②……

他望着坐在安乐椅上的儿子,假装看不到他,而对走上舞台的艾丽米鞠躬行礼。壁炉前的空场,他的念白甚至包括他身上的制服,都开始带有一种庄重的色彩。一旦有人开门走进来,被惊扰的他就会住口。他尤其不耐烦的是玛丽娅·阿列克谢耶芙娜的在场,只要她一在,他说的话便斩钉截铁的,既干硬又带有几分嘲讽。

在一场戏结束时,他会小心翼翼地盯着听众,并且从心里感到满意。

"莫里哀什么都懂。"他用优雅的语调宣布道。

---

① 莫里哀的一部喜剧。——译注
② 法语:我觉得……/实话说……——译注

说着,再次偷偷瞥了儿子一眼,拍起了手掌:

"彼特鲁什卡!熄灭蜡烛!"

他忘掉了莫里哀,忘掉了儿子,转眼又回到了现实生活中。

3

他从不进育儿室,认为这很可笑,不方便也没必要。只有一次,他在育儿室坐了一个多小时。孩子们兴致勃勃地观察着父亲,而父亲显然是在躲着什么人。父亲冲孩子们"嘘"了一声让他们别闹,随后就全神贯注地偷听母亲在客厅里和什么人的说话。有几次他皱紧了眉头,有一次甚至转了转门把手想要出去,但即刻又住手了。客厅里的说话声终于平静下来了。父亲根本没理孩子们,只自顾自地扑哧笑了一声,潜出了育儿室。在他躲藏期间,他一句话也没跟孩子们说,就好像他们压根儿不在屋里似的。

藏在育儿室是为了躲债主。

他很挑剔。一旦发现屋子里有孩子们丢下的玩具,便会用两个指头夹着送到远处的角落里。对于妻子他没有任何评论,他早已不习惯品评别人了,也没有叫阿里什卡①,孩子只不过是掉了一件儿童玩具罢了。诸如此类的儿童玩具家里是越来越多了。

谢尔盖·里沃维奇很快就碰到一件预想不到的不快的事:大儿子居然想跟他要钱。亚历山大要钱想买一件小孩子喜欢的小玩意:在儿子面前停留了片刻,并且在心里下定决心一个戈比也不给的谢尔盖·里沃维奇,忽然在脑子里生动地浮现出了这类小玩意儿——皮球一类的——的

---

① 指阿琳娜。——译注

影像,所以,二话没说就给了,只是事后才有些后悔。他有了一个发现,那就是儿子长大了。谢尔盖·里沃维奇怀着隐隐的不安感觉到,儿子是个大手大脚的人,而这个儿子今后还不止一次地需要用钱。

有天晚上,谢尔盖·里沃维奇路过育儿室时,听到里面的说话声便停下脚步。说话的是阿里什卡。他开始注意地听了起来。

阿里什卡正在给大少爷讲一则童话。她讲得慢慢腾腾的,还不时地打断故事,打个呵欠,根据所有迹象可以看出,阿里什卡正在织袜子。谢尔盖·里沃维奇笑了一笑又接着听下去。他很快就皱起了眉头:奶娘的故事非但没多大意思,而且还反映了一种不良的品位。他轻轻拉开一道门缝。奶娘正在织袜子,萨什卡则坐在小凳子上,眼睛一眨不眨地看着奶娘,半张着小嘴。谢尔盖·里沃维奇感觉自己为人之父和莫里哀吟诵者的自尊心受到了伤害。

结果他什么也没说就离开了。这个专门学讲法语的小男孩,由于听惯了仆人的话,看样子现在已经开始理解拉辛①的语言了。

就在那个晚上,谢尔盖·里沃维奇用一种尖细的嗓音对纳杰日达·奥西波芙娜说,今后不能把照管萨什卡的事全权委托给阿里什卡了,如果不想让他成为一个不学无术的人的话,必须尽快给他找一个家庭教师了。家庭教师是必须有的。这些个邋里邋遢的奶娘和她们那俚语的谈吐,他已经受够了。

对他的这番话,纳杰日达·奥西波芙娜和往常一样,起初想要反驳来着,继而忍住没有回嘴。如今人们习惯于根据法国文化达到的精微细腻程度来评价人真正的价值。在圣彼得堡纳杰日达·奥西波芙娜是头一

---

① 让·拉辛(1639—1699),法国剧作家。——译注

批率先在和女性亲吻时亲吻对方两颊的人之一,这种做法取代了荒谬绝伦的旧式鞠躬礼,和货真价实的法兰西女人一般无二。风气的急剧变化令谢尔盖·里沃维奇赞叹不已。不开玩笑地说,他们家完全可以成为一个法兰西之家:家里的藏书是法文的,新闻是法语的,用的语言是法语,再加上瓦西里·里沃维奇本人现就在巴黎。有时候,谢尔盖·里沃维奇不乏赞许地发现,他已经整整一个礼拜没有说一句俄语了,除了对哥萨克女人下命令"把烛芯取掉"和"上饭"外。只有当他和仆人说话,或是当他被什么事激怒时,他才说俄语。谢尔盖·里沃维奇甚至着手教尼基塔学写法国字,只是毫无结果。总之,家庭教师是极其必要的。只是很难聘到,而且也缺钱。真正好的家庭教师报酬优厚,供不应求。

4

由于总是能生动地想象全部细节,谢尔盖·里沃维奇做起决断来,总是很快。他希望把孩子扔给家庭教师,让家庭教师教孩子们法语和礼仪。为此,他听从安涅塔妹妹的建议,雇安娜·伊万诺芙娜老太太。老太太虽穷,却是贵妇人出身,法语说得相当好,有客人的时候甚至可以冒充法国女人,尽管她从未当过真正意义上的家庭教师。自此家里出现了一位尖鼻子的老太太,开始教育孩子们,一见调皮捣蛋就责骂,还教孩子们咿咿呀呀说法语,领孩子们出去玩儿。玛丽亚·阿列克谢耶芙娜恨这个老太太。她和阿琳娜合谋,暗中监视这个不幸的老太太的行踪,很快就发现了老太太的过错:偷吃藏在桌子下面的甜食,散步时迷了路却把过失推在孩子们身上,还说什么这些孩子们把她给丢了。"老妈子真够呛。"玛丽亚·阿列克谢耶芙娜说道。阿琳娜好像还听这位老太太私下里自言自语,说至今还从未在如此蛮不讲理的人家里干过。就是从那天起,吃饭时就不再摆她的位置,这让老太太很是受辱。

取代其位置的是洛尔日太太,她待了一年多。洛尔日太太一头鬈发,嗓音嘹亮欢快,体格健硕,是一个名副其实的太太,甚至会编织非常时髦的包发帽——这一点最能打动纳杰日达·奥西波芙娜的内心。家里的所有事情都由她过问,不满的嘟哝声再也听不见了。她有一双巧手,行动敏捷,还带有法国人的无忧无虑。从一早起,她的衣裙窸窣作响,嘴里哼着歌谣,笑声不断,像一个真正的法兰西女郎。她很少关心孩子们。谢尔盖·里沃维奇觉得很幸福,也很乐意和这个家庭教师聊天。

她是被纳杰日达·奥西波芙娜本人忽然之间给辞退的。辞退的原因在于谢尔盖·里沃维奇本人,因为他开始有意无意向这位法国教师丰满的肩背投去放肆的目光。实际上只须瞥一眼就足以让洛尔日太太走人了。

家里此后再未聘用家庭教师。

5

瓦西里·里沃维奇回国时带了上千种法国货,脚上穿的是名牌靴子,手里拿着洒了某种芬芳香水的手绢,额上竖着一绺烫卷的头发,抹得油光锃亮地披散着。他斜眼看人的习惯比以前更重了,笑不绝口,许多老朋友也认不得了。大家都对他很感兴趣。人们甚至传说齐尔齐娅打算回到前夫身边。不过传言毕竟是传言:齐尔齐娅嫁人了,但这也丝毫不足以令他手足无措。他给安努什卡带了顶最时髦的镶有凸花花边的包发帽,好让她——哪怕有几分——酷似一个巴黎女主人的心腹侍女。关于雷加米埃夫人①，他的反应竟然很随便：

"身段苗条，长相一般。"

但对她的宅子赞不绝口：

"到处都是金碧辉煌，琳琅满目。"

他满脑子装的却都是波拿巴。他得详尽描述波拿巴的外貌和长相。任何人都不愿意相信波拿巴的个头居然如此之矮小。

瓦西里·里沃维奇说着，半蹲下身子，手掌五指并拢抵着额头，比画着执政官②的个头。随后，他以一种合理合法和自谋自足的神情，让女士们闻一闻他的脑袋。

和波拿巴一样，在巴黎时，他也在塔尔姆名下学习朗诵术，并且以一种崇高的古典的朴素风格，半侧着身体，向那些愿意欣赏其艺术的听众朗诵莱辛③。但他那腆着的大肚子多少于他有所妨碍。

他对巴黎的芭蕾舞艺术有很高评价，对巴黎的歌剧艺术也回味深长：

"《塞维利亚的理发师》是无与伦比的。"

关于乔治女士与德申努阿女士的竞争④，他不厌其烦地讲了许多故事。

---

① 雷加米埃夫人（1777—1849），法国上流社会贵妇，其举办的沙龙受到很多人的追崇。——译注
② 指拿破仑。拿破仑于1799—1804年担任法兰西第一共和国第一执政官。——译注
③ 莱辛（1729—1781），德国启蒙运动时期剧作家，美学家，文艺批评家。——译注
④ 乔治·玛格丽特·约瑟芬娜（1786—1867），法国悲剧演员。德申努阿·卡特琳·约瑟芬娜（1777—1835），几乎与乔治同时走上舞台的悲剧演员。戏剧爱好者和新闻界对此二人各有所好，但二人长期竞争的结果，是使得此二人都获得公众的认可。——译注

"乔治的姿势和手势可谓妙不可言!"他说着说着伸开双手。

"而德申努阿则有一双秀腿,"他说到此处拽了拽裤子,"天哪!好一双美腿!"

一旦身边没了女性——对孩子们可以不管,谁也不会在意他们,而他们全都听了个不亦乐乎——他就会脸红气粗地讲述咖啡屋及其女主人们的故事。这之后,他歇了一口气,挥动着依然散发着巴黎香水味儿的手绢。

每天早晨,他会穿着一身特殊的——专在早晨穿的制服,沿着特维尔林荫道散步。他的步态也大有改观。走着走着,他会不时地拽一拽裤子。女人们纷纷向他抛着媚眼。早先并不喜欢猎人街的他,如今却成了它的常客。他在猎人街给人大讲特讲帕连-罗雅尔街上那个有名的舍维特杂货铺的故事。舍维特有上好的冷餐肉,图卢兹鸭肝和鲜美多汁的牡蛎。

懂得的人们垂涎欲滴,而瓦西里·里沃维奇也以美食家著称。如今他开始亲自在自家的厨房里发明新菜,发明的新菜理应取代巴黎菜肴,邀请美食爱好者们前来品尝。有些新菜肴得到了美食家们的赞美,但再次邀请人们却不再应邀了。从此以后他管自己手下的厨师弗拉斯叫勃莱兹。而实际上他最喜爱的饮食是燕麦粥。

一般来说,已经开始忘掉普希金一家的卡拉姆津,却对瓦西里·里沃维奇颇有好感。瓦西里·里沃维奇又一次进入了时尚人物榜单:卡拉姆津、德米特里耶夫、普希金。他俨然已成为当代英雄——l'homme du jour.[①]

[①] 法语:当代英雄。——译注

当在一次说话中,卡拉姆津对患有病态的自尊,即只渴望战争的波拿巴表示愤怒时,瓦西里·里沃维奇深深地叹了口气:

"波拿巴非常危险!极端危险!"说着便说起在巴黎,人们管最好吃的蜜糖饼干叫修女——nonnettes。①

在舞会上,一位老将军想要打听波拿巴进行的那场战争的详情细节,并骂他是个大骗子时,瓦西里·里沃维奇蹙着眉头生气地叫道:

"我的天哪!现在谁都不说战争的事!巴黎就是巴黎!"

他吸取的,就是这样的自由精神。他甚至为自己订购了一张和雷加米埃夫人一模一样的小沙发床,当年的她就是躺在这样的沙发床上接待客人和崇拜者的。如今午饭后,他也会在小沙发床上小憩片刻。

阿列克谢·米哈伊洛维奇·普希金断言,瓦西里·里沃维奇是因为行为不端而被驱逐出巴黎的,还说他从巴黎带回一台写诗的机器,这机器由大量单独的诗句组成。身为音乐家的沙里科夫伯爵借瓦西里·里沃维奇的人声,记录了巴黎最新流行的罗曼司。

6

很快瓦西里·里沃维奇就遭到了命运的一次打击,这种打击,如果是一个比较正派的人,想必难以经受。有关他自由思想的传言是否已经传到了教权耳里,他那位信仰虔诚的岳父大人是否已经开始利用其人脉关系了,人们不得而知。但教会政权已经开始以新的热情着手调查他离婚的事情了,齐尔齐娅被宣称是无辜的,而瓦西里·里沃维奇则系罪人,而他实际上也真的是个罪人。主教公会决断如下:同意夫妻离婚,

---

① 法语:山雀。——译注

女方有再嫁权,而男方被判决处以教会惩罚,六个月后移交给修道院,其余时间交由教父监管。出乎意料的是,瓦西里·里沃维奇相当勇敢地承受了这一打击。他非常自如地承担起了无辜牺牲品这一角色。可爱的女人们纷纷给他寄花,瓦西里·里沃维奇嗅着花香,心想幸福居然会如此反复无常。堂兄阿列克谢·米哈伊洛维奇立刻以十分可笑的样子表现了瓦西里·里沃维奇所受的惩罚。他指出瓦西里·里沃维奇忏悔的一个最重要的特征,是把兴趣从勃莱兹菜肴转移到了修道院的厨房,并且断言,瓦西里·里沃维奇忏悔的头一天,就饱餐了一顿鲟鱼。选做惩罚地的那家修道院,其地理位置实在是再好不过了,以至在修道院旅馆客房里过了春夏的瓦西里·里沃维奇,如用阿列克谢·米哈伊洛维奇的话说,可是在造物主上帝那里租了别墅呀。总之,莫斯科又一次获得了谈资。全部消息都由修女们传递给瓦西里·里沃维奇,他感到自己简直就是个名人了。他的这种意识只是偶然会被一阵伤心所损害。普希金姓氏的声望里并未包含多少尊敬的意味,人们对这一姓氏的兴趣中,不无几分闹剧的成分,像是靠兄长和堂兄声誉的反光为生的。谢尔盖·里沃维奇,也在瓦西里·里沃维奇的命运中扮演过角色。对父亲所有那些唉声叹气,吞吞吐吐,欲言又止,愁眉苦脸和难言之隐,亚历山大知道得很清楚。父亲有一次说起伯父,便时而骄傲,时而自豪,时而谦恭温顺。这涉及声誉而且是上流社会的名誉。伯父的壮举令父亲感到骄傲和自豪,因而他羡慕伯父。孩子们对阿列克谢·米哈伊洛维奇与伯父有关的所有闹剧,都耳熟能详。谢尔盖·里沃维奇对此却半信半疑。伯父的教父是个秘密的神父兼美食家,因此这个教父前来规劝这位教子的次数,未免过于频繁。勃莱兹的厨艺对他具有不可抗拒的魅力;阿列克谢·米哈伊洛维奇所散布的寓言,便是如此。但是普希金的儿子讲述这个寓言，却是为了取乐，而比之更冷酷坚毅的谢尔盖·里沃维奇却发火了。所有的神父都令他发火。他们毁掉了他。呵，vieux renards de cuhog!①

所以，他毫不掩饰地发出抱怨。有一次，安娜·里沃芙娜妹妹听见了他在亵渎神圣，便连忙塞住耳朵，瞪大眼睛，战战兢兢地说了句：

"哥！"

说着，便要孩子们赶快出去。

7

他有两个弟弟一个妹妹。小弟弟列乌什卡，还是一个娃儿，是全家的宠儿。妹妹奥连卡，鼻子尖尖的，长得很招人喜欢，爱吵爱闹，总爱用又尖又细的嗓门埋怨大哥萨什卡。姑妈安娜·里沃芙娜给她礼物——小木偶呀，小扇子呀——她总是会怜惜地将玩具藏在自己的角落里。另一个小弟尼古连卡病恹恹的，苍白细瘦。

他对弟妹们就犹如对待杯子，要小心谨慎不能把杯子打碎了，既然摊在自己头上了。姑妈安娜·里沃芙娜常常告诉她，说尼古连卡和列乌什卡是他的小弟，因此他应该把自己的皮球给列乌什卡玩儿，在一切方面让着尼古连卡，因为他岁数小。可他无论如何也不愿意。他竭力避免闯入她的视野。

在家里父母好像有两副截然不同的面孔：当着外人和客人有一副，家里没外人时则是另一副。而且就连说的话也不一样，对外人说法语，对内说俄语。法语赋予家里的一切以价值和尊严，就好像家里此时此刻有客人似的。当母亲还叫纳金娜时，她完全是另外一个样子，和别人叫

---

① 法语：主教公会这些老狐狸呀！——译注

她纳杰日达时完全不一样。纳金娜这个名字，特别像尤苏波夫庄园中的狄安娜·里沃芙娜和尼姆法。这是有时候父母在餐桌前嘀嘀咕咕，父亲和母亲每逢深夜从那里回来的那个社会。安娜·里沃芙娜姑妈和伊丽莎白·里沃芙娜说俄语像说法语一样，带着浓厚的鼻音。父亲打着响指：他总觉得俄语词汇不够用，满脑子都是法语单词。当父母相互比较体贴时，他们之间交流说法语，只有当他们两人吵架时，才会用俄语。

他喜欢听女人说话，不太规则，夹杂着许多令人发笑的叹息，窃窃私语，呢喃耳语。她们说话时的妩媚样子也非常可爱。客人们说起俄语来语速飞快，像爆炒豌豆，而一说起法语就争先恐后，"л""p"不分。总之，客人们一旦相互之间讲法语，就带上了表演性，盛装出席时穿的华服都是非俄罗斯式的，假面舞会上穿的戏装。此时，一旦有当他们相互之间偷偷摸摸斜着飞出的目光，那完全是异样的纯俄罗斯式的。唏嘘长叹全都是装出来的，而装扮的法国人也十分可爱。但是有男人之间在见面和分手之际所说的法语之类的话才能带给他真正的快乐。人们通报姓名，就好像交换礼物一般，而与不大熟识的人交谈，就好像在用旧式轻武器打仗一般。

如今人们都用法语讨论和法国人之间的这场战争，并且用法语骂法国佬："Les freluquests。"① 而对于那个颁布用崇高语体写就的诏书的法国皇帝，人们也不遗余力地抨击，或准备把他像那些轻浮的家伙一样予以抨击。对于那些主持祈祷仪式的都主教，也出言不逊。然而，在说话中只要有什么人——表示惊讶，人们立刻就转为用俄语，用奶娘和老太太们常说的那种俄语。此时，说话人的嘴巴便会张得更大，更民间，

---

① 法语：轻浮的家伙。——译注

而不像说法语时，嘴巴只张开一个小口。刚讲了一句优雅的法语的松采夫，忽然说道：

"可法国佬却追着打我们！"

亚历山大总是能注意到诸如此类的突如其来的话题转移，在此之后，大家说话都更加小声，不慌不忙，多半是聊什么仆人呀，邮局呀，乡村呀，歉收呀什么的。

家里没人时他常常悄悄潜入父亲的书房。书房的墙上挂着名人肖像：酷似真人只是比真人更年轻更漂亮，长发覆盖了双鬓的卡拉姆津，目光斜视，脸色红润的伊万·伊万诺维奇·德米特里耶夫，他有一只软骨突出的鼻子，亚历山大不知为何很不喜欢。还有一个姑娘，穿着轻柔的浅紫色衣服，眼睛黑漆漆的，侧面很宽。书架上放的是法文书。底层是又厚又重的大部头书，上面覆盖着一层尘土，尘土令他直打喷嚏。书页却松散了，字很大，插图画的是旗帜。他用手抚摸着书籍——字都是凸起的。身边又一卷书，恰好正是他喜欢的：书里也有插图，图还很大，图上是一些恬静而又安详的女子，她们穿着长长的衣裙，迈着长腿，眼睛里却都没有瞳孔——这也还是和园子里那些一样的尼姆法和女神，每个人都有一个名字，像动物一样。

8

"说你的，我的小朋友，脸对着墙，眼睛别瞪别处，要不然眼皮就会合不上。你又不能睡不着。你还小着呢。也许，等你活到这个年纪，才会真的睡不着。我什么故事也不给你讲了，故事都将忘了。别看窗外——那样你就更睡不着了。城里更糟，人们都睡不着觉，还是乡下好。夏天，槭树把爪子都伸进窗户里来了，你能睡个好觉。冬天也到处都是树。可咱这儿呢,除了路灯还是路灯。眼睛一眨就睡着了。家人都睡了,列乌什卡睡了,尼古连卡也睡了,就你一个还不睡。"

"……俺们坐在车上,走呀走,忽然,轿式大马车腾地一下停住了。一个门把手掉了。爷爷对我说:咱们步行吧。我回答说:我没有这样的习惯。我乘车出门压根儿就不是为了平生头一次步行回家的。门把手总算马马虎虎又装上去了。进大门时,爷爷胆怯了,他伤心地说:

"'如果爷爷对你嘘,求求您啦,我的小心肝儿,把脑袋搁在他膝盖上,像我这样。这样爷爷就会原谅你。'

"你爷爷他多少有些怕你父亲——他问都不问一声,就要了我。我说过:我是有原则的人,我的朋友,我才不会让人们伸我的小指头呢。我也不会把脑袋搁在人家膝盖上。可他说,说在非洲,大家都这么干,并且不认为这是一种不幸事。一会儿是非洲,一会儿是这儿。在普斯科夫省。爷爷甚至伤心地哭了,泪流满脸。而那时候男子汉是不兴哭鼻子的,和现在一样。我害怕了,于是,我们从骄式大马车跳下来。在伊丽什卡那儿我换了装,他换了身制服,我把妈妈的珠宝首饰都戴上——后来这些东西都花光了。打发人去找老头子问了问,问他还要我们不。我们等马特廖什卡回来,等了一小时又一小时,始终不见人影儿。天黑时我们已经彻底绝望了。我们坐在小木屋里的贮藏室里,不好意思露面。有人给了我们一桌面包和水,像给蹲禁闭的人。马特廖什卡回来时哭得像个泪人:人家把她剥了个一丝不挂。那天夜里,我的朋友,我连一刻也没合眼——和你一样。第二天我宣布打道回府,寻找父母,说我吃惊不小。爷爷恳求我停下来,忽然把我领进了家。我却不记得自己是怎么进来的。爷爷穿着一身制服跪在门槛上,身上挂着马刀。而我始终站在那儿,只是垂下眼皮。等我抬起眼皮才看见:一个老头坐在安乐椅上,身上的制服敞着怀,双手捧着一根手杖。脸是黑的,噢,不是黑的,是黄的。鼻孔张得大大的,眼睛盯着爷爷一句话也不说,随后又死死盯着我,始终不吭声,忽然扬起手杖。我忽然害怕起来,尖叫着蜷缩成一团,可他却笑了,只不过是不得已一笑而已。

"怎么,难道我在你眼里就那么可怕吗?我还从未吓过一个女人呢。"

"他其实很客气。只是又过了好长时间他都不看爷爷一眼。看眼睛里却闪烁着狡猾的光。

"……后来怎么样了……后来没怎么样……后来就没什么可讲的了。爷爷?你爷爷去世了,不在人世了。睡吧,不要看东看西的了。喏,再不睡我就不管你了啊。让阿琳娜给你讲童话,或给你唱支歌。你都厌烦得受不了了……"

9

阿琳娜悄无声息地走进屋里,悄无声息地在他的床脚上坐了下来。她眼睛不看他,嘴里轻轻哼哼着,叹息着,摇晃着脑袋,给他讲魔鬼的故事。魔鬼多得呀不计其数。森林里有林妖,在米哈伊洛夫斯克庄园老爷家即奥西普·阿勃拉莫维奇爷爷房后,磨坊旁边,下雨的湖泊里,水清亮亮的,姑娘们都看见这个魔鬼了。三山城有个林妖,头脑简单,大家都见到过。这个林妖是个相互呼叫的大师。爷爷奥西普·阿勃拉莫维奇手下曾经有过一个脸上有雀斑的小姑娘,有一次进林子里采越橘果。这姑娘叫什么名字——反正无所谓——没必要记得她。林妖和她隔空喊话喊应了。整个灵魂都笑得软绵绵的了。喏,亚历山大·谢尔盖耶维奇小少爷,您不睡觉,就胳肢您。喏,不是林妖,就是家神胳肢您。魔鬼就是从那儿飞过来的。喏,且看他尖着嗓子在烟囱里是怎么歌唱的吧:他唱道,睡吧,睡吧,亚历山大·谢尔盖耶维奇,快快睡吧,他天天夜里吃会把所有人——老爷,奶娘,我和您的家神,把整个米哈依洛夫斯基教区的人——全都吃掉的。

10

正如玛丽娅·阿列克谢耶芙娜说的,他们所有孩子——奥连卡,亚历山大,列乌什卡和尼古连卡——是被一块儿、"一群群"地领出去玩的。亚历山大通常会落在最后面。小男孩们总是会戏弄他:"小黑人!"说完便飞跑进胡同深处。每次他都会忽然火冒万丈,令阿琳娜都觉得害怕。他龇牙咧嘴,双目喷火。使阿琳娜惊奇的是,他的火气来得快去得也快,很快就消失得无影无踪。而在家里他对任何人都只字不提。

这天他故意落后,蹲在篱笆前的长椅上。他以为阿琳娜没发现他,其他人也都走远了。正对长椅的那扇窗户敞开着,窗前坐着一个人,穿着睡袍,胖乎乎的,正注视着街道。此时此刻的街道毫无任何吸引人的地方。胖子的身边站着一个年轻女子,正在给笼子里的小鸟儿喂食。

那个胖男人一眼看见亚历山大,乐了。他仔细瞅了瞅亚历山大,连忙拽了下年轻女子的袖口。那年轻女子也透过窗口往外看。亚历山大知道他们准是在说他是个"小黑鬼"。他于是像安娜·里沃芙娜姑妈一样,小声嘀咕道:

"要你们嚼舌头?"

便跑去追赶自己人去了。

亚历山大从未跟任何人提到爷爷是黑人的事儿,也没问过任何人为什么小男孩们总是喊他"小黑鬼"。有一次他问父亲爷爷是不是早就去世了,谢尔盖·里沃维奇起初没听懂他的话,还以为亚历山大问的是他的父亲列夫-亚历山大洛维奇。他叹了口气回答道,说爷爷早去世了,说他心地特别善良:

"他是社会的宠儿!"

等他搞清楚亚历山大问的是汉尼拔爷爷,谢尔盖·里沃维奇起初怔住了,说这位爷爷当初就根本没想过自己会死,继而又皱了皱眉头——说关于这个爷爷,亚历山大不必总是放在心上,因为他是普希金,不是别人。

"而且你姐姐们,还有你妈也叫普希金娜。"

玛丽娅·阿列克谢耶芙娜没吭声。

谢尔盖·里沃维奇在此事以后在书房里翻找了一个多小时文件,忽然脸色苍白得像张纸似的跑了出来:

"丢了!"

原来,是整整一大卷文件——家谱找不见了,是瓦西里·里沃维奇临行前移交给他保存的。谢尔盖·里沃维奇撕扯着手掌,说他还在封套上盖了家族的印章,书桌的抽屉是锁着的,可如今抽屉里不是那卷家谱,而是一卷诗,一个相册,和一幅旧的苏伊德风景画。谢尔盖·里沃维奇手指颤抖着翻遍了书桌的所有抽屉,脸色苍白,惊慌失措的家人也都在帮他翻找。在两个隐秘的抽屉前谢尔盖·里沃维奇犹豫了起来,到底还是没打开它们:

"那里面都是些机密文件,"他皱着眉头连珠炮似的说道,"……是共济会[①]的。"

[①] 共济会,一个庞大的,带有宗教神秘色彩的秘密组织。——译注

玛丽娅·阿列克谢耶芙娜眯缝着眼睛撂动着双手。她怕共济会。

最后，家谱终于找到了，那一卷文件保存完好，谢尔盖·里沃维奇不过是忘记了，他把家谱不是锁在书桌里，而是锁在一个特殊的柜子里了，里面放的都是些珍本古籍。他这才高兴起来。

他慢慢腾腾地解开捆大捆文件的细绳，拆开了大红色的家族印章，给亚历山大看这份古老的文件。

"你看这儿，看没看见这些印鉴？这是大印鉴。这是一封旧信，但人家告诉我，封地管家在这封信里埋怨克里米亚的战争，那庄园有225公顷多呢。这是一份法律文书，不过，不怎么重要。"

说着说着，他降低声音，对儿子说："你爷爷就是被这份文书完全给解除公职，因病而去职，这可是一件国家大事。"

11

当他七岁时，家庭忽然一下子就分裂了。

玛丽娅·阿列克谢耶芙娜早就对女婿和女儿失望了。她总是一再克制自己，终于有一天下定决心：把一个寡妇所有的金钱搜刮起来，再加上储钱匣里所有的抵押证券，坐车去了什么地方，忙乎了一通，高高兴兴地回来了：在莫斯科郊区买了一处庄园，庄园在兹韦尼哥罗德县，有白杨，有花园，还有教堂。总之，人家有的那儿都有。这庄园挂的是别人的名字：扎哈罗夫。不过叫什么名称并不重要。那处庄园和住宅都是石砌的，道路不硌脚，有花房，有林子，山脚下还有个小村庄，村庄很富裕，有许多女孩子和绵羊。可以领着孩子们前来避暑；而她本人则早把莫斯科给住腻了，万丈黄尘，喧嚣的市声，简直令她抓狂。阿丽什卡就留下来照看小少爷，她可是住够了。

谁都拦不住她。

一个盼望已久的消息传来：奥西普·阿勃拉莫维奇去世了，把一座米哈依洛夫斯克庄园遗留给了纳杰日达·奥西波芙娜。

第五章

1

这个老黑人晚年变丑了,也发胖了。步态也变得越来越发轻飘飘的,——走起路来煞像是在跳舞,抱着个沉甸甸的大肚子。但他临终前的最后一个月已经走不成路了,成天坐在窗前一个软绵绵的大安乐椅上。椅上包着带条纹的褥垫布,老黑仰着脑袋,由于一身脂肪和年老多病而呼吸粗重。他睡觉也在椅子上。由于金钱的关系,他和哥哥彼得·阿勃拉莫维奇也吵翻了,结果是所有人都抛弃了他。

地主老爷太太帕拉什卡管理着这个家。人们传说她会不时地把一些小姑娘驱赶到姥爷身边,为他跳舞唱歌。可如今他已经变得越来越安静,越来越淡漠了,一连几小时地盯着飞来飞去的苍蝇看,谛听着林子那头马车的辚辚声。他的胸膛里也常常发出嘶哑的喘气声。

秋天,层林尽染,满目红叶,窗前的槭树和金黄色如蜡一般的白桦,也开始落叶子了。雨也下过了,天气干燥。

一天夜里他病倒了。他像牛叫似的发出可怕的哞哞声,被疼痛折腾得翻来覆去,天还没亮,帕拉什卡就打发人进城请大夫。

医生对病人进行了诊断,嘱咐他不要吃兔子,因为兔子是增加肉欲的,并要他每天晚上喝药汤。

"把烦恼忧愁全从心里祛除出去。"医生对他说。

老头躺在椅子上,脸色晦暗,双目无神,眼睛像是蒙了一层云翳。忽然,他的胸腔不由他意志控制地,不取决于他地,独立自主地,发出一阵呼哧呼哧声,咕嘟咕嘟声,蜂鸣声,肚子也开始发出剧烈的颤抖。他的呼吸粗重,嘶哑,嘶鸣,像老旧门闩在被检验时一样发出吱呀声。

喘息稍停,他忙问医生:

"我还有多长时间?"

医生回答道:

"阁下,您还能活两天。"

黑人老者忽然在椅子上做了个轻快的起跳动作。嘶哑的呼噜声也听不见了。

"你胡说。"说着,他对医生亮了亮拳头。

接着,他转对帕拉莎下令道:

"把他赶出去,钱不要给。滚!"

他费力地喘息着,又一动不动地躺了半小时。接着,死盯着父亲的肖像看。画中的阿勃拉姆·彼得洛维奇脸部线条清晰,黏土色的,肩上斜挂着安娜勋章绶带,身穿旧俄上将制服。

他吩咐把这幅肖像取下来搁在阁楼里。随后又吩咐把澡堂烧起来,把他挪进去。仆人们把蒙着褥垫布的安乐椅扛在肩上,穿过整个院子把他搬了过去。到了小丘岗上,他吩咐停下来,扫视着四下里的田野,陷入了沉思。抬他的仆人共有五个——老头子很沉。帕拉什卡一直跟在后面。在澡堂里他也没蒸,而是一直半躺在脱衣间。

"用浴帚抽我几下吧。"他请求帕拉什卡道。

帕拉什卡用滚烫的浴帚抽打着他那黝黑的肩膀;他发出呼噜声和咳

嗽声。天黑下来了。

他吩咐把他抬到马厩。马厩里很安静，也很凉快。幽暗的畜栏里有三匹公马，打着响鼻，倒腾着蹄子。曾经咬过马倌的性情最火暴的那匹公马，像一个恶人一样戴着脚镣。一匹母马有规律地打着响鼻在喝水。他喂了母马一些燕麦，母马张开软软的大嘴，响亮地打着响鼻，把燕麦吞进了肚里。

"只有两天活头！"他对她说起来那位江湖医生，"傻瓜！"

回到家后，他吩咐把家里所有烛台都搬来，把所有的蜡烛都点上。然后他吩咐到林子里揽一堆落叶，全堆到一个房间里。

"看着养眼，呼吸也畅快。"

帕拉什卡给他端来葡萄酒，他却不喝，只是抿了抿。他下命令把酒窖里和客厅里的酒都搬来。

"丫头。"他命令帕拉什卡道。

主人的家被照得亮堂堂的，离老远都能看见。

"又撒酒疯呢。"村里人嘀咕道。

"他这个魔鬼死不了。"

汉尼拔家的所有老太太和老头子，都认为老阿勃拉姆·彼得洛维奇，奥西普·阿勃拉莫维奇本人及其兄弟彼得·阿勃拉莫维奇是魔鬼。有个老太婆说，老彼得·阿勃拉莫维奇还有个脚趾长得像兽蹄。

奥西普·阿勃拉莫维奇家仆人的女孩都是行为放荡的芭蕾舞娘。在他酗酒纵欢时在他面前跳舞。他手下还是自己的音乐家——一个仆人弹吉他，两个唱歌，一个小厮敲手鼓。他命令帕拉什卡给每位音乐家斟一杯酒，向他们摆了摆手。音乐家们立刻演奏起他最喜欢的乐曲。

"玛什卡，该你上了。"他嗓音嘶哑地吩咐道。

玛莎是他手下第一个舞娘。

黑人眯缝着眼睛享受着音乐。

"不用伴奏。"他说。

玛莎跳舞不用任何伴奏。他本想站起来却怎么也站不起来了。他只会张开十根颤抖的手指,像玛莎抖动着大腿似的,动动嘴唇而已。音乐家们对他喜爱的那首曲子演奏得越来越高亢嘹亮,速度飞快,那小厮的手鼓似乎也敲得如急急风一般毫无间断,玛莎脚尖踮地的次数也越来越密。

"哎呀,好一只白天鹅呀。"老头子感叹道。

他最后挥了下手,大张开手掌划动着空气,然后紧紧攥起五指,号啕痛哭起来。他的手垂落下来,脑袋也无力地耷拉下来,泪水双流。直接流进了他那片肥厚的下嘴唇里,又被他悄悄地吞咽了进去。

等舞蹈结束,他吩咐把所有的酒都端上来。随后又沉吟了片刻,命令留下一半酒。

"来桶燕麦粥。"他下令道。

仆人们当着他的面用桶斟酒,燕麦粥则放在酒里泡了。

"该喂马了!"

"打开窗户!"

仆人们在马厩里用浸过酒的燕麦喂马。

"无法无天的家伙!对马都这么放肆!"

风刮进了屋。他坐在敞开的窗前,张开大嘴吮吸着夜晚的清凉。外面天色很黑。

喝醉的马们发出嘹亮的嘶鸣,扭动着脑袋,马蹄上泥土飞溅,从窗前飞驰而过。

他无声地嘿嘿笑了,像是在回答马儿们:

"这会是我们汉尼拔家的!父亲的彼得洛沃——别了。"

2

当彼得·阿勃拉莫维奇听说弟弟奥西普·阿勃拉莫维奇情况不好,说不出话时,却并未动身去看望。昨天他看见米哈伊洛夫斯克村灯火通明,就知道弟弟又在胡闹,很生弟弟的气,因此,决定再也不请他参加乡下人的宴饮了。他断定奥西普·阿勃拉莫维奇的身体欠佳肯定系醉酒后的一种反应,便说他不去,弟弟过一会儿就好了。他长得不像弟弟,又干又瘦。而且,睚眦必报。

帕拉什卡丝毫没有惊慌失措,医生刚一离开,她就打发了一个送信的根据往日的记忆,前往普斯科夫城外的乌斯季妮娅·叶尔莫拉耶芙娜·托尔斯泰家报信,她在那里的别墅里度过了一个夏天和秋天。

奥西普·阿勃拉莫维奇如一堆黑墨汁儿般地躺了整整一天一夜,帕拉什卡仅能根据他的呼吸声和呼噜声断定他还活着。第二天,出乎所有人意料之外的,是托尔斯季哈、乌斯季妮娅·叶尔莫拉耶娃坐着马车来了。

她已经老了,变得又干又瘦,但走起路来却还是像 20 年前呼呼生风。甚至就连她的对手也不得不承认,乌斯季妮娅的步态仍然虎虎有生气。

她轻快地跳下轻便马车,走进家门却又即刻倒退几步:家里简直是一片混乱,无处插脚。浸了酒的橄树夜,一堆堆地摊在地板上。

"把垃圾清理掉,"她严厉地对帕拉什卡下令道,"乱七八糟的成何体统!哪儿来那么多破烂货!"

等房间初步收拾完后,她才坐在窗前一把椅子上。她小心而又不无胆怯地看了濒死者一眼。病人浅紫色的额头上满是大颗的汗粒和水珠,她用手帕擦了擦病人额头的汗,皱起了眉头。

自从高级僧正把他俩分开后,这二十多年以来,乌斯季妮娅·叶尔莫拉耶芙娜过的日子既不像寡妇,也不像有夫之妇。她竭尽全力要让自己的日子过得什么都不缺。奥西普·阿勃拉莫维奇的钱,她从他们的爱情刚开始,就都转到了自己名下。他为她在普斯科夫省大卡卡公路边建造了一处宁静的住宅,有苹果园,还为她在普斯科夫城外的黑河边建了一幢别墅,同样带有园子。园子里有暖房,有花坛,还赠给她一辆带马的轻便马车。她最喜欢的东西是黄金、苹果和李子。她拥有一套黄金打造的餐具,她拥有的苹果树开起花来如白雪齐天。

"那帮人也未必有这个。这帮游手好闲之徒!散布这么多关于别人的谣言多么愚蠢哪。"她心里念叨的是她的宿敌——普斯科夫省不肯接纳她的那些地主及他们的婆娘们。

她认为自己没有任何过失,却蒙受了人们不公正的诽谤。如果她能把自己嫁给一个自己心爱的黑人,这势必会是对普斯科夫省那些世袭贵族界——所有那些鞑靼人——所有那些避她如辟邪,对她的坏脾气心怀忌惮的什么卡拉梅舍夫们和纳济莫夫们的一次彻底的胜利。可这件事不仅没有取得任何结果,她和这位黑人的关系还成了一桩闹剧——如与一位路过的丑角或室内男仆的关系一般。因此她作为受害者,认为自己有权从他那里索取所有金钱,并且有权任意掠夺他。

乌斯季妮娅和这个黑人曾很多次分合聚散。他们二人最后一次聚首是在五年前,可是过了一个月就分道扬镳了。乌斯季妮娅忽然想看看自己的园子,而老头子她觉得实在是看腻了。

当她听说黑人要死了，便立刻毫不犹豫地打点动身。他们之间还有些账目没有清算：在她一个写字台的抽屉里，一份由她的司法稽查官按照所有法律程序拟定好的米哈伊洛夫斯克村赠予书，已经躺了许多年了。剩下须办的，就是要在这份文件的下面签名并签署日期了。可黑人在这个问题上很坚定，一说起米哈伊洛夫斯克村，就缄口不言。乌斯季妮娅·叶尔莫拉耶芙娜这次来就随身带了这份文件。

最后一次分手时，他留下了她的一件披巾，这个人死活不肯把披肩还给她，说是要留下做纪念。

帕拉什卡端给她的早餐是烤土豆加李干，一杯越橘水，家里实在没别的可吃了。

她边吃边四下里踅摸着。四壁空空，地板也并未粉刷，白花花的，天花板也很低，连她自己也惊叹不已，她那丰厚的财富——园子、餐具和马匹——怎么会是从这么穷的小破屋里来的呢。临终时的老黑家徒四壁，和他那位死于非洲某地的爷爷一模一样。她对帕拉什卡说了披巾的事儿。

帕拉什卡翻遍了箱箱柜柜，都没找到这件披巾。看着老黑死于其中的这一片混乱，乌斯季妮娅鄙夷地冷言道：

"这么乱到哪儿找纱巾？这里连你自己丢了都找不到。"

她吃了烤土豆，而越橘水却连碰也不碰一下：

"苦的。越橘汁哪儿能这么熬呀？"

她就坐在那老黑人四仰八叉躺着的安乐椅旁。

"叫我来干什么呀？我在这儿算什么？叫个亲戚来就好了。"

"家财又不传外人。"帕拉什卡说。

她把帕拉什卡打发走了。

她不满地扫视着已经被弃置了十年的空落落的屋子。抽屉柜里一度还曾有过一块带有克罗诺斯①不断吞食其幼子的钟表,而如今那只钟表早就归她了。旧式写字台上还曾有一件小摆设,是瓷的法乌努斯②和尼姆法③,如今也在她家里。餐桌上方只剩下一只驼鹿角,这是猎人和男人都喜欢的装饰物。

老黑半张着厚厚的嘴唇挥手,像是在轰赶什么似的五指张着,嘴里嘀咕着,眼睛半睁着。

手指甲上一片片青紫,不过话说回来,他的指甲一直都是青紫色的。手指细长,左手上和每个鳏夫一样,戴着一枚镶嵌漂亮宝石的戒指。钻戒的晶面还是老旧的工艺,做得像个凉亭,钻石是水黄色的,她对宝石很懂行。帕拉什卡在找那条披巾,那是一条带穗的土耳其披巾。披巾找不到她感到很惋惜,她又瞥了眼钻戒立刻入了迷。接着她攥紧他的手,悄悄地把那枚钻戒往下抐。老黑的手指肿胀,钻戒套得很紧。她终于把钻戒抐了下来,放在大拇指下比画着。她忽然表情僵硬呆立不动:只见那老黑正用混浊的大眼睛平静地看着她和那枚戒指。他醒来了。少顷,他脸上掠过一丝阴影——他好像还笑了一笑,拉起了她的手。

"傻瓜。"这位临终者用清晰的嗓音说道,"傻瓜,亲亲嘴。"

他就此再也没有醒过来。

傍晚时,彼得·阿勃拉莫维奇来了,他一来,乌斯季妮娅·叶尔莫

---

① 希腊神话中天神乌剌诺斯和地神盖亚之子,他推翻了自己的父亲,自立为王,后又为其子宙斯所推翻。——译注
② 罗马神话中的森林和田野之神,牧群和牧人的保护神,即希腊神话中的潘。——译注
③ 自然女神。——译注

拉耶芙娜就动身回普斯科夫去了,重新把那份未经签署的赠予书放进匣子里,而当天夜里,退役的海军炮兵大尉奥西普·阿勃拉莫维奇·汉尼拔去世了。

身穿礼服的彼得·阿勃拉莫维奇安葬了弟弟。

躺在棺材里的老黑人身穿一身叶卡捷琳娜时代的海军制服,黑得像木炭,神父向农民讲述了有关埃塞俄比亚人的,年轻时曾经当过强盗的神圣的摩西·穆林的布道词。第二天市里来了一位代表,喝着酒吃着馅饼提到了死者。同时给纳杰日达·奥西波芙娜和玛丽娅·阿列克谢耶芙娜发了讣告,并通知他们前来接管米哈伊洛夫斯克村,因为他们的父亲和丈夫约瑟夫①·阿勃拉莫维奇遵循上天的旨意溘然长逝了。

3

接到岳父大人去世的讣告时,谢尔盖·里沃维奇一脸严肃持重,做出一副悼念哀痛的样子。

"Gue la vovonte du ciel soil faite!"② 他庄重地宣布。在追荐亡灵的仪式上,他动作细碎而又频繁地画着十字,并且两次响亮地深深地叹了口气。小妹安娜·里沃芙娜在拥抱纳杰日达·奥西波芙娜时啜泣了一声,但却受到了最为极端的冷遇。

死者老黑的庄园、财产以及如果金钱能找得到的话,如今全都属于其妻子和女儿。如今已经有了自己庄园的玛丽娅·阿列克谢耶芙娜,不愿意去她的丈夫一度曾从那里避她而去的那个破败的火灾遗址,便把此

---

① "约瑟夫"在俄语里就是奥西普。——译注
② 法语:上天的意志终于实现了。——译注

事交给纳杰日达·奥西波芙娜决断。接管庄园这是必需的,但要接管还必须有丈夫的帮助。可谢尔盖·里沃维奇却并未表示自己愿意去接收岳父大人的领地,借口此时还是战争时期,不愿意请求长官特意为他放行。休假不利于他的仕途升迁。

在自家的四堵墙内独断专行的纳杰日达·奥西波芙娜离开家门就变得出奇地优柔寡断,甚至害怕胆小。月底她终于到了米哈伊洛夫斯克村,而谢尔盖·里沃维奇留在了家里,答应一旦情况允许立刻前往那里。

门刚一关上,谢尔盖·里沃维奇便感到幸福无边:一旦得到这笔遗产,他忽然有了至少一个月的闲暇时光。从那天晚上起他就从家里消失了。

那时是战时,到处都是变故。整个莫斯科全城都在惶惶不安中,一切都变得不可靠起来。根据战况通报,皇帝还在痛揍法国佬,而信使们却说,是"法国人在痛揍我们"。各部委的工作人员全都像是发了疯,到处乱窜,举酒消愁,沉湎牌戏。全民的士气被鼓动了起来,人们纷纷前往总司令部,打听沙皇发布了什么最新诏书。而且,全国人民忽然都认同波拿巴是个疯子这种说法。瓦西里·里沃维奇也不再给自己家那位勃莱兹订法式大菜了。总之到处都受到一种震动。

夜里两点钟,脸色苍白,眉头紧皱的谢尔盖·里沃维奇仍然坐在蒙着绿色绒布的台子前,把第二张百元大钞投下去做赌注。他双手颤抖,未来前途渺茫。

至于说真相总归会大白于天下,而纳杰日达·奥西波芙娜总会洞悉一切,谢尔盖·里沃维奇对此毫不怀疑,但却不愿意想及这一点。起初他只是借口说要和几位老友消磨时光,后来又想出了玩纸牌这个借口,可运气像是故意和他作对似的,从一开始打牌起他就总输,由于急不可待而浑身抖得像筛糠一般。可不幸的牌局却是输了一局又一局。

四点钟他已经输得精光,只好拿起借据来:"我欠你100,200,500卢布。年。月。日。谢尔盖·普希金。"他意志薄弱到了只会哭鼻子的地步。五点钟时他还完了所有欠账,甚至有了赢头。可他人已经筋疲力尽了,在彻底疲软的状态下他喝了水。过去的生活,作为一家之父和恭顺的丈夫的生活,全都在一刹那间烟消云散了。过去的全部生活都是在输钱,而现在却是在赢钱。他的精神力量在一个小时之内有了明显的复苏。他决定从此以后再也不赌钱了,万一赌钱又输了,那就请求上战场。对于一个军人来说,纳杰日达·奥西波芙娜理应没那么可怕。

尽情享受着刚刚获得的自由的他,允许朋友们在经过一个短暂的停顿后,到他在郊外——潘克拉季耶芙娜——那幢有名的房子,通宵达旦地玩儿。潘克拉季耶芙娜是一个肥胖的老太婆,在莫斯科河那边拥有一家妓院,里面有肥妞,有肥腻的汤,并且也以其原始的古朴而著称。

"真"到过那家妓院的莫斯科的行家里手们挤弄着眉眼。

谢尔盖·里沃维奇给老鸨潘克拉耶芙娜留下了最美好的印象,觉得他待人彬彬有礼,对此处的汤有着真正的胃口。

在潘家做客到中午时分,谢尔盖·里沃维奇才找到自我。原来他生来就适合过一种愉悦的生活,而非为了什么家庭或部长而案牍劳形鞠躬尽瘁。他赢的钱手头还剩了一些,他重新数了一遍,全都搁进钱包里,决心再不浪费。他心情异常宁静表情分外庄重地回了家。至于给纳杰日达·奥西波芙娜的许诺,他尽量避免去想:他生平最厌恶和恶心的,莫过于各种各样的物品清单,领地财产选册之类的东西。如今孩子们有阿琳娜照管,这方面没有什么让他烦的。

潘克拉季耶芙娜妓院的格鲁莎脾气秉性非常对他的胃口。每天一大早他就开始出门拜访，而他有的是乐子：如果波瓦尔街某人不接客的话，他会立马转向特维尔大街，然后在那里——而且整个莫斯科似乎都在那里午餐——的老太婆和老爷爷们那里吃午餐，晚上吸引他的，则是潘克拉季耶芙娜家。可是，来了一帮年轻的恶棍，他就被撵出来了。如今任何人不会碍他的事儿了。

4

母亲在远方的某个地方，在黑人爷爷的庄园，对这个庄园，父母从不提及，但许多朦胧的记忆令他想起。他已经对小孩子和路人的好奇心感到习惯了。他的脸黢黑，头发带卷而又鲜亮。

有人告诉他说他爸爸死了，如今爷爷已经是第二次死去了。这位黑人爷爷一生的遭遇让他分外关心。如今他们家已经有了自己的庄园，关于这个庄园父亲曾经说里面有一个非常美丽的湖。母亲很忧郁，她临终前挨个儿吻了每个孩子的小脸，但唯独吻了他的额头。眼下他总算自由了。

有时候他能在早晨看见父亲那罪人一般的身影，父亲正从不知什么地方回家，迈着迅疾的碎步小心翼翼地踅进书房。他对父亲的脚步声非常熟悉——每逢父亲怕母亲时，总是会如此畏畏葸葸地回到家里。傍晚时父亲就不见了。书房经常是一连两天都空无一人。在像是被自己占领的敌人营垒的书房里，他很快就学会了如何当家做主。

他读过好多好多混乱地堆在窗台上的书，这都是些笑话书，一段一段的。他从书中了解了什么是背叛，国王又是如何针锋相对予以反驳的，了解了那些罗马统帅们，了解了那些善于隐藏自己的情夫的机灵的女人们。他翻阅罗马高级名妓群芳谱。他最喜欢的人物是臃肿的亚里斯提卜①的女友，聪明伶俐的拉伊萨。他还知道书里有许多人，在断头台上临死前，还壮怀激烈地评点江山。

他读书断断续续，速度很快，囫囵吞枣。一幅伏尔泰的肖像引起了他的特别关注：这老头有一个酷似猴头的脑袋，两片嘴唇噘得高高的，戴着一顶夜里睡觉时才戴的白睡帽。这老头是个智者、诗人和老顽童。他嘲笑弗雷德里克国王，耍滑头耍了一辈子。

他最喜欢的是这样一个诗体故事，说的是两个品行端方的老太婆回到家里躺进被窝里，居然发现被窝里有一个身体强壮的小伙子，于是两个老太婆为了争夺这个小伙子而打得不可开交。品行端方的老太太、伪君子和小女孩令人想起安娜·里沃芙娜姑妈，而对客人虚情假意的母亲则酷似茉丽叶太太。

他最喜欢读的是诗歌，诗歌的韵律似乎是对事件真空性的一种证明。他读诗速度很快，总是用眼睛搜索每句诗的末尾，在一种忘乎所以的状态下咬着黑手指上的指甲。一有什么响动，他就会机灵地把书放回原处，伸着脖子，准备应付突发情况。总体而言，这年的秋天他忽然像是换了个人似的。从前慢悠悠的步态不见了，缓慢却似乎总是在询问为什么的眼睛，变得迅疾而又机敏。他七岁了。

登着木梯，他终于可以够着书架顶层的书了。书架顶层放的都是些带有皮质封面的小书。他开始读这些书，渐渐地，一个新世界呈现在他眼前。每个女人身上都有些可爱的小秘密。所有女人全都用尽心机地相互欺骗。女友假装把小牧童赶出家门。达官显贵们的答复令人啼笑皆

---

① 公元前5世纪后半期－前4世纪初，北非昔勒尼的古希腊哲学家。——译注

非。法乌努斯怀着甜蜜而又不可告人的秘密追随尼姆法。骑手们骑马烧着热得发烫的母马打转,直到筋疲力尽。人们不约而同地一枪打死一头神秘的怪兽。园丁把月季种在了安涅塔的小筐里。

对于夜间的胜利,还有一种可笑的计算法——一,二,三,每次胜利都那么可笑——但这样的胜利本不该计数。所有人都干得筋疲力尽——处处都有战斗发生,人们议论女人就像在议论一个陌生的国家,有待开发的国家,她有丘陵、森林、高山、洞穴和凉爽的树荫。他的呼吸变得急促起来。他怀疑奇迹的存在。

如今,妈妈离开了,他的举止也立刻变得敏捷自如。

他可以不费吹灰之力地跳到桌子上,从安乐椅上飞越过去,而不打翻椅子。他什么地方都坐不住,他常常变换地方,常常会连自己也未察觉地突然站起来,致使书掉到地上。他和其他男孩子在院子里踢球,并且总能凭借其身体的各部分肌肉和敏锐的目光寻找到目标。

他几乎整天泡在姑娘们的屋里。阿琳娜起初还对他有烦言,但很快就不吭声了。姑娘们已经习惯了他的在场,和他打招呼都拖着长音,当他的面笑个不停,叽叽喳喳交头接耳地议论尼基塔和厨师尼古拉什卡。他们一起唱悠长的长调歌谣,脸上的表情越来越严肃。姑娘们发现他非常喜欢歌曲后,每次他一来,她们就为他唱起歌来。就这样姑娘们为他唱了各种歌,有歌唱白雪的,歌唱白桦和山雀的。

有一次,阿琳娜不在,姑娘们中跑得最快的塔季扬娜跑着跑着忽然搂住他,拽他扯他。姑娘们纷纷发出厉声尖叫,笑成一团,可当阿琳娜一走进来,姑娘们立刻就噤了声,一声不吭。塔季扬娜脸红扑扑的,阿琳娜严厉底训斥她:

"你等着瞧,我会告诉老爷的。"

有一次他怎么也睡不着，便央求阿琳娜让塔季扬娜给他唱一首歌。他居然最喜欢塔季扬娜的歌而非自己讲的童话，这让阿琳娜心里很不爽，但她仍然一心一意地，嘴里唠叨着，把睡眼惺忪、头发散乱、赤着双脚的塔季扬娜给叫来了。塔季扬娜拖着长声在他头顶唱着，没有歌词，睡眼迷离，敞着胸口，一边呼吸一边打着哈欠，他则听着听着就合上了眼睛，睡着了。

他的生活忽然变得丰盈和充实。

家中的宠儿列乌什卡见妈妈不在就抽咽啜泣。和姑妈安娜·里沃芙娜长得一模一样的奥连卡，天天好几次跑到父亲的屋去看一看——妈妈在不在。尖鼻头的尼古连卡像是黏在了阿琳娜身上似的，鼻子尖儿在她下摆上蹭来蹭去的。

而他却在尽情享受自由。

如今，临睡前躺在被窝里，他常常会把脸埋在枕头里，偷偷地，悄悄地笑个没完。阿琳娜看他的眼神中带有几分哀戚，心想这孩子肯定又淘气了。如今他的调皮捣蛋变得更加频繁了。水晶玻璃瓶的边沿不知不觉地就给磕破了。他踢的球打中了客厅悬挂的爷爷列夫·亚历山大洛维奇的肖像，以致画像的麻布卷边，颜料脱落。阿琳娜惊呆了一会儿，最后也就释然了。谢尔盖·里沃维奇很少看父亲的肖像。所以什么也没发现。

"墙上的爸爸眨眼睛了，灾祸临头了。"阿琳娜嘀咕道。

是她给他施的洗，可她很生他的气。晚上睡觉时她再也不给他讲童话故事了，听了童话他反而睡不着觉了。她如今是在傍晚时分给他讲童话故事。她讲故事时他从不打断她，什么事也不问。有一次列乌什卡妨碍了他们，他就揍了他一下。

睡前他常常会幸福得大笑起来。

5

不远处住着特鲁别茨基·科莫德一家。特鲁别茨基家这幢庞大臃肿的方方正正的楼房，矗立在一个空旷的院子里，这格局多少有点儿像是个放零碎物品的抽屉柜。莫斯科以其特有的方式容纳其所有的居民。房子煞像抽屉柜，特鲁别茨基一家也成了特鲁别茨基·科莫德。

而特鲁别茨基老爷子也就顺理成章地简称之为"科莫德"。这一外号使老爷子有别于其另外一个人称"塔拉尔"的特鲁别茨基，名字来源于其所喜爱的一部歌剧。第三位特鲁别茨基人称瓦西里萨·彼得洛芙娜。特鲁别茨基·科莫德一家在其科莫德祖居已经住了三代人。老爷子鼻梁结实，形容枯槁，耳聋眼花，身体已经相当羸弱，家里的全部家务由其已经四十岁的老姑娘"安纽塔"掌管。亚历山大闲逛时经常碰见尼古连卡·特鲁别茨基在和他的家庭教师散步。他们相互认识了，老姑娘给谢尔盖·里沃维奇去了一封礼貌客气的信后，亚历山大就开始常常去特鲁别茨基家玩儿了。

尼古连卡·特鲁别茨科依个头矮小，身体微肿，性情懒惰，肤色黄得像柠檬。老爷爷已经度过了年富力强的岁月，非常怕冷，因此冬天的供暖毫不间断不说，夏天也从不开窗户。科莫德永远都是静悄悄的，空气滞闷而令人感到无聊。就好像年轻人也在陪着这位老者虚度光阴似的。尼古连卡从不踢球，也不你追我赶地追逐打闹，他爱吃甜食，爱吃好东西，温柔的姑妈把他喂得肥肥胖胖。

老爷子坐在壁炉前。秋天刚到，他已经明显开始怕冷了。老爷子尽管耳朵聋，身体弱，但却很爱说话，对于家务的方方面面，他都要求女儿交代得清清楚楚，明明白白。有一次见到亚历山大，他大声问女儿：

"他是谁？"

听说名叫普希金，老头子同样大着嗓门问个不休：

"穆新？鲍勃利舍夫？勃留斯？"

女儿有几分懊丧地回答这位聋子道：

"不是，mon pere①，叫普希金。"

老头子想了想，最后依旧用那种低哑但却十分坚定的男低音问道：

"是以前那位普希金的儿子？"

女儿深深叹了口气，说他是邻居谢尔盖·里沃维奇的儿子。

老头这才又想了想，终于回想了起来，说：

"噢，就是那个写诗的！"

这位老人的嗓音煞像一位回忆起来什么可笑之事的人。显然，谢尔盖·里沃维奇他记不得了，记得的都是一些与瓦西里·里沃维奇有关的事儿。

几分钟后，当温和宽厚的姑妈来到儿童室看孩子们嬉戏打闹时，见亚历山大正骑在尼古连卡身上，相当准确传神地正在模仿一位纵马飞驰的骑者。而尼古连卡却四肢着地，驯服地正在表演一匹驯顺的坐骑。

这样的游戏姑妈可不喜欢。

晚上，亚历山大问父亲从前那些普希金家人都有谁。谢尔盖·里沃维奇听愣了，紧接着就骄傲地问儿子，谁对他说起从前那些普希金家的人。他看不起所有那些尼古拉舍客，格鲁舍克和塔季扬诺克们，他们竟然毫无忌惮猎杀所有野物。任何从前那些普希金家的人都从来没有，现

---

① 法语：我的父亲。——译注

在没有,将来也不会有这些行为,他严厉禁止家人谈论什么从前那些普希金家的人。得知说这话的是老头子特鲁别茨科依,谢尔盖·里沃维奇咬紧牙关,但却宽宏大量地说道:

"哎呀,这个可怜的科莫德!这个可怜虫他这是老糊涂了。"说着,用手指触了触额头。

紧接着,他仍然用同样宽宏大量的口气咬紧牙关问儿子,他是否喜欢自己这位新结识的伙伴。

亚历山大扑哧一笑回答说:

"C'est un faineant①。"

儿子口气里透露出的鄙视令谢尔盖·里沃维奇感到吃惊。他不无几分满意地瞧了瞧儿子。

6

纳杰日达·奥西波芙娜正式接管了属于自己的庄园。仆人们全都一身新装,目光垂下,一躬到地。

可她却从未当过地主。她和母亲在首都的普列奥勃拉任斯基军团度过了自己的青年年华,母女俩住在一间狭小的房子里,很少去近卫军军营,生活得贫穷而又隐含着苦涩。每次出门母女二人就会蒙受巨大的悲伤和痛苦。她已经对她在那里度过童年的苏伊达没有任何记忆,乡村生活于她而言是完全陌生的。因此,她是怀着胆怯之心走进她十分陌生的父亲家的。父亲那幢屋顶覆盖麦秸,灰扑扑的房子,令她感到心悸。她看待人世的眼睛是严厉的,也是忧郁的。这位老年黑人的后宫竟然一直

---

① 法语:这是个懒鬼。——译注

瞒着她而存在着。

她觉得这幢房子煞像一间板棚：不光是到处都难以见到任何奢华的痕迹，甚至就连各个房间本身也都空空荡荡。纳杰日达·奥西波芙娜很吃惊：她从童年起就习惯地以为父亲是个有钱人。衰败破落的痕迹又有多少能被帕拉什卡抹平呢。在父亲临终时待过的那间屋里，安乐椅旁边放着从未有人动过的一小瓶药，一壶没喝完的葡萄酒，一个碟子。另有一些东西：一支烟斗，一纸袋烟叶，一条40年前曾经用过的丝绸围巾，几小片半已腐烂的文件残页，上面用白墨水写满了锈迹斑斑的字——全都堆成一堆。旁边还有一朵个头很大的干花，满是尘土，是用丝带系着的。帕拉什卡正费力地把这一大堆破烂从床头柜里掏出来。那朵小花还散发着阵阵干草的味道。

她读了读父亲的文件，原来是些偶然留下的账单和几封书信。

"银茶壶、宝石戒指和猫眼石戒指一共可售370卢布。"

"我仁慈的阁下约瑟夫·阿勃拉莫维奇：

"既然上礼拜二没弄到许可证而主事叫周四来，我怀疑许可证已经有了，因此，恭请您以您的宅心仁厚主导此事。因为我已经花光了所有钱财，而预先关照主事儿，以便让一切事务能完全如您所愿地进行。至于履行离婚手续一事，则一个字也没说，让人不明所以。"

"我的小朋友，我的无比精干的能人儿，你不在，我整夜整夜地睡不着觉，浑身骨节酸痛，四肢发麻，差不多浑身都软弱无力……"

"但这样的行为只能表明您是一个最卑鄙的家伙。我，先生，非常明白这一点，我太了解你是怎样一个恶棍，胆小鬼，下流胚，就连最胆小的小孩子也做不出这种事……"

堆放在床头柜上的所有杂物，都被她丢进炉子里了。那朵小花在一阵噼啪声中四分五裂了。她当即把帕拉什卡叫来，下令彻底改变屋里的陈设——把父亲的书房当成客厅，而客厅却被用作卧室。女孩们装填了新的草褥子，带来了新的短棍支架——她才不想在父亲的床上睡觉呢。橱柜从屋里拖出去了，但沉重的橱柜腿铭刻在地板上的痕迹，却令她惶惶不安，觉得那似乎是久已不在的往昔留下的印迹。

第二天早上，她刚一睁眼，窗外就响起了丁零咣当的铃铛声：地方自治会的会长携书吏到了。他们在庄园里来来回回地走了一整天，用长长的俄尺丈量着澡堂和一些灌木丛，纳杰日达·奥西波芙娜忧心忡忡地站在窗前看着他们忙乱。书吏拟好了海军炮兵大尉约瑟夫·汉尼拔的动产不动产清单，又不知从哪儿找来一位高尚的证人，哆嗦着手在文件上签了字。他佝偻着身子，来时带了一只猛犬，拴在台阶上。他向纳杰日达·奥西波芙娜介绍说，他是个退休准尉，叫扎杰波列斯基，是她家的邻居，并且时刻愿意为其效劳。

随后宾主坐在餐桌前，帕拉什卡拿来了伏特加。会长到晚宴结束时喝得酩酊大醉，瘫倒在地上，高尚的证人往醉汉的脸上泼了些水，吩咐帕拉什卡和姑娘们把醉汉拖进澡堂醒酒。第二天一早主任就带着书吏离开了，而高尚的证人也解开拴着的猛犬，向纳杰日达·奥西波芙娜深施一礼，吻了吻女士的手，走了。

"像水蛭吸血似的，吸了个够。"帕拉什卡冲着那些人的背影嘀咕道，这几乎就是在一字一句地重复死者奥西普·阿勃拉莫维奇的原话。

她之所以谴责会长酗酒不是没有来由的。此人是品尝彼得·阿勃拉莫维奇的果子露酒和饮料的常客。

而纳杰日达·奥西波芙娜在等谢尔盖·里沃维奇期间，开始过起了地主的生活，原来这一点并不难做到。和在城里一样，女仆给躺在床上的她端菜，她往往一觉睡到午后很久才起床，起床后和帕拉什卡商量商量午饭，随后到外面随便走走，希望能偶尔邂逅某个邻居，在人家那儿吃饭，吃完后再对饭菜进行一番评点，然后再休息一会儿。叔叔彼得·阿勃拉莫维奇就住在离她不远的彼得洛夫斯克，对那次吵架记忆犹新，从不主动去找她，而她却会主动上门找他。

她很快就与周围那些邻居们认识了，邻居们纷纷前来邀请她到罗科托维家和维恩多姆斯基家参加便宴。罗科托维家住在五俄里外，是个守财奴、吝啬鬼，老婆是一个骄傲自负的贵族地主太太，说俄语像说法语一样带鼻音。丈夫说话尖声尖气，谨小慎微到了极致，饭菜也很差劲儿。维恩多姆斯基老人是一个鳏夫，就住在离她很近的特里戈尔斯克村。他年轻的女儿，此前曾经嫁给特维尔地主武尔夫，现也住在他家。普拉斯科维娅·亚历山大洛芙娜·武尔夫令纳杰日达·奥西波芙娜十分惊奇的，是她那种男子汉一般的勇敢慓悍，但这种精神在首都根本就算不上什么时髦——她从一大早就会在田野上赶马，骑马奔驰，到田间干活儿，而对六岁的安涅特和刚一岁的阿列克谢不闻不问不管不顾的。她身强体壮，嗓门洪亮，绺绺卷发垂在两鬓。晚上她坐在壁炉前阅读萨柳斯蒂①的法文著作。读萨柳斯蒂的书时她其实已经累得够呛了，读着读着就睡着了。老头子和女儿说起来还是纳杰日达·奥西波芙娜的一门亲戚：他父亲的表兄弟海军准尉雅科夫·伊万诺维奇娶了维恩多姆斯基的二妹。可纳杰日达·奥西波芙娜既不认得这位叔伯兄弟，也不认得他的妻子。

每到夜里米哈伊洛夫斯克村就变得无聊而又可怕。所有房间里都空

---

① 萨柳斯蒂（前86年-约前35年），古罗马历史学家。——译注

空荡荡的，处处弥漫着一种虽然微弱，但却永久不散的烟草味儿，酒味儿和老年人身上特有的味儿。她其实对父亲既不了解还有些害怕，而如今和父亲的关系终于一劳永逸地结束了。每天夜里她醒来时都能听到雨打窗户的噼噼啪啪声，听到有人踩得麦秸屋顶窸窸窣窣地响。好像脚下很不稳的样子——紧接着，忽然传来一声鸟叫和鸦鸣，和一阵疾风裂帛式的巨响，就好像有人在屋顶拉风箱似的。她连忙点起蜡烛。窗户上蒙上一层细细的水珠，天已经蒙蒙发亮，迟醒的鸟儿们也都飞走了。她浑身战栗，由于自己距这些鸟儿们是如此之近。

三山城里已经亮堂堂的热闹非凡。在维恩多姆斯基那幢钉着木板，分外坚固的住宅里，在索洛季亚山冈上，一群孩子正跑来跑去，灯烛闪亮。普拉斯科维娅·亚历山大洛芙娜疯狂地弹奏一架老钢琴并发出铿锵之声，幸好那架琴还没有全坏，嘴里唱着最忧伤的抒情歌曲。孩子们淘气地跳着舞，连纳杰日达·奥西波芙娜也被留下来过夜。这里没有任何东西令人想起远离住房的米哈伊洛夫斯克村，甚至就连从房顶飞过的鸟儿们，似乎也截然不同。

普拉斯科维娅·亚历山大洛芙娜为人正直，嗓门洪亮。她评判人事十分公正。她和纳杰日达·奥西波芙娜开始了一场公开的对话。她毫不隐讳，开门见山并且毫不打磕巴地直冲冲地说，托尔斯季哈像摘马林果似的把老头子抢了个精光，但又劝阻她切不可和这个老啬鬼打什么官司，这是根本没有希望的事儿。对于帕拉什卡她的印象同样不好——她是个偷东西的喜鹊和拉皮条的。

很快普拉斯科维娅·亚历山大洛芙娜就对所有的最新时尚有了一些了解，她那种老实人表现出的朴实单纯令纳杰日达·奥西波芙娜觉得很开心。

也是她帮助纳杰日达·奥西波芙娜在谢尔盖·里沃维奇到达以前，全面管理整个庄园的事务。

纳杰日达·奥西波芙娜跟着她跑遍了普斯科夫，而收到伏特加的小办事员，把汉尼拔祖传的领地米哈伊洛夫斯克、乌斯季娜、连冈科索赫诺瓦、列普希诺、瓦什科沃、莫洛佐沃、洛克捷沃、沃洛诺沃、佐沃、列日涅沃、齐勃列沃、格列契涅沃、马赫尼诺、勃留霍沃和普罗休戈沃村，总计700多俄亩土地，连同其所有耕地、割下的草料、森林与湖泊、带住宅的庄园、村庄、河流和菜园，以及附属的180名男性和100名女性农奴，全都永远归属于女儿和妻子名下。为此，小办事员为其颁发了盖有大红印章的正式文书，文书后面附有所须补充的伏特加。

对自己和母亲名下所属村庄的数目感到满意的纳杰日达·奥西波芙娜一回来就着手进行巡视，她发现其实只有五六间黢黑的，搭在村庄的台阶上棚屋也歪歪扭扭的四个村子，村民们站在道路两边躬身施礼，对贫穷状况怨声载道。一位老太太用一只木头碟子给她端来了黑乎乎的普斯科夫馅饼——卡科尔——一种包胡萝卜馅的馅饼。

纳杰日达·奥西波芙娜轻轻咬了一口，又往前走去。多数村庄都已经名存实亡了：显然，它们只在老年人记忆中的文件中有其标志。耕地也都十分贫瘠，但登记册上表明的小河流，都果真沿着沙坡发出潺湲之声。但是，这些小溪有些地方已经上冻，水面上覆盖着一层薄冰。

被自己所属庄园的名不符实而吓了一跳的纳杰日达·奥西波芙娜开始数点仆人，可刚数到第13个女仆时，便绝望地一摆手。她没对任何人，也没对普拉斯科维娅·亚历山大洛芙娜说任何话，向对方问一句那些村庄都到哪儿去了。她断定导致这一切结果的罪魁祸首就是托尔斯季哈，她对这位败家的女人充满仇恨的同时，也多少对父亲感到惊奇，他居然为了自己的性欲而荡尽了自己的家产。他曾和普拉斯科维娅·武尔夫一起朝拜过圣山。父亲的坟前立着一个木头十字架，上面有一大滴像眼泪似的松香在流淌。彼得·阿勃拉莫维奇用铅笔在十字架上题词："二级海军大尉，享年62岁，汉尼拔。"写题词的人大概是忘了，签姓氏时大笔一挥，画出一条遒劲的花笔道。纳杰日达·奥西波芙娜在十字架前站了一会儿，十字架还散发着新鲜的枯木香味儿。从山上可以瞭望周边的美景。她决定给父亲换一块比较体面的石碑。

谢尔盖·里沃维奇还是没跟过来，住在米哈伊洛夫斯克村感到清冷而又孤单。纳杰日达·奥西波芙娜渐渐愁上心头。她对一切感到厌烦，懒得动身去三山城，她既不习惯这个家，也不习惯自己这个庄园。她觉得一切是那么陌生和异样，觉得自己好像不在其位，庄园也似乎马上就要被人夺去——具体地说，就是被住在普斯科夫的托尔斯季哈这个恶女人夺去。许多乡村似乎从来就未曾存在过。她恨谢尔盖·里沃维奇，恨他始终不来，恨他把她给抛弃了，把毫无防护能力的她抛弃在这个荒野不毛之地。她似乎患了一种十分沉重的，非本地的，非普斯科夫省的，来自海外的，重病沉疴的寂寞无聊病。每天晚上眼睛半睁半闭地坐在那儿，她往往会咬着指甲和指头，心性暗淡地独自垂泪到天明。屋里像鸡笼一般沉寂下来，可鸡笼里却立着一只鹰，还关着一位老年人的嫔妃，陋室藏娇，等待着命运的宣判。

刚巧赶上了教堂命名节，精明强干的帕拉什卡打定了主意。所有女仆全都穿得漂漂亮亮，前来向贵族小姐祝贺节日。纳杰日达·奥西波芙娜走了出来，无聊地透过夹鼻眼镜打量着她们。姑娘们礼毕起意跳舞。纳杰日达·奥西波芙娜吩咐把安乐椅搬出去自己坐下。一个身形袅娜的姑娘忽然一跺脚，紧接着抖动肩膀跳起了密集的小碎步。紧接着第二个,第三个也如法炮制。她们跳的是一种引进中的舞——像老头子清醒和寂寞时她们为他跳的那样——在舞动中行走着。和往昔一样,那些仆人们也三五成群地聚拢来,从远处观望着。大家都不说话,因为当着老头子的面,大家已养成不说话的习惯。纳杰日达·奥西波芙娜始终透过夹鼻眼镜看着这一切的进行。渐渐地她也变得活泛了起来,鼻孔激动地翕动了起来,脸上也泛起了红晕。习惯于对老爷们察言观色的姑娘们加快了动作。天气透明洁净,周围一片寂静。纳杰日达·奥西波芙娜虽然仍旧一动不动地坐在椅上看着这一切,但她的每个肢体和器官——眼睛、嘴唇、肩膀——都在动,鼻孔也紧张地收缩。她打发人赏姑娘们馅饼吃。寂寞无聊一扫而光。

在和维恩多姆斯基老头协商一番后,她开始发号施令了。派帕拉什卡到养鸟院干活,侍妾们全都解散,而后根据老头子的建议,委任高尚的证人——扎捷普连斯基准尉为庄园总管,此人治家有方,令出法随。他立刻像从地底下钻出来似的出现了,还带着他的那条狗,随即临时把澡堂当作宿舍住下来。因为澡堂是个非常暖和的地方。

全体仆人集体把纳杰日达·奥西波芙娜送回屋。两个姑娘整了整围裙,庄园里很快安静下来。纳杰日达·奥西波芙娜走的时候很高兴,她根本不相信仅仅一周后,她自己也会在布图尔林斯基家跳起舞来。

7

玛丽娅·阿列克谢耶芙娜留给纳杰日达·奥西波芙娜干到开春的厨师尼古拉什卡跑了。

在普希金家的仆人圈中,他是一个很突出的家伙。他不爱说话,总是沉默寡言,胡子刮得干干净净。没人敢对他大喊大叫的。有一次玛丽娅·阿列克谢耶芙娜想要给他一记耳光——他把鹅给烤焦了——他把他那双暗淡无光、空虚冷漠的玻璃珠的眼睛转过来对着她,她害怕了。姑娘们都很敬重他,背地里称他为尼古拉·彼得洛维奇。

和多少喜欢嗜酒的但又常常——不如说永远都乐乐呵呵的尼基塔相反,尼古拉·彼得洛维奇是滴酒不沾。

在纳杰日达·奥西波芙娜回来前不久,谢尔盖·里沃维奇计算了一下自己输钱的记录,决定在夫人面前把自己漂白。他说毫不怀疑输钱的事儿终将大白于天下。于是他开始寻找小偷。很快小偷就被他抓住了——尼古拉什卡与他身份不符的花钱事项太多,借口说自己家的油变质了,牛肉和野味也有味儿了,他不得不到铺子里去买,等等。

谢尔盖·里沃维奇把厨师叫来,竭力让自己大发雷霆,口沫飞溅地骂他是贼。尼古拉什卡一声不吭,而谢尔盖·里沃维奇也比平时更早地离开了家。

晚上亚历山大在经过女孩屋里时听见下人屋里有人唱歌。他偷偷推开一道门缝。尼古拉坐在桌前,脸色苍白,穿一身新厨师服,面前放着一俄升空了的酒瓶。他哼着一首悠长而又单调的歌曲,却没有歌词。原来这不是什么歌曲,而是一种压抑的、悠长的嗥叫。

他用明亮而又茫然的眼神扫了亚历山大一眼,嘿嘿嘿地惨笑了一下。他打了个呼哨,同时向亚历山大使了个眼色。

"您的普希金一家,"他慢慢腾腾地说道,"从上到下全都变质了!你就等着瞧吧!"

他开始慢慢腾腾地站起身来。被吓着了的亚历山大步步后退。

两天后尼古拉走了,再也没回来过。仆人们全都缄口不语。谢尔盖·里沃维奇向警察局报了案,并且显得异常兴奋。他逢人就讲厨师的盗抢和出逃。晚上专程前来的姑妈安娜·里沃芙娜得知此事后,天天祈祷,并再次为谢尔盖·里沃维奇做了祷告——所有人都有可能被尼古拉什卡割断喉咙。

晚上,亚历山大问阿琳娜尼古拉去哪儿了。

从某个时候起,她为自己确立了一个原则,什么都不怕。可是,尼古拉什卡那凝然不动、像能把人刺穿一般的目光,以及他那低声嗥叫式的俄罗斯歌谣,却让她感到一种无以名状的恐惧。

阿琳娜双手一摊说:

"回波兰了。他能往哪儿去?是强盗都会往波兰跑。皮靴筒里塞一把刀子——到哪儿去找他!可你一不留神他又回来了:老爷,如温柔敦厚的省长。"

而纳杰日达·奥西波芙娜很快就回来了。

8

纳杰日达·奥西波芙娜从进门起就嗅出了一种不祥的气味。使她惊奇和受伤的是,好像一切的一切没有她似乎也过得挺好。她和这个家已经疏远了,她已经认不得它了。

尼古拉什卡是因为谢尔盖·里沃维奇的缘故才出逃的,这一眼就能看出。从眼神就能看出,许多方面的过失在于谢尔盖·里沃维奇,家里可以说是一文不名。谢尔盖·里沃维奇把一切罪过都推到坏蛋尼古拉什卡身上了——ce faquin de nicolachka①,这个女骗子——ces friponnes de

---

① 法语:尼古拉什卡这个坏蛋。——译注

Grouchka et de Tatjanlca①——和可恶的尼基什卡，ce coquin de Nikichka②。可是，事情很快就真相大白了：忽然找到其中一位年轻的恶棍之一写来的字条，字条上以调侃的语气邀请谢尔盖·里沃维奇莅临潘克拉季耶娃那有名的圣殿。不幸的是，这张字条偶然落到了纳杰日达·奥西波芙娜手里。

这是非常可怕的一天。孩子们都躲起来了。仆人们则仿佛压根儿就不曾存在过似的。纳杰日达·奥西波芙娜与谢尔盖·里沃维奇面对面坐在桌前，还是一声不吭地砸餐具。她一旦发起火来是十分可怕的，脸部的线条严峻而又凝然僵硬，脸色晦暗，不是白的，而是没有血色，眼神暗淡，嘴唇粗厚地大张着。她正把盘碟一件件地往地上砸。当谢尔盖·里沃维奇的长颈玻璃瓶也飞离桌面，洒在地板上流淌时，他由于恐惧、委屈和愤怒而浑身颤抖，忽然大发雷霆，怒发冲冠，啪的一声把高脚杯给砸了。这对纳杰日达·奥西波芙娜来说实属意外。

"好啊，您居然敢砸东西了啊？"面容苍白，心绪平静而样子可怕的她咬牙切齿地说道。"砸吧，chez votre Pankratievna"。③ 她的眼睛滴溜乱转，全身血脉贲张。

谢尔盖·里沃维奇慢腾腾站了起来，昂起了头颅。此刻他浑身上下透着一种非同寻常的尊严。纳杰日达·奥西波芙娜呆呆地看着他。

"Mon ange,④"他轻轻地换了口气，声音尖细，但已然是扬扬得意地说，"我要参战，我要上战场。"

---

① 法语：格鲁什卡和塔季雅娜这两个女骗子。——译注
② 法语：尼基什卡这个大骗子。——译注
③ 法语：您竟然敢砸您的潘克拉季耶娃的杯子。——译注
④ 法语：我的天使。——译注

纳杰日达·奥西波芙娜慌了。她瞥了一眼被砸烂的餐具,丈夫的表现令她困惑。一想到谢尔盖·里沃维奇要当军人了就感到害怕——一旦当了军人就摆脱了她,而吃饭时再也不用等他了。这之后她又想到自己可能成寡妇,带着一帮孩子孤苦度日,她更害怕了。另一方面,如果谢尔盖·里沃维奇真的打算上战场,这倒是能够为其在潘克拉季耶娃家的行为辩护。当兵的人都可以恣意妄为。谢尔盖·里沃维奇换了口气。他迈着急速的脚步来到前厅,大声吩咐小厮拿大衣,穿上大衣就离开了家——也许是在落实到哪个军团服役的事情去了。

纳杰日达·奥西波芙娜对此将信将疑。对于就在她眼前上演如此不堪之喜剧的丈夫,她气得发狂,也对自己气得发狂,因为是自己导致丈夫到作战部队去服役。最气人的是,他尽管犯了错却终归是胜利者,而她自己却被愚弄了一番。

纳杰日达·奥西波芙娜像一阵风似的卷进女孩们的屋,姑娘们平心静气地坐着。她忽然发现亚历山大也坐在角落里,遂瞪大了双眼。她不在家期间,丈夫和儿子都染上了不良的习惯。她抓住他的领口,几乎是把他拖出了房间。

在自己卧室门口她撞见了阿琳娜。阿琳娜脸色苍白,平静,眼神蓦然暗淡下来,眼窝深陷。

纳杰日达·奥西波芙娜的肩膀撞了她,阿琳娜"哎哟"一声,靠在了门框上。

"畜生!"纳杰日达·奥西波芙娜喊道,但却不敢看对方一眼。

阿琳娜随后离开门框,让母亲二人过去。

门在母子二人进去关上后,她还呆呆地站了一会儿。

"拿树条来!"纳杰日达·奥西波芙娜喊道。

阿琳娜画了个十字离开了。她回到下人屋,坐在板凳上,双手搭在两腿上。小厮听到太太召唤拿着树条跑来了。她的脸色更是白得像霜打了似的,手捂着胸口。

　　纳杰日达·奥西波芙娜打儿子打了好长时间,直到打累了才罢手。打完后,她又歇了一会儿,累得筋疲力尽,便一头栽在枕头上睡着了。阿琳娜在黑乎乎的下人屋又坐了好久。少顷,她在自己的小箱子里摸了摸,摸出一个小瓶来,啜了一口,觉得心情好了点儿,于是又喝了一大口,再后把一小瓶一口干完。这时,她已经酩酊大醉了,于是便左右摇晃着身子,啜泣起来,泪水打湿了脸庞。

第六章

1

秋天走了,冬天过了,谢尔盖·里沃维奇却并未参战。如今正在进行着一场与法国人和土耳其人的战争。莫斯科那些老年人谈起这场战争态度十分严厉。拿破仑胜利了,据新闻说,皇帝哭了。总司令卡缅斯基老将军在每份折子里都请求免去自己的职务,很快据传闻说,他也真的离开军队了。

每天都有人写作和发表短诗,许多短诗是献给城市的奠基人的,可写到后来大家都觉得无聊了。谢尔盖·里沃维奇也和大家一样,渐渐地冷静了下来。

与此同时莫斯科正在进行各种各样的化装舞会,在其中一次舞会上,谢尔盖·里沃维奇和纳杰日达·奥西波芙娜曾经见识了一幕可笑的闹剧,主角是两个好朋友,都为了一个漂亮女人卡莫卡打了起来。两人相互揪扯对方的头发,这件事实在是可笑之极。但当事人自己却笑不起来,因为两人都已经吵翻了。

冬天给亚历山大雇了个家庭教师。家庭教师的人选遴选了好长时间,最终决定不是别人,而是由孟德福伯爵亲自教育亚历山大。不过,这已经不再是从前那个孟德福了:他的鼻子更尖了,也更红了,裤子永远都是油渍麻花的,破破烂烂的硬领总是在他胸前晃来晃去的。他仍然还像以前那样待人殷勤有礼,但几乎永远都不过分高兴或是话多。每天晚上他都要吹一会儿长笛。他就睡在亚历山大那间屋,小男孩和自己的老师建立了友谊。这位法国人心甘情愿地原谅了亚历山大的调皮捣蛋。

师生二人常在莫斯科的长街短巷、公园绿地散步。老师在此期间常常会没完没了地唠叨不休。很快亚历山大就了解了许多法国宫廷从侯爵开始的逸闻趣事。

每天早晨一起床,这位法国人就要先喝点能治病的香树脂,喝完后显得神清气爽。晚上如果不吹长笛的话,他也会喝一点。他会自如地在一片小纸头上画他脑子里能够想到的任何东西,最常画的是他那位留在巴黎的女友的脑袋和秀腿。女友的侧影彼此很相像,唯有他画的那些秀腿却个个不同。

有一次,他给小男孩讲起两代王朝统治期间发生的决斗故事。他让小男孩站在离自己三步开外,教他如何丢手套以示挑战。他们没有持剑,可当亚历山大大喊一声"您被杀死了!"时,他还是感到无比欣慰。

总之,他常给亚历山大讲述巴黎上流社会的故事,讲剧院。只有一次,啜过一口香树脂后,他垂下了头,痛哭起来。

2

开春,全家去看望住在扎哈罗沃的祖母玛丽娅·阿列克谢耶芙娜。米哈伊洛夫斯克村离得远,再加上那里一切都乱糟糟的,谁都不愿意去。

在他一生中,这是他第一次出门上路和第一次分居。马车夫坐在车辕上,没完没了地哼着一首没头没尾的歌,时不时地鞭打一下驾辕的马,随后马车驶入有深深辙印的土路,两边的农舍里还烧着没有烟囱的炉子,四下里全是丘岗,田野和小树林,全都光秃秃的,被最近的一场雨洗得干干净净的。他贪婪地谛听着这曲陌生的音乐——车辚辚和车夫的歌吟——吮吸着新鲜的味道:松焦油,微风。几只毛茸茸的黑狗,龇着牙,快活地吠叫个不停。

这是一条大路,父亲和伯父有时候会对此路骂个不停——丘陵起伏,肮脏泥泞,沿途偶见几个空旷无人的岗亭,在丘岗上,地主的住宅如花边一般泛着白光。

在路上无人会以无穷无尽的训导令亚历山大烦忧。

他喜欢出门旅行——如果可以,他永远不从车上下来。路上的坑坑洼洼令所有人都摇摇摆摆的。

纳杰日达·奥西波芙娜沉默了一个冬天了。

谢尔盖·里沃维奇早知道得不到她的回答,可还是希望她开口,于是,便用甜蜜的声音疾速地问道:

"我的心肝,勒布伦①的那本小书,你还记得吧,就是我前几天刚读过的那本,在哪儿吗,我怎么也找不到,该不会是亚历山大拿走了吧?"——回答他的,是陌生的目光和空气的沉默。即便真是亚历山大拿了这本书,她也不会关心这种事的。她极善于沉默。谢尔盖·里沃维奇因难受而渐渐地蔫了,他开始给她送礼物,有一次甚至送她一枚最新式的扣钩,或许他这也是为了吸引别人的注意力吧——他是在饭桌上说这话的,还说野物馊了,并且叹了口气,把盘子推开,一口也没吃。野物是自家的,是冰冻的,而且真的有些馊了,但纳杰日达·奥西波芙娜

---

① 勒布伦(1729—1807),法国诗人。——译注

始终一声不吭。谢尔盖·里沃维奇和她聊天时始终叹息不已,而且他的叹息各个不同,时而小声而又深沉,伴随着耳语,时而大声而又疾速。

旅途中夫妻俩相互之间明显变得和蔼温柔多了,进入扎哈罗沃之前纳杰日达·奥西波芙娜又赌气了。在兹维尼戈罗德,谢尔盖·里沃维奇深受感动:阳台上坐着一位贵族小姐,正用极其嘹亮的嗓音歌唱着:

既然你已摧残我

火热心中的一切希望……

纳杰日达·奥西波芙娜的脸上忽然蒙上一丝阴影,眼神晦暗,胸膛起伏,呼吸急促。她眼睛一眨不眨地,贪婪地死盯着谢尔盖·里沃维奇。谢尔盖·里沃维奇察觉她的目光,缩回脖子,转过身来,装出万事不关心的样子对车夫说:

"快赶,赶快点——睡着了!"

他的妻子一旦吃起醋来是非常可怕的,下手很重。

发现谢尔盖·里沃维奇喜欢听人唱歌,纳杰日达·奥西波芙娜咬紧牙关说:

"都老掉牙了!像蚊子叫似的。"

在扎哈罗沃,全家人分散开来单独活动。谢尔盖·里沃维奇手捧一本法文书在小树林散步。树林不大,但常有姑娘们进去采野果。

纳杰日达·奥西波芙娜坐在池塘边,一连数小时盯着湖水发呆。究竟是什么东西吸引了她的注意力,这对仆人们来说始终是个谜,亚历山大和他的家庭教师在路上走动。玛丽娅·阿列克谢耶芙娜两手一摊说:

"大家全走散了!"

孩子们住的是破旧的厢房，位于主屋的一侧。奥连卡和妹妹们住大屋，亚历山大和尼古拉以及教师住的是一间特殊的屋。

鼻子尖尖，脸色发黄，模样俊俏的奥连卡是个假善人来着。安娜·里沃芙娜姑妈曾经教过她如何为爸爸、妈妈、弟弟尼古连卡、弟弟萨什卡做晨祷和晚祷。奥连卡和尼古连卡两人挺好，她便从早到晚在主屋里讨祖母和母亲的欢心，而尼古连卡和她形影不离。她那两条细长腿急不可待地迈着小碎步，只要一被人察觉，便立刻蹲下来。

尼古连卡是父亲的宠儿，他有一只普希金家族特有的尖鼻子。而他在发脾气、生气和软弱时，已经学会像父亲那样耸鼻子了。他已经和亚历山大打过几架，还跑去向父亲告亚历山大的状，父亲则反过来又向母亲告他的状。

父母吵架对于亚历山大反倒没有什么不好——家人会把他和孟德福暂时忘到一边儿的。只有祖母有时候会揪起他的下巴，直勾勾地盯着他，严肃地看着他的眼睛，最后拍拍他脑袋，不知所措地叹息着。

从他的窗户可以看见那个池塘，池塘周边种着一些打蔫的小白桦。池塘对面是一个绿得发黑的小松林。纳杰日达·奥西波芙娜就因为小松林的郁郁苍苍而喜欢它——这样的小松林自有一种新鲜的、郁悒的哀歌的韵味。——而谢尔盖·里沃维奇却不喜欢它。主屋和厢房都坐落在一个山冈上。园子四边种的都是古老的槭树。扎哈罗沃到处都有前庄园主留下的痕迹——一排槭树和一排白杨：这正是古老的，早已被人所忘怀的林荫道的遗迹。

谢尔盖·里沃维奇在小树林里读着树枝上刻写的，早已变黑了的外国人的名字。树上常常可以看见一种古老的象征符号——一颗被利剑穿透的心，下面有三颗圆点——是从箭镞上滴下的血滴。人名都是两两成对的，说明情人们的幽会已经过去很久了。

扎哈罗沃曾经多次转手——这是一个历史不长，非世袭贵族的，鲜有欢声笑语的庄园。任何人在这里都住不长久，主人在这儿住着就像到人家里做客。

谢尔盖·里沃维奇被所有这一切笼罩全家上下的悒郁消沉而堕入绝望，他开始思考逃离的对策。

只有无家可归的孟德福觉得住在这儿挺好：他像鸟儿似的打着呼哨，表情冷淡，速度飞快地画着扎哈罗沃的风景。但全都是老一套——锯齿般的林梢，和所有池塘一般无二的池塘，主屋的位置是一座带尖顶的壁垒式要塞。他常领着亚历山大到维亚泽姆，是旁边一个富裕的村镇，他每次都能在那里丰富自己香树脂的储备和库藏。

扎哈罗沃庄园的农民都饶舌。维亚泽姆有一座差不多是在格都诺夫时期建造的钟楼，旁边有个小教堂，可就连当地的老年人也拎不清是何人所见，说不清在这里，在维亚泽姆从前究竟有过什么。

百无聊赖的谢尔盖·里沃维奇突发奇想，节日里带全家人到维亚泽姆参加日祷。

把普希金一家人拉到扎哈罗沃的那辆破旧的轮轿式马车，吱吱扭扭地响了一路，似乎随时都有可能散架。村妇们惊讶地打量着外来的老爷们，并对其深深鞠躬。

"这就是四轮马车，瞧这铃铛。"普希金一家经过时她们议论纷纷。

维亚泽姆的大钟被打碎了。

做礼拜时谢尔盖·里沃维奇发现一个肤色白皙的小姐，是邻居家的女儿，便偷偷地瞟了她一眼，可那女孩非常胆小，一不注意就溜了。谢尔盖·里沃维奇开始对这个乡村老式的、半瞎眼的神父产生了不满——

神父没有对来扎哈罗沃参加礼拜的老爷给予足够和应有的关注。

晚上他和孟德福聊了会儿天,孟德福认为信仰对普通民众来说是必不可少的。但他从神学书中了解到的无可置疑的东西,只有一个:圣人即使在极乐世界也得干活儿,但该书中更重要的是讲化装舞会那一章。谢尔盖·里沃维奇在进过维亚泽姆的教堂以后,觉得孟德福的话很对他的心思。他感觉自己绝对是个侯爵。这天晚上的最后一个节目,是由孟德福朗诵斯卡隆①描写阴间的诗:

> Tout prнs de l'ombre d'un rocher
> J'aperзu l'ombre d'un cocher,
> Qui, tenant l'ombre d'une brosse,
> En frottait l'ombre d'un carrosse. ②

谢尔盖·里沃维奇喜不自胜地抱了抱坐在旁边的亚历山大的脑袋。

维亚泽姆有非常喧闹的集市,——声音如此之大,以至醉汉的歌声竟然能传到扎哈罗沃,令玛丽娅·阿列克谢耶芙娜伤心不已:

"对,就好像在客栈里似的,对老爷爱答不理的。"

她说这话时声音很小,心底暗自对这个新庄园感到失望,本地的农夫们也对扎哈罗沃来的地主们爱答不理的。

亚历山大和尼古连卡则游泳,听灌木丛中的啼鸣,和孟德福一起去维亚泽姆丰富其香树脂的储备。有一次,落在后面的亚历山大看见一幕

---

① 斯卡隆(1610—1660),法国诗人。——译注
② 法语:在岩石的阴影下/我发现车夫的鬼魂,/鬼魂又用刷子的魂/抹去了轮轿式马车的魂。——译注

奇美的景象：一个胸部丰满的尼姆法①正散乱着头发在河里游泳。尼姆法在水里时起时伏。亚历山大的心脏怦怦直跳。少顷，有人从远处向尼姆法喊话：

"纳塔丽娅！"

尼姆法用手掌拢在嘴巴上，声音嘹亮地回答什么人道：

"喂——唉！"接着又开始在水里沉浮上下。

晚上，刚一入睡，就有什么人吻了吻他的额头。

两天后，他在小树林里遇到一位穿白裙的小姐，手捧鲜花。他惊呆了，立刻觉得没有这个小姐，他是没法活下去而会死掉的。孟德福深施一礼——这是邻近那座庄园里的小姐，可他对她的姓氏都记得不清楚，是尤什科娃，希什科娃，苏什科娃，quelque chose②奥娃。

此后亚历山大开始经常进小树林，可过了好久她都再未出现。最后，他终于断定，尼姆法肯定是在夜里去的小树林，于是，他麻痹了孟德福的警惕性，在月光下一个人来到了那条熟悉的小路。果不其然，她就坐在长椅上，正对着月亮长吁短叹。一条细薄的三角围巾垂落在她胸前，这正是他和月亮一起在某人的诗中读到过的那条透明的围巾和白皙的乳房。

听到沙沙的脚步声她注意地谛听着周围的动静，以扇掩面，喘息也变得粗重起来。看见亚历山大，她吃了一惊，紧接着就笑了。她的确是在等一个人到来。她两颊红润，裙子轻薄。她和亚历山大说起了话。他想回答一两句，可嗓子却发不出声，于是就慌慌张张地跑了。

---

① 此处指年轻的姑娘。——译注
② 法语：反正有点儿像是。——译注

3

扎哈罗沃宁静而又平和的生活甚至包括扎哈罗沃本身，都令谢尔盖·里沃维奇感到厌恶已极。他似乎生来就不适合过宁静的分居生活。有一次吃饭时他说他得尽快回莫斯科，如果继续耽搁在扎哈罗沃，他的前程就毁了。可是，他却怎么也走不了：就在他动身离开的那天，尼古连卡病了，三天后就死了。任何人都对这样的结果毫无防备。

安葬弟弟时，亚历山大环顾四周。那是一个温暖的早晨。优柔寡断的父亲被人搀扶着跟在棺材后面。纳杰日达·奥西波芙娜不用任何人扶，默默地走到教堂。眼望着父亲的奥连卡哭了好长时间，眼泪怎么也下不来，她便装出哀怨的样子使劲儿啜泣，实际上她从心底里为弟弟感到怜惜。小列武什卡是被大人抱去的，但就连他也丝毫没有破坏葬礼的礼仪：他始终在睡觉。只有亚历山大一个人显得很冷淡。他和大家一起机械地把手放在额前，却未能认出一周前他还曾经逗弄过的那个人。死去那种奇特的平静的面容令他无比震惊，这是他生平头一次见识到的死亡。

一个耄耋之年的老人，穿着大粗呢外衣，倚着拐杖，坐在教堂门口的台阶上。他向老人弯腰规规矩矩地行了个礼，给老人脚下丢了几枚铜币。

鸟儿的啁啾和白石围墙在这天早晨的他眼里显得分外新鲜。教堂那座古老的钟楼日渐倾斜，似乎随时便会倒塌。周围是一片史前般的寂静和安宁。维亚泽姆的村妇们一声不响地挤作一团。而尼古连卡就是被安葬在这家教堂的。母亲紧紧抱着列武什卡，一直抱着他回的家。

从这天起，纳杰日达·奥西波芙娜在所有孩子中，她能注意到的就只有列武什卡。她对亚历山大看都不看一眼。反倒是谢尔盖·里沃维奇开始关心起他来。

过惯了没有常性的生活的谢尔盖·里沃维奇，对于这次不幸缺乏心理准备，除了恐惧别的他什么都没体验到，而是堕入了一种令人吃惊的怯懦状态。时而喋喋不休若无其事地叨叨个没完，时而却又在吃饭时忽然大恸，涕泗滂沱。由于哀痛他开始没完没了地睡觉。

"Que la volonte du ciel soit faite!"① 有时他又会无奈地摊开双手，粗声大嗓地叹息着说道。

由于亚历山大没哭，同时也为自己并非总是怀有悲伤情绪而感到担忧和懊恼的谢尔盖·里沃维奇，责备亚历山大没有心肝，心肠硬冷。对这一切全都漠然置之的纳杰日达·奥西波芙娜留心周围的一切。在儿子死后，夫妻两个和解了，在对亚历山大及其行为的看法上取得了一致。亚历山大冷漠、没心肝、不知感恩。孟德福对他的影响并不像他们所期待的那样。

没等到秋天来临，普希金一家就离开了。动身那天早上亚历山大心思很重，临动身前忽然没了踪影。家人找到他时是在林子里，他坐在地上，身子倚在长椅上。

普希金一家那辆不幸的四轮轿式马车丁零咣当地启动了，行进中的马车发出干燥的、像是即刻便会散架的呻吟声。

那个失去家园的法国人，和亚历山大并非坐在马车上，灌饱了香树脂，嘟囔道：

---

① 法语：愿主的旨意成真！——译注

Oh! L'ombre d'un cocher!

Oh! L'ombre d'une brosse!

Oh! L'ombre d'un carrosse!①

---

① 法语：呵，车夫的鬼魂！/啊！刷子的鬼魂！/呵，马车的鬼魂！——译注

第七章

1

天亮了,他醒了。屋里笼罩着一种虚幻的、若明若暗的光。泛着日光的白床单上,列武什卡还在睡梦中,孟德福打着呼噜。他仔细谛听着。他的听力像一头被猎人惊醒的野兽一般敏锐而又迅疾。

街上传来一辆农家马车缓慢的吱嘎声——运水工出发了。凌晨时分,万籁无声。

他飞快地从床上爬起来,悄无声息地从半开的门缝里钻出来,蹑进父亲的书房。他光着脚,只穿一件衬衣,一头扑坐在皮椅上,屈起一条腿坐在身子下,也未感觉到寒冷地读起书来。那些蒙着蓝色封面的小书他早就不止一次读过。他知道庇隆。在那本破旧的小书里有一幅木刻:庇隆是一个胖乎乎的老头子,有一副沉重的下巴,一双骗子式的眼睛,和一副吃惯了甜食的厚嘴唇。庇隆曾亲手为自己撰写了墓志铭:"这里躺着庇隆。他生前不曾有过显赫的身份,甚至连院士都不是。"曾经写过欢乐童话——他已经能够读懂这类童话的寓意了,他甚至比对调皮滑稽而又狡猾诡诈的伏尔泰还更喜欢。他最喜欢的英雄是魔鬼,可姑妈安娜·里沃芙娜只要一听人提到魔鬼,就会呸呸呸直吐唾沫。但庇隆笔下的那个魔鬼是个乐天知命的年轻人,总是聪明机智地捉弄和愚弄那些修女和圣徒。他不无哀伤地想到,莫斯科就找不到一个像这位皮糙肉厚的诗人的人。

他喜欢旅行。他喜欢在旅行中对城市各俄里数都要有准确地描述:俄里数越多,说明离其父母越远。

父亲的书桌上放着一期《莫斯科公报》,这份报纸一周能收到两次。他读了读公告。酒铺出售酒类的名称——克利科香槟酒,莫埃特,阿伊——在他眼里那简直就是音乐,而音响本身也正是他朦胧中所万分喜欢的。

他不读俄文书,家里也没俄文书。谢尔盖·里沃维奇的确在读卡拉姆津的杂志,但却从不花钱购买。

窗台上躺着一本已经被丢弃的杰尔查文的书,是从什么人那里借来而未还的,他只读了一页就丢下了。

有一次,一本书引起了他的注意:抽屉被打开并拉了出来,显然是父亲忘了关了。他偷瞧了一眼,是一本厚重的,装订上等羊皮封面的书,还有五六本皮封面的小书以及几封书信躺在里面。羊皮书和其他几本书,原来都是手抄本,那几封书信都是诗和散文。他仔细听了听有没有人来,确定无人发现后便读了起来。

书全是用俄语写的,字体不一致,颇像尼基塔式老年人的方正体,到父亲纤细轻柔的笔体都有。这些本子,还是在近卫军团时,一位"堂兄弟"远亲当作礼物赠给谢尔盖·里沃维奇的,此人是个近卫军中尉,可从那以后就失踪不见了。这之后才由谢尔盖·里沃维奇亲手把本子一个个地写完。那些笔记本还散发着近卫军特有的,浓烈的烟草的气味。

羊皮笔记本名为《少女的玩具》,是一个叫伊万·迈尔科夫的写手写的。他把这本放在一边,痛下决心以后有时间一定通读全书,而又动手翻了翻皮封面笔记本。他读了几页,感到震惊,便停下了。这吸引力要比耶芙丽安娜那种机警的双关语大一百倍。在第一页上,他读到几首短诗,是献给已故皇帝保罗的:

> 保罗的事业有多么伟大睿智,
> 就像涅瓦河上的航标证明……
> 在保罗胸像上题写的是:
> 呵,你呀,全俄罗斯人民睿智的母亲!
> 为什么却干出了那么多卑鄙无耻的勾当!

接下来是写"各部部长的特点"的诗:

> 你比所有人都聪明,科丘别依,
> 就是此刻当下,你也能把我杀死,
> 比所有人都狡猾的是洛布——
> 眼睛比所有的黑猫都严厉。
> 契恰戈夫比世人都粗野,
> 扎瓦多夫斯基是个吝啬鬼,
> 而鲁缅采夫则比所有人笨,
> 这就是我们这里的精英群。

此处有一个批注,写得极其简要,是对各个部长特点描述的一个回答:

> 即便你打我，
>
> 也不过是你众多主意之一。

这些短诗内容上的天真无邪，以及诗中对于俗语体的应用，在他看来非常搞笑。诗中提到的那些人名，也都是父亲和瓦西里·里沃维奇伯父在有关公务的平淡乏味的聊天——对这些谈话谢尔盖·里沃维奇永远都不满意——时，有时会偶然提到的。

《给库塔伊索夫的一封信》：

> 是时候了，咱们该分手了，
>
> 呵，空虚而又傲慢的伯爵，
>
> 我们很快就得动身离开
>
> 这个你我居住过的地方；
>
> 我们在这里盗取了大堆的金钱，
>
> 在这里我们让多少人破产身亡
>
> 在这里我们只有一个梦想，
>
> 那就是无限制地占有金银财宝。

他非常喜欢诗歌和讽刺诗中犀利而又尖锐的寓意和暗示：

> 如果不是兰斯科依把你拯救，
>
> 事情可能会大不一样。

对现政府元老院的讽刺诗以其凝练和简洁而令他感到震惊：

元老院覆盖着一层灰蒙蒙、阴凄凄的尘土。

起来吧！——亚历山大呐喊道。他是起来了——他只是只龙虾而已。

最对他胃口的是歌唱特维尔林荫道的那首长歌：

瞧，阿纽塔·特鲁别茨卡娅；
正在玩命地奔跑。
她在向四面八方频频点头，
她把微笑赠给每个路人。
德高望重的爷爷，
踉踉跄跄地走在她身后……

毫无疑问：这诗写的是特鲁别茨科依一家人——爷爷和尼古连卡姑妈。他总觉得写熟人的诗总归有些特别之处。而在这张纸的背面，父亲用潦草匆忙的笔记抄写了一首哀诗，亚历山大认出这首诗是瓦西里·里沃维奇伯父去年写的，但这首诗里包含着一桩秘密。

几乎所有笔记本上都没有署名（只有羊皮封面上题有巴尔科夫的字样），只是偶尔在底下隐隐约约有几个字母，但这些字母一点儿也不像是书信和文件末尾通常的签名。

一个睡眼惺忪的女仆，打着哈欠，用湿手往脸上洒着水，走出下人屋，来到院子里。打算啜一口香树脂的孟德福的呼哧声，似乎从远处传来，可他正赤着双脚，只穿一件衬衫，在读《夜莺》：

> 这个调皮鬼鸟一直唱到天亮。
> "啊,这只鸟儿我是多么地喜爱!"
> 躺在床上的卡秋莎这样说道。
> "鸟的叫声令我全身血脉贲张。"
> 就在此时曙光女神升到空中,
> 她轻轻地,小心翼翼地
> 把太阳从海底拽到天空。
> 我的朋友呵,你该回家了。
> 也真是的,是该回家了。

在未生炉子的父亲的书房里,他却一点儿也不觉得冷,他的眼睛炯炯有神,他的心脏怦怦跳动。俄罗斯诗歌是一个谜,她被保存在一间密室里。俄罗斯诗歌写了沙皇,写了爱情,俄罗斯诗歌什么没写到呀,关于诗歌的各类杂志的讨论永远没个完。俄罗斯诗歌是他揭开的一个谜。

俄罗斯诗歌里充斥着似有若无的禁令、风险和意外。

早晨的钟声敲响了。传来了某人的脚步声。钥匙还插在敞开的柜门上。他飞快地打开柜门,把钥匙攥在手里,悄无声息地带在了身上。他只来得及让自己躺在床上装已睡着的样子。心脏怦怦地跳动不已,他心里充满胜利的喜悦。已经啜过树脂的孟德福,威胁地朝他竖了竖手指。

2

秘密书橱里的书一周内就被读完了。最吸引人也最令人惊恐的,是巴尔科夫。

根据法文书所述,他业已达到令人惊奇的爱的机械化水准。谜底原来比他所能猜测的近得多。爱情是一场不间断的、甜蜜但也不排除狡猾和欺骗的战争。根据其中一则铭文判断，他笔下甚至写到一些残疾人，在对巴克科斯的服务上，也能出类拔萃。但在巴尔科夫笔下，爱情——是小酒馆里一场疯狂的打架斗殴，伴随着桌腿椅子的飞舞，和声震屋宇的嘶叫和呐喊，以及一些被爱折磨得筋疲力尽的人们，像一群被逼得走投无路的马儿们，在白色的泡沫里翻滚。年仅十岁的他就对法国人孟德福耳熟能详的名著有所了解了。他读巴尔科夫的乐趣在于他读的是禁诗。

对于每次都禁止他出门的姑妈安娜·里沃芙娜，当谢尔盖·里沃维奇在餐桌前暗示某人在莫斯科出的糗时，他居然也敢于龇着满口白牙加以嘲笑。总之阅读此类书别有一番愉悦，由此他对父亲也增加了几分理解。对于父亲、母亲和姑妈对他进行的宣战，他应战了。

谢尔盖·里沃维奇没有发现珍本书橱并未上锁。家里到处透着一种无人管理，杂乱无章的气息：什么东西都不曾丢失，一切都在原位。但他有时候都觉得，人们都在偷偷摸摸，有人弄脏了他那件彩色的新燕尾服，于是他拧着眉头，挑起一场又一场吹毛求疵的无穷无尽的争议和抱怨，并且总是以大声叹气和啜泣作结。因为他不能对纳杰日达·奥西波芙娜大声嚷嚷，便只能对尼基塔喊，而尼基塔对此已经安之若素了。那件新燕尾服其实是旧的，而且也是谢尔盖·里沃维奇自己给弄脏的。

亚历山大已经 9 岁多了。奥莉佳 12 岁了。愿意不愿意都得再雇家庭教师了，因为孟德福一个人应付不了那么多孩子。对这个家庭教师是付酬金的，只有节日期间才被允许上餐桌，但教学效果十分可疑。从旁边那个校区来的，安娜·里沃芙娜推荐的神父说亚历山大·谢尔盖耶维奇神学课听不懂，教义问答课干脆逃课。纳杰日达·奥西波芙娜和谢尔盖·里沃维奇同样弄不大懂教义问答,以一种绝望的眼神望着萨什卡。

除此之外,孩子们还得有衣服穿,这无论对谢尔盖·里沃维奇还是对纳杰日达·奥西波芙娜来说,都是一个货真价实的负担。得到法国人开的小铺子里,为萨什卡和奥莉佳做裙子的呢料!孩子们个个一身破衣烂衫。阿琳娜为奥莉佳裁减了一件衣服,而做裁缝的尼基塔则拆了几件旧燕尾服为亚历山大做了件衣服。某次有一位路过的服饰精美人士偶尔走进哈科托尼耶夫斯基胡同,一眼看见几个卷发的男孩们身上穿的钢铁色细瘦的裤子,笑得眼泪都出来了。

3

瓦西里·里沃维奇过着上流社会人士的生活,而且正在走上坡路。巴黎之行将他置于文学家的前列。一个刚到莫斯科却即刻成名的年轻人巴丘什科夫,和他友善。挂在人们口头上的,常常是:巴丘什科夫和普希金。有时甚至是卡拉姆津、德米特里耶夫、巴丘什科夫和普希金。他家的宴饮已成一种时尚。厨师勃莱兹做馅饼,而瓦西里·里沃维奇则准备沙拉德字谜和限韵诗。客人们吃得好,笑得也很开心,而被素食生活折磨得够呛的谢尔盖·里沃维奇,却能在兄长家里找到本来也应是他的生活方式的那种生活。每天晚上瓦西里·里沃维奇就会亲吻安努什卡,绞尽脑汁地写即兴诗。安努什卡越来越漂亮,生了个女儿,瓦西里·里沃维奇给女儿起名叫玛格丽特,朋友们纷纷为无忧无虑的小玛格丽特干杯,碰得杯盏叮当作响。齐尔采被人们忘掉了。他披着一头卷发,穿一身巴黎式的燕尾服,淡黄色的裤兜里揣着即兴诗稿,一头扑进莫斯科的上流社会,毫无顾忌地操着蹩脚的发音,像在香榭丽舍大街上似的。而夜里却昏昏沉沉地躺在安努什卡的怀抱里,沉湎于温柔乡。

那个时代有利于此类现象的滋生。法国人对于他们昨天还加以詈骂的一切,今天便都能找到辩护的理由和根据。沙皇去了蒂尔西特和爱尔福特去会见拿破仑(像莫斯科人说的"去鞠躬去了",老年人甚至尖刻地挖苦说是"拜老爷去了"),人群被分成了不同的派别:年轻的"轻薄之徒"对事情的发展结果很满意,而老年人却个个义愤填膺。在一位老将军家的一伙年轻人中,老将军甚至把拿破仑称作"布阿拿巴",说得客人们都作鸟兽散,老头子倚着拐杖,不得不亲自叫仆人来搀扶。

瓦西里·里沃维奇在莫斯科上流社会的太太们中间,取得了非凡的成功。

"Oh, ce volage de①,瓦西里·里沃维奇!"他们不但这么说,还用手指对他做出威胁的姿势,见状他立刻发出呼哧声,蔫了,把一头喷过香水的头发弄得乱糟糟的。

老牌和新派贵族阶层,早就对一切俄罗斯的东西感到绝望了,他们认为国际旅行和漫游,才是唯一适合上流社会做的事情。一些耶稣会士在彼得堡的寄宿学校教一些达官显贵家的孩子拉丁文祈祷词和法国神学哲学,受教的有加加林家、戈里岑家、罗斯托普钦家、舒瓦洛夫家、斯特罗加诺夫、诺沃西里佐夫家的孩子。地主贵族太太们则急急忙忙皈依天主教。天主教修道院的院长先生茹尔丹和休留特先生,都是他们的教师。邻家的小儿子尼古连卡·特鲁别茨科依,如今也被送进彼得堡的耶稣会士教育。

谢尔盖·里沃维奇满意地聆听着儿子说法国话。瓦西里·里沃维奇喜欢和他长时间地谈话——和他聊天时,他好像觉得自己是在卡布齐诺

---

① 法语:噢,这个轻浮的家伙。——译注

夫林荫道上。

莫斯科的老年人们都让了一步。他们从此以后在彼得堡就没有什么分量了,就退休了,就遭到漠视了。因此,他们都站在反对派立场上。很快他们就被迫关注一位新来的天才。

他距离名誉很近因而陶醉于这种荣誉。他受邀去拜访——赫拉斯科夫——当今莫斯科业已退休尚在人世的荷马。在一间古旧的客厅里,在一种无声无息的寂静中,瓦西里·里沃维奇朗读了自己写的仿贺拉斯之作——《致缪斯的宠儿》。一家之主,在这首诗中被称为维吉尔的,早就认识并赞赏他。

哪儿有黄金杯?我们坐在炉前!
多么想让宙斯掌管这个宇宙呀。

这种自由思想令所有老年人们赞不绝口——让他们那些人在彼得堡随心所欲地掌管一切好了——只有他们的宇宙除外!黄金杯在哪儿?瓦西里·里沃维奇的吟诵伴随着呼啸声,就像带有强烈但又迅疾消逝的感情的塔尔玛①。

竖琴在哪儿?我们要歌唱。福玻斯把我们联结在一起。
罗斯各国的维吉尔以其在场
让我们滋生对科学的向往!

---

① 塔尔玛(1763—1826),法国演员。——译注

这里科学就指莫斯科大学,这家的主人曾经担任过其督学,而非诗人蓬勃的虚构和想象。

眼看着赫拉斯科夫也摆动起来,头上的白发随着晃动。这家里从前的那些太太夫人们,全都一致凝视着他。

而我将闻名于世界——

瓦西里·里沃维奇声情并茂地朗诵道:

啊,多么高兴,多么喜悦!因为我,我是一个诗人!

他像是就要虚脱了似的用手帕擦着额头。坐在安乐椅里的维吉尔站了起来。出席晚会的所有太太夫人们全都知道:他马上要与其亲吻并把竖琴传给瓦西里·里沃维奇。

可就在此时,瓦西里·里沃维奇伸进裤兜里的手在摸到手帕的同时,也摸出了那首即兴诗,一阵狂喜袭上心头。昨天他的即兴诗大获成功,这样的成功一生中也只能有一次。他觉得自己所做的一切,都是为了宣扬荷马和维吉尔,眼下,为了让太太夫人们开颜欢笑,他非常想朗读一些能令人愉悦的小品诗作——《致缪斯的宠儿》这首,对她们而言,也许有点儿像阳春白雪。他没看正在起身的赫拉斯科夫,而是做了个手势,大家全都安静下来。诗人开始朗诵。就这样一个重要的时刻被放过了:赫拉斯科夫又重新在安乐椅上落座。不过,听到题目,他的脸上现出赞许的神情。一个热情洋溢的作诗者!他认出他了!诗人在朗读他自己的《谈谈生命、死亡与爱情》。

从第一行起人群就涌起一阵慌乱。
如今我该如何起头?我发现当给巴拉班(鼓)
押韵时,"巴兰"(公绵羊)一点儿都不合适;
朋友们啊,想必你们也知道,寒鸦不等于野鸡,
而我都全心全意地爱你们,而且这不是什么骗局。

瓦西里·里沃维奇觉得那些可爱的女性们和荷马—赫拉斯科夫本人,马上就要灿然微笑了,便接着往下读他的限韵诗:

什么是我们的生活?——一部小说而已。
什么是我们的死亡?——一阵迷雾而已。
什么是最好的食物?煎牛排和咸鳕鱼干。
而如果我死去,那么我的尸体
也会被一只凶残的大乌鸦随心所欲地吞食……

坐在椅上的长者,莫斯科的维吉尔赫拉斯科夫,瞪大着一双黑眼,憋足了劲儿,招手请这位新出现的天才到自己身边来朗诵。

……死亡是一头凶恶的猛兽——卡巴(野猪)……
……坟墓也不是什么沙发,
而我只能坐进行李箱……

这时所有那些喜爱并了解文学的并且参加过赫拉斯科夫家的晚会的

莫斯科的太太夫人们,全都一下子突然爆发出热烈的掌声。朗读者感到十分幸福。一位老诗人颤颤巍巍地用一只颤抖的手拉着拐杖、或曰手杖,怒火冲天。老诗人脸上红涨,像小婴儿似的。他一口气喝掉一杯冷水——不是水杯而是喝酒的高脚杯——拂袖而去,不但没有传递他的竖琴,甚至连道别也免了。

第二天这位老诗人在谈到瓦西里·里沃维奇时,口气十分冷淡。

"一脑袋糨糊。"

而且出乎意外地又补加了一句:

"像公绵羊似的一头卷毛。"

4

兄弟俩的竞争结果昭然若揭。一个披着荣誉的光环,是公认的诗人,是莫斯科的浮华子弟。另一个却默默无闻,沦为无名之辈,正如年轻人喜欢说的那样:是许墨奈俄斯①脚踩的奴隶。

两个著名的怪人成为瓦西里·里沃维奇交往圈中的常客:"堂兄"阿列克谢·米哈伊洛维奇·普希金和彼得·伊万诺维奇·沙利科夫。一个是一名伏尔泰主义者和最严格属性的嘲弄者;而眉毛浓密的另一个却总是感伤而又悒郁,和蔼而又温柔,可一旦发起火来,却又狂放不羁。前一个穿衣戴帽随随便便,大大咧咧;另一个却时髦而又讲究,扣襟上总别着一朵小花。这两个人都有独特性,这两个人和瓦西里·里沃维奇形影不离,一起出现在所有的客厅,引起人们的普遍关注。瓦西里·里沃维奇尤其与"堂兄"的关系好,"堂兄"常常调侃他,两人在一起就

---

① 希腊神话中婚姻之神,类似月下老人。——译注。

像是在二重唱。人们也正是管他俩叫"二重组合":"两个普希金。"在这个二重组合中,谢尔盖·里沃维奇是个多余人,他无论在什么地方露面,人们都会管他叫"普希金的弟弟"。谢尔盖·里沃维奇自身的存在以及名字已荡然无存。从人们总是透过夹鼻眼镜打量他,从人们如何向别人介绍自身某方面,他都能感觉到这一点。于是渐渐地,他开始努力回避"这两个普希金",只参加这两个人不会到场的晚会或儿童节庆祝会。同样到处都有人在注意纳杰日达·奥西波芙娜,莫斯科那些老太婆们总是在私下里嘀嘀咕咕地议论她,相互用眼神指点她,于是,谢尔盖·里沃维奇即刻就重拾过去的信心,恢复了过去的独立步态。这位"普希金的弟弟"暗中嫉妒兄长的声望及其对阿列克谢·米哈伊洛维奇的关系而感到痛苦。为此他愤恨不已,心如止水,可爱可亲的面容也消失不见了,上流社会因此很难原谅他。

　　和莫斯科所有诗人一样,瓦西里·里沃维奇总是心不在焉,漫不经心,他猜出兄弟疏远的原因,而这对所有人来说都是不言自明。兄长的地位于他颇为有利。可当谢尔盖·里沃维奇不再在其以前经常造访的家庭中出现时,他开始担忧了。直到这时他才领会到"许墨奈俄斯的奴隶"这种说法的内涵,感觉到弟弟社会地位的下降。由于生来就斜视而且动作敏捷,迄今为止,他很少留意弟弟屋里蹦来跳去的那些孩子。有一次他偶然看见一个穿着奇特制服的家庭裁缝的孩子,这套衣服令孩子的样子像个小丑,像个 d'un bouffon①,他大笑不已,说:

　　"Oh,c'est un fran original②。"

---

① 法语:小丑。——译注
② 法语:这可是真正的原版。——译注

此刻他却陷入突如其来的沉思中。谢尔盖的命运——迄今为止很少占据他心头,但普希金家族却理应处处受欢迎,处处闪光辉呀。在老头子赫拉斯科夫那里遭到的小小挫折,根本不足以挫其锐气——如今一切都处于流变之中,作为一个半法兰西人,他对陈腐的老头子的意见不屑于理睬。他开始经常到弟弟家,并强迫自己关心萨什卡和列尼卡——从前他常把二人搞混。列尼卡眼下还只是个小孩,但却拥有超人的记忆力。瓦西里·里沃维奇有一次在有列尼卡在场的场合下,朗读了自己的一首即兴诗作,而列尼卡居然当下就把全诗复述了下来:

> 的确,我们是在此地欢乐地消磨着时光!
> 日日夜夜不间断地打着波士顿牌,
> 要不就是老不吭声,要不就是责备邻人……
> 真的,这样过日子真可以称之为天堂……

无与伦比的快速记忆力!这预示将来他能成为一个诗人。到那时在"两个普希金"之后便可以缀上第三位年轻的竞争者的名字了。一位法国佬在阿尔哈洛娃太太家的舞会上对两位普希金说过的那首牧歌,给瓦西里·里沃维奇留下了强烈鲜明的特点:

"普希金家族的名字极大地促进了机智的格言警句的发展,——你们全家人非常热爱语文学。"

列尼卡性格急躁,萨什卡性格倔强,野性未驯。不过,安涅塔姐姐看样子似乎对他尤为严格。小弟弟谢尔盖小时候同样令人难以忍受,他的性格也许就是这么形成的,他的性格中有时候常识占上风。

5

父母在不同的客厅里过夜。在此,在家里,仅仅是他们存在中的一个片段而已。家对他们犹如客栈,可以在此打个盹儿,歇口气儿,吵几句嘴,冲女仆们孩子们和仆人们嚷几句,最后,还可以在此过夜。他们根本没想到这个家和这样的生存方式就正是他们孩子和仆人们的生活方式。

亚历山大喜欢动身前的这段时光。父亲晚间打扮时他也在场。谢尔盖·里沃维奇是在书房换衣服的。在他身上,一个穿戴讲究的资深纨绔子弟苏醒了。他动作迅疾地用剪刀和小刷子清理指甲,仔细观看尼基塔如何用发烫的小夹子为他卷发,而拉杜洛克如何指挥他操作,并不时提出精细而有用的建议和指导。这之后他穿上紧束腰身的新燕尾服,在屋里来回走动,脸上做出各种表情,抿着嘴角,不时说几句断断续续的评语。他对着镜子不时拍打几下发型,看见站在自己身边的亚历山大,他会不自然地,有几分宽容地并且不无几分惊讶地对一个并不在场的人说:

"啊!你们也在这儿呀!"

说完,脚后跟咯噔响着,走出书房。

屋里忽然安静了下来。母亲脚步轻盈轻快,目光炯炯地走了出来。父亲同样打扮得光鲜亮丽,对母亲既恭敬有礼,又漫不经心,像对待某个别的女人那样。有一次亚历山大透过半开的门缝,看见已经打扮得西服革履的父亲,一头卷发,身上喷了香水,在门外等母亲,尖细的嗓音哼着某个曲子,浑然不觉有人正在观察他,忽然他微笑着嘟囔了句什么,动作优雅地蹲了下来。他在跳舞。母亲出来了,像每次晚会前一样呼吸急促，神采焕发。依旧姿势优雅地下蹲着的父亲，揽住母亲的细腰，母亲也欢天喜地地，温婉顺从地和他一起翩翩起舞，轻盈地迈动着一双短腿，凸凹有致的胸部剧烈地喘息着。少顷，母亲停下脚步，两人双双出门而去。

女仆屋里传来悠长的歌声，阿琳娜叹息连连，小声唠叨着。屋里很冷——为了省钱不怎么生火，莫斯科的木柴很昂贵。

有时候他会问父亲他们要到哪儿去，父亲咬着嘴角很不情愿地说："去看别洛谢利斯基老人。"

当时，莫斯科人全都纷纷去看望这位以喧闹而又多彩多姿的方式度过其风烛残年的，业已破产了的别洛谢利斯基老人。

"去布图尔林家。"

此时此刻，他会觉得儿子说话的声音令人不快——抑扬顿挫，声音严厉，甚至就连儿子所提的问题，也觉得很不体面。他小心翼翼地故意对儿子隐瞒上流社会的秘闻。可儿子懂得：这是一个奇妙而又无法穿透的社会。

6

但在这个冷冷清清，游牧部落式的家庭里，也不乏一切大为改观，洋溢着家庭特有的温馨气息、色彩、趣味和意义的时光。这就是冬天。

初雪给人留下了不可磨灭的印象。

阿琳娜表情庄重地走进屋里。

"夜里下雪了。"她伤心地说。

夜里在人们睡觉时，下雪了。

"这是什么兆头啊。"纳杰日达·奥西波芙娜犹疑地说。她非常害怕各种凶兆,对预兆深信不疑。在汉尼拔家族里,阿琳娜从年轻时就以舞者、歌手和女占卜者而著称。

"这个冬天会很冷。"阿琳娜小声说。

孩子们安静了下来。谢尔盖·里沃维奇略有些不安,遂反驳道:

"冬天冷有什么征兆吗?"

"雪多。"阿琳娜不太情愿地说。

"胡说八道。"谢尔盖·里沃维奇脸色泛白地说。

"当然是胡说。"纳杰日达·奥西波芙娜觉得阿琳娜似乎还有话要说,便连忙绝望地附和道。

中午时如果冰非常坚硬,边缘不易碎的话,说明冰在这一年都会很坚硬。而睡梦中下雪预兆将下大雪——没说的。大家全都乐了。

奶娘阿琳娜懂得很多父母不懂的知识,父母对她明显有所敬畏。家里笼罩着一种迷信的欢乐。亚历山大暗中希望奶娘说得对,希望这会是一个多雪的冬天。

白白的雪花覆盖了一到秋天就被所有人忘记并弃绝的变得黢黑的小小的园子,接着变成白茫茫的一片。屋里的灯火很早就点亮了,壁炉里噼噼啪啪、烈焰熊熊,像是有数十人在吵架。烛光显得分外明亮。燃烧的劈柴发出的刺啦刺啦声、噼啪声和呼呼声,充斥着全家。瓦灰色的炭在炉子里燃烧。

紧接着圣诞节来临了,风在每条街道上狂舞肆虐。铃儿响叮当,三套车在奔驰,骠骑兵们坐的无座雪橇在奔驰,在狂笑,在歌唱,打卦的时刻来临了。

纳杰日达·奥西波芙娜总是做噩梦,睡不实。谢尔盖·里沃维奇则睡得像婴儿一样沉,鼻子里总是吹着一个无休无止的怨怼的调子。随着冬季的到来觉也越来越多，纳杰日达·奥西波芙娜每天夜里总会梦见点什么。家里有一本破破烂烂的旧书，是斯拉夫字体，上面有所罗门王的黑色圆形标志，亚历山大对此书有一种迷信式的恐惧。这是智者马丁·扎杰卡的释梦——圆梦的古书。每个梦都有其意义。纳杰日达·奥西波芙娜的梦一般都很长，混乱不堪。如果梦一开头预兆破产和骗局的话，梦的结尾就会预言一笔意外的横财。谢尔盖·里沃维奇同样也做梦，但无论他怎么努力，总是记不住。只有一次他把梦给记住了：他梦见海军上将的老妻阿尔加玛科娃。纳杰日达·奥西波芙娜打开一本预言书。书上说老太婆预兆着精神的不快和朋友的欺骗。于是她又看了看"海军上将之老妻"这个梦——梦的谜底随即被揭穿。梦见海军上将之妻——圆梦的古书告诉她——预示着温存。于是谢尔盖·里沃维奇的梦就实现了。

一般说来谢尔盖·里沃维奇的梦远比纳杰日达·奥西波芙娜的梦糟糕贫乏，有时甚至很难猜测梦的含义。有一次，他在梦中用一个毫无关系的女性名字称呼纳杰日达·奥西波芙娜，而且对她分外温存。他说他又梦见海军上将夫人了，可这次没人信他了。此后很长时间他一直赌咒发誓，说这一切全都是纳杰日达·奥西波芙娜的幻觉罢了，说他实际上还是和平常一样叫她纳吉尼来着，但却无法说服人。一连两周他遭到鄙视，直到参加上流社会聚会时，纳杰日达·奥西波芙娜的怒火才烟消云散。

纳杰日达·奥西波芙娜对自己的梦深信不疑。有一次她要出门去会一位老情人——双泪长流，山盟海誓，快速出行，路途遥远。她哭了一整天，夜里也只睡了一小会儿。谢尔盖·里沃维奇唉声叹气，终究没敢问她那位早年的情人究竟是谁。纳杰日达·奥西波芙娜自己也不确定知道这个人的名字——他也许是个近卫军军官,早在认识谢尔盖·里沃维奇以前,就和她有过一次秘密约会,而这次约会差点儿以一场灾难收场。不过话说回来了,这样的结果未必会出现。此人早就结了婚,是一个苦哈哈的酒鬼,而且纳杰日达·奥西波芙娜此前从未有过一丝一毫想到过他。纳杰日达·奥西波芙娜不知道这究竟是个什么人而一个劲儿地哭鼻子。过了一个月,两个月,那个老情人始终没出现,但他毕竟会出现,梦是不会撒谎的。用别的梦来置换,对梦进行曲解在释梦中是可以允许的。

他们就这样以梦境来改变和充实自己的生活。

有时候纳杰日达·奥西波芙娜在做过类似的梦以后,会突然热力上升,心血来潮,要女仆们把桌子、橱柜重新摆放,重新变换房间的位置,俨然是到了另一个城市,住进了另一个家。

然而他们的生活中什么都没变,他们哪里都不去。

阿琳娜手拿一副脏兮兮的纸牌坐了下来,这副样子总是能在已经发誓不再赌博的谢尔盖·里沃维奇身上引起一阵愉悦的涟漪。惠斯特牌戏中的所有大牌,全都按顺序出现在他面前。

"打家庭卦,打感情卦,什么卦灵,什么会错,什么使心境平和。"

结果是道路,而使心境平和的是操劳。如果出来一个黑桃爱司尖儿朝上,纳杰日达·奥西波芙娜便会一句话也不说地把牌打乱,于是阿琳娜便重新开始打卦。打感情卦时出现一个方块王,还很年轻,心灵由于一笔钱和一封官方来信得到了安宁。或许是一笔遗产?命运就是这样决定的,也是这样被人蒙骗的。

孟德福也装出一副忧愁感伤的样子,严肃地请求阿琳娜给他算一命,阿琳娜推算出这位先生有危险,将要和红桃王有一番厮杀。

当人们把这个结果——此外并无其他结果——翻译给他时,孟德福是真的生气了。

亚历山大屏住呼吸,坐在角落里,观察着奶娘那双手的灵巧动作。父母的脸则时而苍白得毫无血色,时而又笑意盈盈。命运就是如此。

女仆们打的卦,要比这更可怕,更恭顺,也更悲伤。

有一次他看见女仆们打卦。父母出门了,阿琳娜领她们干活儿。孟德福喝了香树脂,递了一小杯给阿琳娜。

"先生,你腿脚不利索了,"阿琳娜谢了谢他后说,"总是香树脂香树脂的。"

这天晚上家里很安静,弟弟列利卡和妹妹奥莉卡早早就被安顿入睡了。阿琳娜附在亚历山大耳朵边上悄悄告诉他,说今天她要打一卦。保证他能安安静静无忧无虑地睡个好觉。等她打开一道门缝轻轻走出去,他又等了一会儿,等妹妹和弟弟都睡着,迅疾地穿好衣服,悄无声息地走出屋门。在遮阳棚下他披了件女士短毛皮大衣,戴上男士大檐帽。他走到院子里,躲在门后面,就在此时孟德福赶上了他。孟德福的好奇心丝毫也不亚于亚历山大,于是两人便开始一起躲在门后等。亚历山大的心脏怦怦直跳。

阿琳娜脚下踩着吱吱作响的积雪在院子里走动。他悄悄跟在她身后。她把女仆室的门欠开一道缝,压低声音对里面严厉地说:

"孩子们,出来吧。"

女仆室溢出一股温热的蒸汽,塔尼亚、格鲁斯卡,卡季卡一个接一个鱼贯地走到严寒中,手里捧着靴子。姑娘们赤着双脚走到洁净的雪地上,她们跑到院门口,每个人都把手中的靴子远远地抛在门外。

"呆头呆脑的家伙,"阿琳娜口气严厉地说,"才在这里打卦算命,那城里呢？谁给你们缝靴子？眼睛不管往哪儿看——都能看见莫斯科，你的靴子被盗，这下你可得找算命的。把雪地上的靴子拿开，你们真够笨的，有你们的苦吃。回答我的话。我们这儿根据声音算命。"

说到这儿，她才看见亚历山大，哎哟一声惊叫。亚历山大紧紧拽住奶娘的下摆，他答应不把这件事告诉给父母。

"不然咱们就糟了，真是老不中用了——万一谢尔盖·里沃维奇醒来，老天爷呀，咱们可得吃不了兜着走了。"

姑娘们这下都害了羞，都不想当着少爷和老师的面算命。

"亚历山大·谢尔盖耶维奇还是个孩子，"阿琳娜说，"当他面可以，先生则比较任性，再说和咱们也不是一路人。当他们的面是可以的。"

于是姑娘们各自散开跑到一个胡同里。

卡季卡被猜出来了。周围静悄悄的，忽然从远处传来一阵细碎的、纯净而又频密的钟声——几辆雪橇飞驰而去，一会儿就没有了踪影。

姑娘们全都呼吸粗重，而卡季卡哭了又笑了。

"你往这边走，"阿琳娜赞许地说，"铃声很好听，幸好还很远，还得一会儿。"

格鲁什卡算中了——很快从胡同里传出说笑声，三个喝得半醉的小伙子笑着走出来。其中一个说："哎哟，胆真小！"看见姑娘们，他们笑得更厉害了，另一个本来已经开口唱了，忽然又忧郁而又好心地骂了起来，声音相当清晰。

格鲁斯卡叉开腿站在那里，石头一样的目光死盯着阿琳娜。

"没事儿，聊得挺好，没恶意，"阿琳娜说，"接下来该谈大事了，谈婚约了。嗓音不错，至于骂人嘛——这不好。"

说得格鲁什卡抽泣了起来。

塔基亚娜也算中了——原来就在眼前，从邻屋跑出一个毛茸茸的小黑狗，对着严寒，一声比一声更凶地吠叫着。

姑娘们都乐了。阿琳娜冲她们嘘了一声。姑娘们害怕了，连忙住口。

"丈夫生气了，"阿琳娜严肃地说，"看，这是一条多么毛茸茸的难看的狗哇。本地从前根本没有这种狗。"

塔基亚娜把脸藏在袖筒里，压抑着声音号叫起来。孟德福抚了抚她的脑袋。

"别哭，"阿琳娜说，"再忍一会儿。马上就会有个先生怜惜你的。"

"我的命真苦。"塔基亚娜上气不接下气的声音颤抖地说。接着她突然高兴起来，猛然响亮地吻了孟德福一下。姑娘们都乐了。

"喂，散了吧！"

说完，她又搂住孟德福的脖子。孟德福和大家都乐了。

阿琳娜生气地吐了口唾沫。

"你们这些臭不要脸的，有你们好瞧的。"她生气地说。说完便领着亚历山大睡觉去了。"这不合适，让妈妈撞上了，我和你们，我的老王爷，还有亚历山大·谢尔盖耶维奇，都有好瞧的。"

亚历山大很快地问了奶娘一句——塔基亚娜为什么哭。

"推算出一个爱生气的丈夫。昨晚姑娘们点火把了，她的火把怎么也点不着，这下不高兴了。这不就哭起鼻子来了。你们，我的老天爷，还不快睡觉去。不然老爷该骂了。"

亚历山大迟迟睡不着。孟德福没回来，最后终于回来了，喜不自禁的，悄悄地在黑暗中一个人乐儿。他轻轻叫了亚历山大一声。亚历山大装睡着了，法国人开始脱衣服，嘴里小声哼着一支不知什么歌儿。然

后,他喝了点儿香树脂。他竭力不吵醒孩子们小声哼着一首疙疙瘩瘩的小曲儿:

Oh, l'ombere d'une brosse①。

尔后,他幸福地打了个拖长的哈欠,这法国人一沾枕头就着。

而亚历山大根本就没睡。

在他头脑里,严寒,姑娘们踩得积雪咯吱咯吱作响的玉腿,铃铛清脆的响声,狗的吠叫,他人的悲欢喜乐,奇妙地搅成了一团。

一轮像松采夫叔叔秃顶的月亮,透过窗棂。壁炉里的煤已经燃尽,已经奄奄一息。阿琳娜悄悄地偷窥了门里一眼,走进来,蹲在炉前烤手。

他睡着了。

他能用法语说和写,就连思维方式也是法国式的。他的脸长得像那位黑人爷爷。但他的梦却是俄罗斯式的,和阿琳娜和塔基亚娜在这天夜里所做的梦一模一样。塔基亚娜在睡梦中抽噎地说:"除了雪,还是雪,要不就是风,或者就是家神在角落里穷忙乎。"

---

① 法语:呵,刷子的鬼魂。——译注

第八章

1

他已经十岁了。作为一个不招人待见的儿子,他和孟德福睡一个房间,学一些十岁的孩子该学的一切知识,但只要一捧起书本就精神焕发。他和他的老师两人常常一起散步,如今亚历山大对莫斯科的了解,比孟德福还熟悉。他熟悉所有胡同,知道哪儿的房子不大透光,像坐在这里长椅上的老人似的,还知道庄重典雅的库兹涅茨桥和宽阔的特维尔大街——那里的房子都很大,很宽敞,几乎都是二层楼。家家门口停着轻便马车和四轮轿式马车,农夫们熟练地做着馅饼生意。在库兹涅茨桥附近的法国小杂货铺里,出售闪闪发亮的丝绸。

散步是他最感到惬意的时光。有一次他看见一个奇特的大门,一个老人骑在一匹高头大马上,前呼后拥的都是些有钱人。马身上披着金线缝制的鞍垫,挽具全部都是用金银链子制成的。一班随从骑在马上,默默地跟着后面。老人抽着烟斗,脸上满是皱纹,吃了一惊的孟德福连忙鞠躬致敬,还以为自己碰见了土耳其大使。原来这是诺沃西尔佐夫老人在饭前散步,前呼后拥的都是他的仆人。另一次他看见一辆银皮外包的四轮轿式马车行驶在特维尔大街上,车后跟着一群好奇的路人:原来是加加林老人在去往玛丽娜森林的路上。

几位莫斯科老爷坐在装饰考究的以纵列驾车方式行进的四轮轿式马车上，几位黑人站在后踏板上。特维尔大街的贵族俱乐部门前，也停着一大片四轮马车。莫斯科所有那些怪人们，失宠的达官显贵们全都在这里奢华地安度晚年，对牢固的前途不抱任何幻想。

孟德福在透过夹鼻眼镜观察行人，他的步态不稳，双手也颤抖不已。他的地位每况愈下。阿琳娜在保护他，为他的弱点打掩护。有一次，因刚喝了香树脂而脸上红扑扑的他，晚上刚溜进女仆屋，就和纳杰日达·奥西波芙娜撞了个满怀，是阿琳娜提了些家务事，才把她的注意力引开。还有一次这位法国人给阿琳娜倒了一大杯香树脂，而她竟然连眉头也没皱，说为了这位法国老爷和亚历山大·谢尔盖耶维奇的健康而一口干掉。

孟德福有非常过硬的后台，住在彼得堡的哲学家兼耶稣会士德·梅斯特尔伯爵是他的庇护人。塔基亚娜曾哭着承认她罪孽地暗中倾慕过伯爵，这事最终主要是因为懒惰而崴了泥，而塔基亚娜被放逐到了米哈伊洛夫斯克的牲口棚。现成还有另外一件事——那法国佬有一次用他的香树脂款待了他的那位学生。嘴里灼热但味道却很好，亚历山大的脑袋发晕，嘴里一些莫名其妙的话语脱口而出，诗句中还夹杂着咯咯的笑声。老师和他的那位学生，两人都喝得烂醉如泥，沉入深深的、愉悦的梦乡。

毁了孟德福的是另一件事：他居然起意和尼基塔在前厅玩傻瓜游戏，被纳杰日达·奥西波芙娜抓了个正着。使人生气的是，他哪儿玩不行，偏偏在前厅，而且还和仆人玩。这下任何伯爵身份也挽救不了他了。谢尔盖·里沃维奇鄙夷不屑地耸着肩膀说：

"开头玩傻瓜，接着玩滚猪，然后玩尼基什，最后玩敲鼻子！不是挺合适吗?"

他就这样三言两语勾勒了一幅孟德福堕落流程图。这次他是以一个老赌棍的口气说话的。

第二天,把自己的全部财产装进一口结实的大旅行箱捆好后,法国人与亚历山大告别,凭记忆给他画了一匹快马,在下面用法语写了一句:"生命中最重要的是荣誉,其次才是幸福。"然后在这句名言下签署了自己完整的爵位封号和姓氏。

毁了孟德福的还有另外一件事,耶稣会士的学生、尼古连卡·特鲁别茨柯依借短期度假之故来看望父母,其间顺便拜访了一下邻居。他穿了一件黑天鹅绒、带领口和袖口的衬衫。他说起话来语调平稳,声音有点儿像是尚未睡醒似的,从始至终没有一刻提高或是压低自己的嗓门。听着儿子平稳而又体面的说话声,谢尔盖·里沃维奇忽然悲从中来:他儿子的法语说得十分刺耳,磕磕巴巴,很简单,但在他看来似乎显得有几分粗鲁。法语对两个儿子似乎都已经成为母语,可尼古连卡说法语像是修道院院长在说话,而萨什卡说话却像是个街头混混。尼古连卡在述说什么时,提到波瓦尔捷,发音像法语,读如"Povarskaja"。和朋友告别时,他说的是拉丁文:"vale。"(拜拜)而萨什卡和他比简直差远了。孟德福作为老师难辞其咎。

新来的教师丝毫也不像孟德福。他叫卢斯洛。

这位老师有一撮小胡子,鼻孔阔大,傲慢自负,他对自己有很高评价。阿琳娜从一开始就痛恨此人。

"那位先生是个二货,"她叹口气说,"愿上帝赐他健康,这会儿说不定又耍酒疯了。这匹公马。"

纳杰日达·奥西波芙娜和谢尔盖·里沃维奇对他的评价却截然不

同。纳杰日达·奥西波芙娜如今很少出门。有一次她穿着一件女短上衣，戴着早晨戴的包发帽。她的一只手微微抬起，见到这一幕的那位法国人怎么也无法掩饰或是根本不想掩饰他的赞美之情。她只是一笑了之：恭维话当然令她开心。从此以后，卢斯洛先生就俨然成了一家之主，成了苏丹和沙皇，像公鸡一样趾高气扬的。他和亚历山大说话时，话说得十分简短，断断续续的。他把自己打扮成一个老刀客，给亚历山大讲刀术课，像对士兵一样颐指气使。有一次他偷偷侦察到亚历山大潜入父亲书房看书，就惩罚他，严厉禁止他再这么做。如今师生二人已经很少一块儿散步了。卢斯洛逼着他坐下读有译文的法语单词本和算术。卢斯洛还是诗人，他还亲耳聆听过拉辛的朗诵。谢尔盖·里沃维奇偶尔也会玩玩朗诵。接着他就开始朗诵自己的诗作，纳杰日达·奥西波芙娜日常喜欢这些诗作。这些诗作一无例外地都是献给一个骄傲的太太，这位太太的魅力令他倾倒，但却让他可望而不可即。其中有一首哀诗的结尾描写一位由于爱情而濒临死亡的诗人的叹息：

Ah', je meurs! je meurs①

纳杰日达·奥西波芙娜吃饭时把较肥的一片肉夹在了他的面前。卢斯洛先生脸上泛起了红晕。

有一天一辆黑色的四轮轿式马车停在普希金家门口，一张脸色黑黄黑黄的老人的脸，头发微黄中泛白，眼睛却很显年轻。从车里往外看。一个老法国人仆人，头发稀疏，身穿仆役制服的老仆，跳下后踏板，问孟德福伯爵在不在家，德·梅斯特尔伯爵欲求一见。

谢尔盖·里沃维奇慌了。德·梅斯特尔伯爵是撒丁王国国王终身使

---

① 法语：哎呀，我要死了，我要死了！——译注

臣，虽然被剥夺了领地，但据传闻，是个耶稣会士，是彼得堡的神秘名流，哲学家。

谢尔盖·里沃维奇请德·梅斯特尔伯爵进门。老头子在他家只待了5分钟，听说孟德福早就不在这儿了，看见向他弯腰鞠躬的卢斯洛先生，老头子用锐利而又生气勃勃的眼睛盯了他一眼。谢尔盖·里沃维奇张口结舌：这目光是睿智的，他想象中的耶稣会士的目光，也正是如此。他絮絮叨叨地说了一大篇，说遗憾的是，孟德福伯爵出门了，说在眼下这个艰难时世教育孩子的费用很高昂。谢尔盖·里沃维奇的话匣子逐渐给打开了。他表示非常喜欢孟德福伯爵，对他的弱点总是无休无止地惋惜，但他的弱点对于一位教师而言，是完全可以原谅却无法容忍的。法律要求具备的知识日益增多，一想起孩子的教养问题就让他头疼。

老人用习惯而又凝注的眼神看了小男孩一眼，心不在焉地笑了一笑，然后重又盯着卢斯洛。

"应当教育孩子的，不是智慧。"他望着卢斯洛说。卢斯洛不由得端起了架子。"况且教人以智慧这很难，这和以智慧著称不是一码事。"卢斯洛眼望着一边。"不应该让孩子背负沉重的知识的负担。应当教育孩子一些别的什么。您对教育在巴黎所取得的成果是熟知的吧。"

接着他由于怕冷而缩了缩脖子，把一条黑披巾系在细瘦的脖子上就走了，丢下一群人困惑不已。

很快德·梅斯特尔的四轮轿式马车就消失了。

谢尔盖·里沃维奇开始向所有人讲述德·梅斯特尔伯爵造访的故事。他根本不看萨什卡和列尔卡，对奥莉佳的在场似乎也一无所知，只是一味喋喋不休地说什么如今的教育是一件十分艰难的事业，当耶稣会士们断言，说最重要的事情，不是智慧，而是趣味时，他们说得太对了。上帝保佑所有科学！德·梅斯特尔伯爵百分之三百是正确的。

对于这条意见以及有关德·梅斯特尔伯爵造访的消息，人们都在毕恭毕敬地聆听着。

谢尔盖·里沃维奇的讲述往往是这样开头：

德·梅斯特尔伯爵最后一次到我家时……

2

出乎所有人意料，莫斯科的一切发生了彻底的改观，就连空气本身似乎也变热了。老人们的骄傲和自豪达到了前所未有的高度。他们对所有人都笑脸相迎，老相识们之间的联系重新恢复了。人们之间的亲缘也重新被想起了。谢尔盖·里沃维奇忽然想起贵族学院也600多年了。于是又一次打开证明册。很快他很久未曾谋面的卡拉姆津就温暖了他的心。

造成这一切的原因是国家和彼得堡层面的。莫斯科一直孤零零地独自过着自己的生活。老人们总是在大声喧哗，像聋子在人群中说话总是声音过大一样，因为他们总觉得别人听不见。作为一名退休人员，他一门心思总想往莫斯科跑，以便有机会大着嗓门哇啦哇啦地嚷叫。在莫斯科所有人都听老太太的。莫斯科是个女人的王国。她们像大蟾蜍似的坐在贵族俱乐部的大安乐椅上，威风凛凛地观望四周。她们每个人都有自己的仆人和敌人。她们对所有往事都记忆犹新。所有人都牢记不忘，奥弗洛西莫娃的褒贬臧否和有关希特洛娃的逸事笑话，在莫斯科早已取代了公报的地位，因为后者人们只在战时才会读。整个冬季莫斯科就像一个新娘集市，把未婚女子们装进马车里，从四面八方小心翼翼地掖好藏好,然后在整个秋天,把这些稀世罕见的商品通过条条大路运到莫斯科,而在关卡前马车都不得不停下来。教堂的尖顶被涂上了一抹金黄,园林黄了又绿了,未婚的女孩子们的心脏也紧缩了起来。随后便有人把她们展示给莫斯科那些老太婆们过目,老太婆们看后,便会挑一些将其置于其庇护之下,很快在某次舞会上,姑娘们的命运就被决定了。老太婆们下判决,穿衣服,扯闲篇。然后又开始撮合上。许墨奈俄斯的所有奴隶,屈服于石榴裙下的小男人们,破产的赌徒们,仕途不知为何总是不走运的人,构成了莫斯科的中间年龄层。谢尔盖·里沃维奇在莫斯科自我感觉绝佳,因而痛骂彼得堡。褒贬和传播新闻是他的一大爱好,也是今日莫斯科处于中间年龄层的人们的一大爱好。

莫斯科的年轻人全都举止轻浮,嘟嘟哝哝,多愁善感。他们说起话来全都软绵绵的,所有男性全都在说话时避免说粗鲁的发音而 с、ж 不分、总爱说:женщина(女人),ноглег(过夜)。

彼得堡有宫廷,有国家机关,就连彼得堡的文学也别具一格:有陆军上将希什科夫在那里坐镇。他对莫斯科那帮唏嘘之辈嗤之以鼻,甚至就连卡拉姆津本人也不放过。他对所有法兰西老师们和那些贩卖时尚的小铺子都颇为警觉,建议人们都读《月书》①。加夫里洛·罗曼诺维奇·杰尔查文还在喷泉街上苟延残喘,还在为子孙后代书写冗长的有关颂诗的通报。

但问题不在他们身上,也不在老年人身上,更与年轻人无关。问题在于,当莫斯科仍在呼吸,仍然在因油腻的薄饼而发胖,因瓦西里·里沃维奇、勃莱兹的馅饼而赞叹不已的时候,出乎所有人意料的,一个书

---

① 一种祈祷经文和使徒汇编。——译注

吏掌握了政权。

老人们都习惯这么叫斯佩兰斯基。① 起初有一些流言蜚语在流行，说沙皇随身带了善于"奉承讨好"的书吏，紧接着流言就被证实了。随后又有流言传来，说波拿巴曾和这位书吏亲口说过话，似乎对他还相当客气。这些老人们尽管一味地千方百计地指责拿破仑，但仍然感到自己落伍了，随后他们就断定，书吏和拿破仑是穿一条裤子的。而当诏书一个接一个颁布时，所有老人全都明白了：拿破仑时代已经到来了。第一道诏书是关于宫廷各类头衔的，第二道是关于文官等级的。从叶卡捷琳娜二世时代起，就开始有上流社会的存在了。地位崇高的上流社会人士是在上流社会人士的消遣活动中度过一生的，他们从摇篮时期起就荣膺了宫中低级侍从和与其相适应的五品官衔。婴儿在向他们那肥硕的妈妈展现着笑容，被从一个保姆手中转到另一个保姆手中，慢慢变成宫中高级侍从官，和与之相应的四品文官官衔。然而，空闲时间塑造了他们的品位和趣味，随着时间的迁移，这种品味或趣味会被彼列库西希那的近侍女官所看重，而即使没有出现类似的幸运机遇，他们最终也依然会混到高级官衔，从而得以参与国家事务。贵族所享有的自由便是如此。

1809年4月3日，如今已经在彼得堡站稳脚跟的书吏，发布了一道诏书，从而结束了一切。宫中低级侍从和高级侍从的称谓的确不足以赋予其以任何官衔，因而只被视为一种功劳。与此同时，任何人都有责任在两个月期限内选择其所从事的实际公务类别，而不显示其愿望者则

---

① 米哈伊尔·米哈伊洛维奇·斯佩兰斯基（1772—1839），俄国国务活动家、改革家，共济会会员。出身贫穷教士之家。其改革措施由于触动了贵族利益而遭到强烈反对，加之改革过程中出现失误，最终导致失败。其本人也于1812年被解除职务。——译注

被视为辞职。许多无论是在其生活方式还是思维方式方面都未能做出任何改变的高尚人士，忽然在两个月之后被退休了。特鲁别茨基－科莫德家的三代人全都具有官衔，也都具有公职，和往常一样坐在家里，坐在自己所在的科莫德，忽然就被解职了。全家上下都一片惊慌。那个曾经称拿破仑为布阿纳巴尔特的老头子，威胁说要到彼得堡揍那个吃教堂饭的家伙，而使所有人更加恼火的税赋越来越重了。

"这家伙吃饱了，"老头子们说的也不知是斯佩兰斯基，还是沙皇，"还不如死鬼保罗呢。"

夏天，当莫斯科的老人们都在纷纷议论税赋问题，威胁说只要能不交钱宁愿去死的时候，那个书吏颁布了第二道诏书。从此以后任何人如果不通过考试或某种证明文件都休想晋升为八等文官。官吏阶层被责成抛弃一切旧有的习惯，一切自己固有的目标，不但不能和好心肠的捐赠者在家里促膝长谈，反而还得针对自然法和数学基础课复习准备应付考试。

如今所有荨麻种子都开始起而反抗了。

人们传说有一个书记官在欢迎贵宾的地方，在普鲁特卡当中痛哭流涕，还用一块又大又软的薄绸擦拭眼泪，以此吸引了普遍的关注。与此同时，那些看不出继续存在下去有何目标，并对应付考试也就是对于获得八等文官官衔感到绝望的在衙门工作的官吏们，要求给予这样的酬报，以至于光是这一笔支出本身便足以令国家的根基发生动摇。所有这一切都会导致非常严重的后果。

在第一道诏书颁布时就在所有方面谴责"荨麻种子"的莫斯科那些老爷们，如今开始称斯佩兰斯基是牧师的儿子和免去教职的教士。

各种品味和癖好由于普遍的危险的存在而暂时被忘记了。莫斯科街道的人流变得很稠密：从早晨起人们就纷纷往外跑，以便了解公众的看法。谢尔盖·里沃维奇每天早晨开始履职。所有办公室如今都在做一件事，那就是重抄针对斯佩兰斯基的新诗。谢尔盖·里沃维奇每天都带回一些新作，读过后便珍藏在自己的秘密抽屉里。

这些诗都写得很尖锐。有一首写办公室里的哭泣的作品被称作《哀诗》：

> 哭泣吧，办公室的办事员、科长和秘书们！

这首诗里有一句非常辛辣的诗，当即就成为一句俗语：

> 哎呀呀，好一个可望而不可即的文官八品！

不过这首诗的写作更多的是出于嘲讽官吏捍卫诏书的目的，那些官员们刚开始还来不及分辨，所以，抄写时把有关诏书"貌似反动"的内容也一并抄录下来了。

谢尔盖·里沃维奇倒是比较喜欢"萎靡不振的贵族这一思想"，全诗写得很糟糕，但表达却十分有力：

> 贵族至今都无法忍耐留里克，
> 但大家却都把俄国当作主人。

关于"牧师的儿子"诗中写道，说他"像个肥皂泡似的飞来飞去"——接下来："俄国被一把木剑斫伤，混沌也得以久长。"

针对斯佩兰斯基的题诗则是另一类的——题诗写得很短，出自那位把拿破仑称作布阿纳巴尔特的将军的兄弟之手：

> 牧师之子展现了伟大的奇迹，
> 忽然用科学令所有贵族折腰。

大家都对科学发怵。医生学医学，神父学神学。贵族中也不乏怪人和艺术科学事业资助者，他们读的是拉丁文书，但却一定得学习各门科学去做医生却不是贵族该干的事情。贵族是依据其精神的品性和所建立的功勋而获得爵位的。在科学、贵族爵位和封号之间没有任何关联。宗教学校学生发起了混沌，把一切都给搅乱了。

谢尔盖·里沃维奇不知为何比别人更加气愤填膺。一想到宫内低级近侍和宫中高级侍从从此以后再也不算是一种爵位而只是"称号"这一点，就让他难以忍受，虽然无论他环视其亲戚中的任何人，都不曾是前者也非后者。他气得连话也不会说了。"这个当官的斯佩兰斯基是个 cette canaille de。"① 他谈及斯佩兰斯基的样子就好像此人早先曾经在他领导下的部门当过差似的，说及其姓氏时带着鼻音。

一般说这的确是谢尔盖·里沃维奇性格中的一个特点——他很容易与任何一种反对派立场认同。有时候他会对着壁炉喁喁私语，和母亲奥丽嘉·里沃芙娜一模一样。有一次他甚至一字不差地重复了她的话，呼哧呼哧地说一切不幸都来源于奥尔罗夫一家——居然挤进了达官显贵行列，从此便乱得不可收拾了。无论你说什么，贵族称号使人有权摆出上

---

① 法语：浑蛋。——译注

流社会的文雅风度,而上流社会人士的文雅风度本身,如果用好妈妈奥丽嘉·里沃芙娜的话说,就代表着恭敬礼貌客气,总而言之,就代表着一切温良恭俭让!而且它不但意味着客气礼貌,也意味着善于炫耀的能力,意味着幽默和机智。而谁如果不懂得这一点,谁就不值得与之交谈。虽然谢尔盖·里沃维奇的历史概念极其模糊,但他的感情却极端强烈。

在这些日子里莫斯科有多少支羽毛笔在嚓嚓嚓地书写——官吏们在纷纷抄写贵族写给沙皇的那些诗句。甚至就连坐在自己书房里的谢尔盖·里沃维奇,面对一张白纸,也用细细的笔尖写下了如下字句:

最仁慈的君主!

但接下来却什么也没写下去。

大家全在等待着卡拉姆津发言。

3

老朋友们都说卡拉姆津变得孤高自傲沉默寡言了。卡拉姆津觉得自己和所有人的关系都断了,而眼下还要进行非常繁重的工作,他断然决定长期离开莫斯科。最后,他终于得以在姑妈的阿斯塔菲耶夫庄园创办了一家酷似于鲁索夫宫式的艾尔米塔什。广阔的园林,活水池塘,浓密的菩提树荫取代了朋友抚慰着他的心灵。善良而又年轻的妻子如今对他而言成了历史的缪斯科丽娅。莫斯科人开始对他感到有几分敬畏。偶尔他也会回来说三两句重要的话,丢下某种意见和神秘的笑容。在他身上,对别人身上的恶习的宽容如今成了重要的特点。好心人松采夫——

妹妹丽泽特的丈夫——怕他如怕火。此刻在莫斯科浮荡的骚乱把他从隐居中召唤回来了几周时间。

谢尔盖·里沃维奇高高兴兴地前来把他拜访。他们两个很久没见面了。他花了好长时间思考什么时候去合适,主要是怕妨碍主人工作,但最后仍然选择不了合适的时间。他想了一会儿还是把那些莫斯科诗稿塞进口袋,穿上一件新的燕尾服,叹了口气就出门了。

他受到了很好的接待,没有别人,只有他们两个人坐在半明半暗的书房里,坐在简简单单的家具上,而且卡拉姆津连灯都没点。卡拉姆津话说得很少,甚至令人觉得坐在深深的安稳的安乐椅上的他始终在打盹儿,倒是谢尔盖·里沃维奇无话不谈地说个没完。而且最先谈及的,是彼得堡陆军上将希什科夫的野蛮行为,此人居然敢于公开辱骂尼古拉·米哈伊洛维奇。不久前,他还写道,说什么瓦西里·里沃维奇是个不信神的愚昧之徒,是个放荡鬼,是御座的死敌。

卡拉姆津微微一笑,轻微地表达了自己赞许的态度。他根本不是什么法国迷,把他的名字和瓦西里·里沃维奇相提并论这种做法稍许显得可笑。

他问谢尔盖·里沃维奇他可爱的妻子身体如何。谢尔盖·里沃维奇对之表达了真挚的谢意,开始抱怨教育孩子有多么多么难。如今对贵族阶层也要实行考试和科学了,这让人不能不为贵族的前途担忧。前不久到过他家的德·梅斯特尔伯爵说的或许对:重要的是培养孩子们的趣味感和对父母的尊敬,其余就随他去吧!他作为一个正在成长中的儿子的父亲,对此深有同感。

此时卡拉姆津轻轻地告诫他,说不能把实质上截然不同的概念混为一谈:考试是一回事,教育是另一回事。无论是莎士比亚还是鲍涅托夫，没有教育都是不可能产生的。精致的大脑远比无知和愚昧距离自然更近，高尚的认识终究会理解这一点的。关于德·梅斯特尔伯爵，他的话说得有几分冷淡，说他不知道伯爵在莫斯科逗留过。然而，哎呀呀，考试却将持久地伤害科学本身！

谢尔盖·里沃维奇很快就忍耐不住地朗读了卡拉姆津的《一个萎靡不振的贵族的想法》。

这下子卡拉姆津似乎被激活了点。他凝神倾听着这些诗，有一页他还要求重读一遍。他两颊飞红。很快他便小声向谢尔盖·里沃维奇耐心而又和蔼地讲解所发生事件的意义。

谢尔盖·里沃维奇一动不动地凝坐在昏暗中。他贪婪地聆听着卡拉姆津说的所有话，而所有这些话语都是在提高他和巩固他。他两颊支在白白的衣领下，坐着，忘掉了纳杰日达·奥西波芙娜、萨什卡和列里卡，忘掉了债务和自己的家务。他再次成了他理应成为的那种人——一个拥有六百年家族史的贵族，一个上流社会人士，一个常常被人邀请去讲话的人之一。他陶醉于意识到这一点而给他带来的愉悦感中，以致卡拉姆津所说的话，有一半他竟然没听。他仅仅只是发自内心地对精微细腻地嘲笑书吏的话语发笑而已。

在未点燃蜡烛的半明半暗的昏暗中，卡拉姆津说如今的国会主席必须懂得荷马和忒俄克里托斯①，参政院巡按也必须懂得氧气和所有气体的特性，而副省长则必须懂得毕达哥拉斯为何许人……

谢尔盖·里沃维奇轻轻地笑了笑。

"……疯人院院长也得懂得罗马法……"

---

① 前4世纪末—前3世纪前半期，古希腊诗人。——译注

这一条谢尔盖·里沃维奇竭力想要记得牢牢的。

"氧气，毕达哥拉斯、疯人院院长。"他嘴唇翕动着重复道。

但两人谁都没察觉诏书和"诏书的睿智"这样的说法其实文理不通，文体风格太花哨，太阿谀奉承，如果此话无误的话，也可以说是带有神学气。

谢尔盖·里沃维奇想起自己带在身上的那张白纸上写着：

最仁慈的君主！

他像一个小学生似的红着脸，亲口向卡拉姆津承认自己太大胆了，太调皮了，但幸福而又充满自信的他相信自己会得到赞许的。他本来打算给皇上写一个奏折……这反映了他的心声！伟大的上帝呀！可是在莫斯科谁不想给皇上上奏折呀……

卡拉姆津住了口。他住了口，小心翼翼地咳嗽着，回答着谢尔盖·里沃维奇的絮语和浅笑。

谢尔盖·里沃维奇困惑地走出门，为什么今天起初卡拉姆津以真挚热烈的谈话对他表示尊重，可到后来却又对他那么冷淡呢。然而卡拉姆津自己也在其僻居独处的阿斯塔菲耶夫面对一张白纸一坐就是好几个星期，他自己也给皇上上过一封有关这位书吏给俄罗斯国家历史输入的精神问题的奏折。

4

从卡拉姆津那里回家后，坐在雪橇上的谢尔盖·里沃维奇碰见了亚历山大。儿子的模样令他一头雾水。

他一到家，就唾沫飞溅地、着急忙慌地、一刻不歇地、毫不犹豫地对纳杰日达·奥西波芙娜转述了卡拉姆津对她的问候和他们的谈话。

纳杰日达·奥西波芙娜在重大事务上从不与丈夫意见相左。他这种奇特的坚决果断把她置于一种左右为难的地步：谢尔盖·里沃维奇永远不习惯于让步，但一旦做出让步，就无法容忍拖延，他会情绪激动，呼哧带喘地像爆竹。恰好这天家里把谢尔盖·里沃维奇一件旧的燕尾服交给了德国人街上的那个裁缝，好让他给亚历山大改做一件制服。纳杰日达·奥西波芙娜在法国人的小铺子里买了花边。她花了好长时间对着镜子穿衣打扮，一早就出门买东西去了。家人全都活跃了起来，开始对孩子实施新式教育法。最后，制服终于做好了。戴着夹鼻眼镜的纳杰日达·奥西波芙娜上下打量着亚历山大，此前还跟那位德国裁缝拌了几句嘴。谢尔盖·里沃维奇消停了一个礼拜。可是，自从去过一趟布图尔林和苏什科夫还有不知什么人家以后，他忽然福至心灵地发现，高贵人家的子弟一般都被送到姚格尔那里学习舞蹈。

姚格尔是一个时髦的舞蹈教师，是他首次开始在莫斯科办班教孩子们学习舞蹈，组织孩子们在他那里举办化装舞会，家长们纷纷把自己的儿女送到姚格尔那里接受教育。制服就是根据他的建议缝制的——英国旗舰水手服，假发套，三角制帽，一切的一切，都事先经过温柔的母亲和裁缝的审查和检阅。

姚格尔的大厅被照得灯火通明。姚格尔老人本人个子很高，背稍稍有些驼，穿一身黑色燕尾服，他走到台上，拉起了一把口袋大小的微型小提琴。孩子们脸上挂着与其年龄相适应的淡漠的表情跳起了舞，跳得规规矩矩有模有样的。舞场周围坐着一圈莫斯科的老太太，她们坐在一起品评着每对父母，不时地把孩子叫到身边赏他们吃刚才口袋里拿出来的蜜糖饼干。姚格尔家的晚会渐渐成了一种时尚。老太太们骂这个德国人教得不好：孩子们像着了魔似的挤挤擦擦，闹闹哄哄，每家的母亲都骂他收费昂贵——可却往脸上贴一副俏皮膏,一窝蜂似的往那儿跑。

谢尔盖·里沃维奇对纳杰日达·奥西波芙娜说该把亚历山大和奥莉佳都送到姚格尔那里学习去。纳杰日达·奥西波芙娜高高兴兴地同意了。于是决定把亚历山大打扮成个土耳其人,而把奥莉佳打扮成希腊女人。纳杰日达·奥西波芙娜逛了三天时尚用品铺。她为孩子们的化装舞会所购买的丝绸,价格非常昂贵。她欣赏这些丝绸欣赏了两天,最后决定还是把它们留给自己用。谢尔盖·里沃维奇咬了咬嘴唇。他非常渴望到姚格尔那里去,有一次吃饭时他宣布说光荣的舞蹈教师佩恩果已经同意教孩子们舞蹈了。

"他比姚格尔更棒,"他不够自信地说,"姚格尔不过是个老骗子而已。"

前来参加午宴的安娜·里沃芙娜姑妈对兄弟丝毫不愿意为教育孩子多付出的决定感到吃惊。

"哎呀,谢尔盖呀谢尔盖,你会后悔的。"她说。

谢尔盖·里沃维奇自己也多少有些为佩恩果的邀请感到困惑。

他在屋子的两角之间走来走去,而安娜·里沃芙娜则仔细地观察着孩子们的反应,看样子他们还无法评价父母对自己的关怀。

尼基塔点亮了客厅里的蜡烛,而光荣的佩恩果来了。他个子不高,很瘦,两条腿细得像麻秆,穿着带扣绊的矮腰皮鞋和丝袜。他年纪已经很老了,但精神饱满,虽然脑袋总在摇晃。

母亲领着奥莉佳和亚历山大的手,把他们领到房间中央,安娜·里沃芙娜坐在三角钢琴前,舞蹈课开始了。

"Глиссе,滑步。"光荣的佩恩果用撕裂的嗓音说道并发出沙沙声。他的脚步不够坚定,他醒目地摇晃了一下脑袋,想要起跳却跳不起来。

亚历山大怀着一种不可描述的厌恶领着被吓慌了的奥莉佳。奥莉佳竭力想要下蹲,嘴里发出无声的嗫嚅:

"Un, deux, trois...① un, deux, trois..."

谢尔盖·里沃维奇看着光荣的佩恩果,却并未关注女儿和儿子。安娜·里沃芙娜使劲敲击着钢琴。

"Тур сюр пляс!Тур сюр пляс!②"

佩恩果让孩子们停下来。他们不懂得节拍,踩不到点儿上,就是走路,而且不会旋转。他稍稍兜起燕尾服的后襟,努力在脸上保持微笑的模样——奥连卡就应在脸上露出这样的笑容。佩恩果满是皱纹的脸上两只眼睛发出冷冷的光,像公鸡一样迈着轻快独立的步伐,脑袋由于年老而始终摇晃着——而亚历山大就应当这样出场。随后他开始缓慢地转起了圈子。他拧着眉头忧郁而又冷淡地看着父母,他既笨拙又冷漠,而且还踩不到点子上,弄乱了节奏。

姑妈一边演奏一边点头打着节奏,同时固执地用双脚打着节奏。

"Ан аван!③ Ан аван。"

佩恩果累了,用带花边的白手绢擦着额头的汗水,然后坐在安乐椅上。

这时纳杰日达·奥西波芙娜站了起来。她早就死咬着手绢,脸上浮起了一块块红斑。她透过眼前的一层云翳看着孩子们,泪水涌上了眼眶。这一整天她都感到很不自在——佩恩果如是说。此刻她看着自己的孩子们,感到自己受了屈辱,感到茫然不知所措。她以往一直是或一直

---

① 法语:一、二、三。——译注
② 法语:原地转弯。——译注
③ 法语:向前。——译注

觉得自己是个美人,人们都叫她漂亮的姑娘。而这个眼睛长得像猴子似的、皮肤暗淡、脚步笨拙简直像丑八怪似的小男孩,居然是她儿子。这个拱肩缩背、鼻子尖尖身材瘦小的,眼睛滴溜乱转的、头发平顺看不出颜色的小女孩,居然就是她的女儿。她感到莫名其妙的厌恶、愤怒和对自己苦涩的怜悯。她站起身来,紧紧抓住儿子的一只耳朵,拽住女儿的后脖领子,像扔小猫一样把他们扔到门外。

"丑八怪。"她连自己也没听见地嘀咕道。

佩恩果站了起来。

"孩子们有的行,有的不行,但根据第一次小步舞是无法评判一个舞者的。光荣的杜邦小时候照样也很笨拙。"

佩恩果说话和他跳舞一样很机械。他教了20年,老一套了,对一切早已习之若素了。

安娜·里沃芙娜使劲逼着自己对法国人笑了笑。她对纳杰日达这种奇特的表现感到屈辱:当着法国人的面不应该这样没素质。

谢尔盖·里沃维奇朝纳杰日达·奥西波芙娜奔去,和往常一样丈二和尚摸不着头脑。可她已经安静下来了。

光荣的佩恩果从此以后再未受到邀请。奥连卡啜泣了一阵,但很快就平复了:她对母亲的出格举止已经习惯了。临睡觉前,躺在被窝里的亚历山大忽然大声叹了口气——而儿童是从来不会这样叹气的。

母亲不喜欢看他,有时候会故意把目光转过去,似乎觉得不好意思。而他也总是不让母亲触摸自己。他以前从未想过这件事,而此刻却忽然全明白了。他是个丑八怪,他长得很丑,这令他很伤心。他回忆自己和奥莉佳妹妹随着音乐走台步时,总是由于屈辱而哭泣不已。此时此刻谁都不会走到他身边安慰他:阿琳娜在很远的某个地方。那个法国人坐在桌前，表情抑郁而又专心致志地、不问世事地用小剪刀和小刷子修剪着指甲。

5

瓦西里·里沃维奇请弟弟到他家便宴。纳杰日达·奥西波芙娜生病了。谢尔盖·里沃维奇随身把儿子也带来了。他不想带儿子去，可纳杰日达·奥西波芙娜非要他带。如果谢尔盖·里沃维奇拒绝的话，她便会以为人人都在欺骗她，会以为所谓便宴实际上还有即兴的芭蕾表演和法国演员参加。于是谢尔盖·里沃维奇便勉强带了儿子来。但其实瓦西里·里沃维奇家的便宴是没有女士参加的。他在莫斯科结交的新朋友都以不喜欢女性著称，他们都是些厌女症患者。

他的这帮朋友可都是些最时髦的人物。他们全都担任"档案馆里的士官生"职务，而人们简称他们是"档案馆的"。他们所担任的职务同样也很时髦：他们都在外交事务档案馆里工作或是隶属于这家档案馆，如今这家档案馆已经成为培养品行高尚的青年人的一个学校。他们全都在德国的哥廷根那里受的教育，因此人称其为"哥廷根分子"，或简称之为"德国人"。如今他们这些人正一个接一个地被伊万·伊万诺维奇·德米特里耶夫——此人正如老人们说的，在"司法部"任部长——从莫斯科吸引到彼得堡。在莫斯科他们反而成了过路客。他们的做派、习惯和趣味全都是新派的。他们待人彬彬有礼，彼此之间说话大都小声用德语交流，说话声就像乌鸦叫。他们的目光饱含着忧郁，他们相互对视的眼神充满了柔情，而以高傲的眼神看待他人。

瓦西里·里沃维奇起初本想发火，随后感到惊奇，而很快他就明白原来这是最新、最时髦的时尚潮流，而他和他那法语通的法语格言警句已经多少有些老掉牙了。就天性和秉性气质而言，他是个时髦人士，他认可和承认新出现的名流。况且他们这些人士都很有礼貌，"很可爱"——正如关于这些人人常常喜欢说的那样——他们和那些来自莫斯科各家俱乐部里的年轻浑蛋们不可同日而语，对后者，他是避之唯恐不及。在莫斯科，这帮人以"屠格涅夫的雏鸟"和"德米特里耶夫家的一窝幼崽"而著称，而他和所有人一样，十分尊重老人屠格涅夫和德米特里耶夫。他与之交情最好的是亚历山大·屠格涅夫，他发现自己和此人在精神上有几分相似之处：年轻的屠格涅夫是个爱好饮食的食客，活泼好动，一刻也坐不住。人很可爱，双颊下垂，大肚能容，他善于到处传播新闻逸事。他性格安静平和：柔情似水，大滴大滴的眼泪常常滴落眼眶，而饭后坐在餐桌前的他常常很快就打起盹来。他常常把哥廷根和德国人挂在嘴上，但就其天性而言，瓦西里·里沃维奇对他可谓莫逆于心：饕餮汉，好忘事，急脾气。

其他哥廷根分子就没有那么可爱了：勃鲁多夫是个饶舌鬼，但很狡猾；乌瓦洛夫外冷内热，心地善良，就是有点儿甜得发酸。达什科夫圆滚滚的，性情安静、高傲、动作迟缓。瓦西里·里沃维奇和以上这些人都很要好。不过话说回来，他有时候也觉得这些人很难理解：他们之间一定有些秘密，眼神飘忽躲闪，说话吞吞吐吐，欲言又止。他最不喜欢的是他们那种暧昧的嘻嘻奸笑——声音压得低低的，既淫荡又恶毒。有时候这些人忽然又变得一本正经起来，就好像他们知道某种他所未知的东西，于是他发怵了。大家本来正开着玩笑，忽然全都开始压低嗓门悄声低语起来，于是瓦西里·里沃维奇知道，他们这是在纵论国事。转眼之间，他们似乎看不见他的在场了，也似乎听不到他的提问。他胆怯了，说起话来也结结巴巴的。于是他们开始安抚他的自尊心：夸奖他的诗写得好。对此类赞扬他总是全心全意地予以反应，迎着夸奖就像鱼儿迎着诱饵游去一般。

总之他被这类夸奖搞糊涂了。这些乳臭未干的小二们远比那些老头子们更顽固，更 solide①。他们似乎很早就成熟而又很早就凋萎了。黄口小儿乌瓦洛夫接受了某种重要的委托出国深造机会，并在国外和一个叫斯坦因的德国人私交甚笃。斯坦因！普鲁士人的首领！他的名字永远都挂在他们的嘴上。他被拿破仑放逐，隐居于维也纳，炽热地热爱祖国，并在拿破仑眼皮底下组建了自己的民军和后备军。这个放逐者公然幻想全人类的自由——即摆脱拿破仑的自由，然而要知道就连拿破仑自己同样也——根据瓦西里·里沃维奇偶尔也会一读的《总会通报》判断——在幻想全人类的自由，而且首先是幻想摆脱了斯坦因的自由。对于瓦西里·里沃维奇来说，所有这一切都是天书，是胡说八道，子曰诗云。但他因此更加尊敬自己这些新朋友。

他那种迷信似的恐惧让他们都有了事情可干：乌瓦洛夫在做一些和希腊有关的事，他能自如地用希腊语写作。达什科夫甚至懂得土耳其语。而瓦西里·里沃维奇对于事关希腊的事物，他只知道阿那克里翁，而且还读的是诗人的译本。至于土耳其嘛，他只知道土耳其人有他们的后宫，后宫里有许许多多的宫女。瓦西里·里沃维奇有时候不得不与之一块儿吃饭的那位大司祭，在受惩罚期间，总是会引用这个事例作为耻辱和淫荡的反面例证。但瓦西里·里沃维奇不明白，这些年轻的老者们哪儿来的兴趣去钻研古希腊和土耳其，解析他们那些带弯钩的花体笔画

---

① 法语：更体面。——译注

和卡拉库里羔皮，对这类玩意儿，他是 pas un brin①。这类杂学是无法被纳入高尚教养的范畴里去的。这是些实用事务，干好了也不说明你能干，只是在浪费时间罢了，岂有他哉。只是当和土耳其人的战事爆发以后，他才对这些雏鸟们的高瞻远瞩钦佩不已：这下卡拉库里羔皮派上用场了。他们这帮人全都成了外交家。瓦西里·里沃维奇却对外交官阶层心存忌惮。

哥廷根分子们的学问压迫着他，令他感到发怵。总之他们身上有许多奇特的地方——他们几乎从不谈论女人，根本不喜欢女人，只承认友谊，一写信就大谈苦闷忧愁。他们的一个朋友，灵感勃发而又勤于笔耕的茹科夫斯基，对柏拉图式的爱情深表赞同。而如今这同样也成了当今最新的时髦——年轻的人们纷纷堕入沮丧和失望中无法自拔，整天讨论的都是如何自杀。乌瓦洛夫写法文诗大谈年轻时死去多么有益，这些诗被人们相互传抄，口耳相传。太太们在读这些诗时哭哭啼啼：年轻时死去的好处在他们看来是无可置疑的。达什科夫发表了一篇论自杀的文章遭到了友人高尚的反驳。他们怀着炽热的热情想要去赴死，但却又希望仕途上飞快晋升。

出现了一些新的类型的工作。瓦西里·里沃维奇从未怀疑自己可以，比方说，主持某个听取外国人——耶稣会士、萨满教徒、穆罕默德和犹太种族——忏悔的部门。他觉得这样的工作实在是太黑暗了。但如今亚历山大·伊万诺维奇·屠格涅夫恰好就任职于这个部门，在戈利岑伯爵的领导下工作。况且就连戈利岑自己起初也不过是个臭名远扬的小

---

① 法语：一窍不通。——译注

丑和百无一用的无懒汉，喜欢伽倪墨得斯①，而如今却担任一个最具有神秘意味的职位——主教公会的厅务总监！终其一生都充满了各种各样五花八门的职位。而那些新朋友，那些忧郁而又感伤的人们，他们对这座迷宫可谓心知肚明，在人们尚未觉察时便摇身一变成了干练而又招人喜欢的必不可少的人物。

尽管他们的性格各异，但瓦西里·里沃维奇很快就成了他们这帮人的志同道合者和文学战场上的同伴和战友。

在两个首都里，一场文学战争早就开场，持续好几年，一直未中断，反而愈演愈烈。看起来，除了卡拉姆津以外，似乎文坛不可能会有另外一种趣味，除了高雅品位外；除了真正的追求外不可能有另外的追求，除了卡拉姆津以外不可能有另外的文学先知。可忽然间彼得堡一个陆军上将希什科夫登场了，他发起了一场激烈凶恶的战争，起而反对真善美的朋友们。卡拉姆津本人也受到了攻击，继其之后，是德米特里耶夫，而瓦西里·里沃维奇在其之后也遭到了抨击。

反抗法国人的远征是希什科夫宣布实施的。而如果这次远征是针对不行的法国政变和雅各宾主义的话，瓦西里·里沃维奇兴许会十分"侯爵"——正如他对那些上流社会诗人们的称呼那样。而如果他起而仅仅反抗法国 outchiteli② 的话，谁也不会和他争论的：这些人即使消失无影了——瓦西里·里沃维奇也会感到无所谓，而希什科夫却对法国人的时髦小铺发起了一场战争！而且这还是一场反对情感语言的战争！反对哀诗的战争！

---

① 希腊神话中特洛伊少年，因美貌异常被宙斯掳去，在奥林波斯山上成为宙斯的宠儿和酒童。——译注
② 按照俄语发音用法语字母拼的单词：教师。——译注

他的表现煞像一个真正的名副其实的野蛮人——在一位朋友们写满了诗的可爱女性的纪念册里,他用半真半草字体写了一首野蛮的音节体诗:

> 你呀,小姑娘,无须白粉,却奶白奶白,
>
> 无须红粉,你却粉红粉红。
>
> 你是父亲和母亲的光荣,
>
> 也是年轻小伙子心中的隐痛。

令大家感到无比愤怒的,是诗中那个"小姑娘"词儿。"Cette noble① '小姑娘'!"瓦西里·里沃维奇说。

"哥廷根分子们"和德米特里耶夫的关系良好,而勃鲁多夫则是他们的亲戚,他们敬仰卡拉姆津,对上将及其"小姑娘"极尽嘲弄之能事,而瓦西里·里沃维奇却觉得自己在所有方面都堪称他们的志同道合者。他的心胸是为新朋友们开放的,对沙利科夫伯爵也同样如此。只有阿列克谢·米哈伊洛维奇·普希金极不恭敬地称他们是鼻涕虫,但他一般说却享有著名的牢骚鬼和投机者的美名。

瓦西里·里沃维奇心中不无忐忑地等着新朋友的到来,他对他们多少有些害怕。答应要来的有屠格涅夫、勃鲁多夫、达斯科夫;茹科夫斯基在莫斯科郊外的米申斯克村休养,正在全身心地钻研自然和柏拉图式的爱情问题,没必要对他寄予希望。他不来更好:瓦西里·里沃维奇在他面前总是发怵。乌瓦洛夫正准备动身去彼得堡也来不了。这倒没什

---

① 法语:这很高尚。——译注

么——他饭量很小,对饮食也不大讲究。老朋友里他在等沙里科夫和阿列克谢·米哈伊洛维奇表弟。就这些了,啊还有弟弟谢尔盖和他的黄嘴小儿萨什卡:这是他那个娜嘉穆拉托女人强迫所致。瓦西里·里沃维奇充分感觉到自己家庭所处地位的全部优越性所在:他在自己家里俨然就是个苏丹王、红公鸡,而安努什卡却像个忠实的奴隶,任何事情上都不敢违背他的意志。她照管着家务,关心老爷和家人,而一旦来了客人,却悄悄藏在远处的屋子里。

客人们拍了拍年轻的亚历山大的肩膀,而屠格涅夫甚至拥抱了他。

新生智者和爱说俏皮话的老年忍耐的相会可以说是再愉悦不过了。和所有干练的人们一样,智者们也喜欢无所事事。他们都是些臭名远扬的活宝,智者勃鲁多夫还写过一篇关于裁缝的爱情表白:

啊,是你往我的胸口

打上了补丁——

这首诗就放在谢尔盖·里沃维奇所工作的那个局里。

大家全都被这个裁缝搅得神魂颠倒。于是,紧接着就出现了官员、执事、医生、警察分局局长及其他阶层人士爱情的表白。

阶层及其语言和文化教养的程度——所有这一切,都是斯佩兰斯基在人们耳边喋喋不休絮叨的内容。这些各阶层人士不是各用自己特有的方式来表白其爱情了嘛。这的确很可笑也很微妙。

的确,新朋友们的无所事事和瓦西里·里沃维奇的无所事事似乎具有截然不同的内容。他们慵懒娴雅,生活奢华,但却带有某种东方的特点。或许这是因为勃鲁多夫和达斯科夫都是富人,年收入达到几十万的缘故。况且他们的欢乐也具有截然不同的内容。这不是一种机智俏皮，或伏尔泰和匹隆的 esprit①，这是一种德式笑话，很笨拙，很肉感，也很奥妙，叫诙谐。当那些智者们开玩笑时，瓦西里·里沃维奇强作欢笑地笑了笑。他得以因此而珍藏了一件珍贵的新闻：赫沃斯托夫伯爵的新文集出版了。

赫沃斯托夫伯爵是文学战争中涌现出来的一个杰出人士。在卡拉姆津那些极其年轻的朋友们中间，有许多人受到了赫沃斯托夫伯爵的影响，他们以赫沃斯托夫伯爵为生活唯一的内容，从早到晚在各家的客厅里讲述着有关赫沃斯托夫伯爵的新闻。这首诗中的所有内容都与无神论者阿列克谢·米哈伊洛维奇关于虚构性的学说相吻合。赫沃斯托夫娶了自己的侄女苏沃洛娃为妻，而喜欢胡说八道的大元帅因此而庇护他。伯爵在其诗作中表现得不光是缺乏才气，而且还显得无比胆大妄为。他深信自己乃俄国唯一有才华的写诗者，其余人都是在迷途而不知返。他称自己是来自库勃拉——这是一条流经其庄园领地的河的名称——的歌手，并且非常乐意把自己比作贺拉斯，因为他和贺拉斯一样写作的题材体裁非常丰富：他写寓言、颂歌、牧歌、献诗、题诗，还翻译过许多作品。他是个学者，收集整理了许多古代文学资料。他还有一个极其强烈的爱好——虚荣，即使是身上一文不名，他也无私地为其献身。人们传说，他在驿站等驿马时也会对驿站长们朗诵自己的诗作，驿站长们会即刻把驿马分配给他。许多人在从有赫沃斯托夫伯爵做客的客厅离开时，口袋里往往会塞着赫沃斯托夫伯爵的作品，是他本人或是仆人塞进去的。对那些表扬他的文章的作者，他往往会付以重金酬劳。他把自己的

---

① 法语：内心。——译注

诗作如雪片一般投给各家杂志和文集，以至于文学家们已经形成了一种与其交流才使用的特殊的语言，这不是伊索式语言，而是彻头彻尾的赫沃斯托夫式的——礼貌恭敬到了嘲讽讥笑的地步。赫沃斯托夫每月都要给其寄诗作的卡拉姆津，并未将其发表，而是给他礼貌地写了一封封的回信："可爱的先生阁下！您的来信及其附件均已收到。"等等。他称赫沃斯托夫的诗作是"附录"。

彼得堡的海军部门口有一尊伯爵的胸像。这尊胸像稍稍经过修饰：伯爵的脸很长，有一只肉乎乎的鼻子，整个胸像的线条简直带有古典的特点。他的名望甚至传到了外省。在一幅悬挂在许多驿站的木刻漫画上，表现了这位写诗者正在给一个鬼读诗，而鬼却急于跑开，写诗者着急地拽着小鬼的尾巴。在特维尔，人们以为他是个雅各宾党人。伯爵自费花钱出版的作品接二连三地出台，不久前还刚刚出版了一本伯爵最新的寓言全集。瓦西里·里沃维奇故意买了一本，寓言故事里的伯爵显得特别大胆。

于是很快就有了一种游戏：每个人轮流翻开书，看也不看一眼，随意用指头指定一页中的一个地方，就得从那里开始朗读。

由勃鲁多夫开头，他打开书，一指：

苏沃洛夫是我的亲戚，而我在编织诗文。

勃鲁多夫说：

"几句话就写了一部完整的履历。"

比这更好的开头就连瓦西里·里沃维奇本人也想不出来。大家全都容光焕发，一场追逐诗坛猎物的角逐就此开场。

这本书转到了阿列克谢·米哈伊洛维奇手中。他用指头碰了碰，读道：

　　脚下滑，
　　但不要跌倒。

谢尔盖·里沃维奇翻开的是寓言《蛇与锯子》。这标题本身就足够大胆的。伯爵喜欢把遥远的事物连贯起来。谢尔盖·里沃维奇尤其喜欢开头的几行诗：

　　钳工的工作台上有一把钢锯，
　　一条蛇不知为何爬了上去。

他好不装腔作势地读了这句诗，对此诗他只是不久前听人说过，但却并未完全理解：

　　钢锯的愚蠢里有某种崇高。

这句诗大获成功，人们怀着感激和敬仰之情聆听这首诗，而达斯科夫甚至显然在为谢尔盖·里沃维奇话说得如此得体而感到惊奇。

对自己极其满意的谢尔盖·里沃维奇本来还想继续游戏，但瓦西里·里沃维奇却无法忍受下去了。他坐在椅子上始终显得坐立不安，扭来扭去，随后他头很低地俯身看书，以致他的鼻子都开始妨碍谢尔盖·里沃维奇翻书了。谢尔盖·里沃维奇很懊丧，经过一番短暂的争执后把书让给了哥哥。本来书在他手上，可瓦西里·里沃维奇却冒着撕烂书的风险硬是把书夺到自己手里，就在这时赫沃斯托夫走到他身边了。

兄弟之间短暂的争执被大家看在了眼里。亚历山大觉得勃鲁多夫似乎向达斯科夫使了个眼色。

瓦西里·里沃维奇遇到了一篇非常幸运的寓言。于是他上气不接下气地，吐沫飞溅地朗读了起来——但却无法出声。

   狗鱼把鱼钩吞下肚里；
   为此心里闷闷不乐……
   于是它又挣扎又嚎叫……

一股激情大发作攫住了他。诗句像子弹一般射出来，带着口水和呃逆：

   我痛恨……我……自己……
   狗鱼……感慨道……

大家全都哈哈大笑起来。亚历山大龇出了满嘴白牙。但他很快就觉得人们嘲笑的已经不是这篇寓言和赫沃斯托夫，而是在嘲笑伯伯本人。瓦西里·里沃维奇已经笑得浑身瘫软，不断大声地打着喷嚏，竭力想要说句什么，终于在喷嚏和呃逆之间的间隙，嘀咕了一句什么话。他的处境很可怜。人们给他拿来了水，到最后，他叹了口气，把 я 读作 и，说了句话，并终于醒过神来。达斯科夫没有朗读，对此他有自己不读的原因：达斯科夫诗歌结巴。

于是便轮到沙利科夫伯爵了。沙利科夫睁开眼,用眼睛寻找了一番,惊奇地发现众人的在场,他读了几句诗,丝毫也不好笑甚至有些很出色。这原来是给《寓言》一诗写的题词:

> 这是一部罕见的书,却冒充是一篇虚构的故事
> 书在课堂上被人弄得浑身斑点和墨迹;
> 这书是一部喜剧,剧中有许许多多的人物,
> 故事发生地就是广袤的宇宙。

听的人全都半信半疑地斜眼瞅着。屠格涅夫要过书来,打开,翻了一页,读道:画面上表现的是一个农夫;全仗着手中的木棒,他居然把一头雄狮驯服。然后又随意翻了一页,再次读道:狗在飞跑,后腿踢后腿。

书这回到了沙里科夫手中,这回发生了奇迹,他碰上的是理性的诗歌。屠格涅夫狡猾地眯起双眼,突然叹了口气。勃鲁多夫和达斯科夫相互交换了一个眼色。游戏中止了,因为游戏开始把不好的一面转到瓦西里·里沃维奇一边来了:沙里科夫和他那些年轻的朋友们吵起来了。

问题在于,作为卡拉姆津的同道者和门徒,沙里科夫伯爵最近和一个人有了秘密交往,而此人不是别人,正是赫沃斯托夫伯爵本人。这些智者们并未对伯爵加以抱怨,但在他之前就有谣言传来,说他们在嘲笑伯爵,也嘲笑赫沃斯托夫。他曾经在一位智者们正在苦心追求的可爱的女士那里见到过一本画册,上面画有以他为嘲讽对象的漫画:画上画着一位花花公子,眉毛黑黑的,袜子薄薄的,鼻子大大的,扣眼里别着一朵小花。画的就是他,他大发雷霆,骂不绝口,刹那间对那位女士的好

感荡然无存。在人行道上常常有一些人怀着崇敬而又嫉妒的眼神盯着他看,他有时甚至能听见人们在他身后悄声议论:"沙里科夫,沙里科夫",而如今当他在什么地方一出现时,所有花花公子们却全都嘲笑不已。他是老了。卡拉姆津已经不再发表伯爵寄给他的诗歌作品了,但他也不发表赫沃斯托夫伯爵的诗歌了。

沙里科夫伯爵对所有嘲笑者都充满敌意。他感觉到:在文学斗争中,所有美的朋友,卡拉姆津的朋友全都会为了一枚小钱而出卖他的,会退却,会把他连头带脚地卖给敌人。他写了一封嘲笑撒丁王国伯爵的信,并且和他缔结了同盟。

在亚历山大面前展开了一场文学战争和对所有战略法则的背叛。

瓦西里·里沃维奇感觉不妙,便立刻改变了手中的武器——他开始向客人们展示他的图书馆。他收集了许多珍本书籍,而平常普通的版本和著作他根本看不上眼。他向客人出示了他从巴黎带回的极其罕见的珍本书,书里的图画放荡到了不可想象的地步,以致沙里科夫起初还嘿嘿直乐,随后却用手帕遮挡住了眼睛。大家全都震惊地盯着那幅画,人群中还有亚历山大。

这时阿列克谢·米哈伊洛维奇把事情给搞坏了。

"老兄呀,你究竟有多少这样的画呀?"他问道。

瓦西里·里沃维奇瞥了一眼这本小册子上白白的一页,上面被图书管理员画了许多有关这本书的各种符号、道道和杠杠,便回答道:

"30幅。"

"我有40幅呢,"表弟冷漠地说,"老兄,你被巴黎人给骗了。"

瓦西里·里沃维奇脸白了。书是他最大的爱好,如果别人也有一本一模一样的书,那这本书对他来说便会失去任何价值。

"你的是另一本。"他沮丧地说。

"和这本一模一样,只不过没有污点,边角也没有唾沫点。"表弟反驳道。

达斯科夫、勃鲁多夫和屠格涅夫显然开始对两个普希金的在场越来越感兴趣了。瓦西里·里沃维奇嗫嚅了句什么话,便急急忙忙把客人领到餐桌边。

便餐很成功,餐桌被细心地收拾过了。安努什卡从早忙到现在。勃莱兹生平头一次有模有样地做了一道法式鱼。瓦西里·里沃维奇亲自从一大早起就给勃莱兹以指导,巴黎的菜谱被他抄在一本小册子上了。马特洛特的确和他在 Gros-Caillou① 吃的一丝不差。小饭馆主人亲自对瓦西里·里沃维奇披露了制作这道菜的秘诀。只是所用的鱼是另一种,不是海鱼,而是江鳕,但这没有什么实质性差别。问题的关键在胡椒、盐、醋、芥菜及其比例。

客人们吃得很美也很多,唯有达斯科夫例外。

瓦西里·里沃维奇问他喜不喜欢马特洛特。这是对 Gros-Caillou 马特洛特的精确复制。

达斯科夫慢悠悠而又冷淡地说:

"不喜欢。"

达斯科夫诗歌结巴,很自尊,自视甚高。瓦西里·里沃维奇略有些生气。

阿列克谢·米哈伊洛维奇表弟面无表情地坐在那里,和往常一样拧着眉头。他说这道马特洛特似乎缺了点儿什么,接着还对英国餐饮支吾

---

① 巴黎一家餐馆名。——译注

了句什么。瓦西里·里沃维奇提高了警觉：表弟夸奖英国菜式这还是头一次。他到过英国，但除了潮湿、生牛肉和各种蛋类外，根据他的看法，英国一无所有。勃鲁多夫笑了笑。他低声说那里还有牛排。阿列克谢·米哈伊洛维奇用同样一种乏味而又颤抖的声音问瓦西里·里沃维奇，英国发明新机器时，他是不是正好在那里……

"是啊，难道不是你告诉我的吗？"他严厉而又不耐地盯着瓦西里·里沃维奇，心里回忆着，忽然说道："想起来了，就是你！可如今你却骂起英国人来了。"

"我说过什么了？"被搞得摸不着头脑的瓦西里·里沃维奇问道。

"说机器，你在伦敦见到过不是么……"

旁边坐的可都是旅游者。在瓦西里·里沃维奇身上，一个旅行者首次讲述吸引人的事物的自尊苏醒了。

"记不清了，也许见过吧。"他漫不经心地应道。

于是大家开始请求阿列克谢·米哈伊洛维奇讲讲这种新发明的机器，可他却只顾自己吃着马特洛特，好像什么也没听见似的，随即朝瓦西里·里沃维奇点了点头。而瓦西里·里沃维奇则耸耸肩膀，示意要表弟来讲。他无论如何也不记得自己曾经对他讲过什么机器的事儿，因而带着一种作者的自尊期待着自己的叙述出场。

客人们也在等待着。

最后，阿列克谢·米哈伊洛维奇断断续续而又不太情愿地冲着瓦西里·里沃维奇点着头，讲了机器的故事。在英国伦敦，刚发明了一种机器，样子很普通平常：铁条，小梯子，煞像一辆小马车。瓦西里·里沃维奇总算模模糊糊想起点什么。人们让公牛沿着梯子上去……但这显然是瓦西里·里沃维奇对于伦敦动物园的回忆。

"……活的公牛。把公牛领上……"

瓦西里·里沃维奇的确讲述过他所见到的伦敦人转运动物的情景。他朝表弟点了点头。

"……然后关上门。但关上的只是入口,而从另一面出口处,过一个半小时后,从机器里面便会吐出分离出来的牛皮、已经切好的牛排,牛下水,牛蹄子……"

瓦西里·里沃维奇张大着嘴坐着。他被这个故事给震惊了。

阿列克谢·米哈伊洛维奇从所有方面看都说得上很严肃。他显然是把瓦西里·里沃维奇和一个什么搞混了。不过,话说回来,如今英国机器的发明的确是日新月异,一个比一个奇特怪异。精神涣散,实际上只听见最后一句关于牛下水和牛蹄子半句话的谢尔盖·里沃维奇觉得自己好像在什么地方读到过有关机器的事儿。

"好像是在《欧洲信使》上有这么一篇文章。"他说。

屠格涅夫哼了一声从盘子上抬起头来,快速咀嚼着,突然笑喷了。这下把大家都给打断了。

瓦西里·里沃维奇同样也笑了,但不知为何紧接着就出了一身汗,便连忙用手帕擦了擦额头的汗。

"不不,"他微弱地反驳道,"我没见到过这样的机器,而且我对机器不怎么感兴趣。我只在一家咖啡馆见到里面有个女人,你只要付钱她就给你展示一番。"——于是瓦西里·里沃维奇上气不接下气地,唾沫飞溅地讲述了他所见到过的这个英国女人,由于窘迫他多少撒了个小谎。

"你是在哪儿见到的她?"表弟一字一顿地问道。

"在伦敦。"瓦西里·里沃维奇回答道。

"看一次要你多少钱?"表弟问。

"一英镑。"瓦西里·里沃维奇不情愿地瞥了一眼表弟,有点儿生气地说。

可是阿列克谢·米哈伊洛维奇却好像并未察觉这点似的。

"你是不是一分钱不花就想看一看这样的女人?"

"是啊。"瓦西里·里沃维奇恶狠狠地回答道。

"既然这样,老兄,你去马拉谢伊卡街的库切洛娃家右手边好了。去伦敦多远呀。"

于是,又和往常一样,一旦伯父和父亲因为赫沃斯托夫的"寓言"而吵起来时,亚历山大觉得人们似乎都在笑话他们两个人。他觉得勃鲁多夫眯起了眼睛,朝达斯科夫使了个眼色。可达斯科夫却不动声色,只用嘴角轻轻地短暂地露出一抹微笑。

伯父瓦西里·里沃维奇实际上也真的是很搞笑:亚历山大也忍不住飞快而又短暂地笑了起来,而那时大家已经沉默不语了,于是他连忙咬住舌头不敢出声了。客人们略有些好奇地瞥了一眼这个龇着满嘴白牙的小丑,他的一双眼睛滴溜溜乱转。从所有迹象来看他了解的远比所能期待的多,而且了解得比应该了解的还要好。

谢尔盖·里沃维奇即刻便开始抱怨教育孩子之难。需要海量教师呀!没有一个人能把所有这些氧气呀,毕达哥拉斯呀的知识全都集于一身,而这些知识如今却是就连监督员也必须知道的,因为这是出于monsieur de Speransky[①]的意志,因为他认为法国文学——尽管这不太

[①] 法语:斯佩兰斯基先生。——译注

符合 ce diacre de Speransky① 的意愿——对于培养感情、舞蹈这些无论如何都在优雅地发展中的艺术来说是极端必要的。噢,还是德·梅斯特尔在最后一次拜访他时说得对,说得十分对:上帝与这些东西同在,与所有这些物理学呀气体呀同在。况且就连尼古拉·米哈伊洛维奇也认为舞蹈对于青少年十分有益——这很有道理!但每个教师都或者只懂得氧气或者只懂得舞蹈。而为了要教育儿子,他可以说尽其所有,家里请来的教师无计其数:佩恩果教授舞蹈,大司祭教神学课,鲁斯洛先生教法国文学——而且从早到晚,毫不间断。好像只有耶稣会士能够提供优良的教育。

"老畜生佩恩果教孩子们小步舞,就是山羊和挪亚跳的那种舞。"阿列克谢·米哈伊洛维奇冷漠地说。

这位从前的普希金毫无来由的恼怒是全莫斯科人都了解的,这就和晚饭一定得有胡椒和醋一样自然。可是,谢尔盖·里沃维奇无法忍受他的这句冷言冷语,和以往一样,感到很恼火。

"佩恩果是老维斯特里斯的弟子。"他干巴巴地说。

便宴结束了。大家品着黑咖啡坐在舒适的安乐椅上,都显得比平时更和善。屠格涅夫和勃鲁多夫解开了西装背心的纽扣,如果他们不是吃得这么饱的话,他们是不会讨论教育问题的。

"可您为什么不把孩子送进大学附设的寄宿学校呢?"勃鲁多夫淡漠地问。

谢尔盖·里沃维奇很窘迫。的确,萨什卡长大了,他的同龄人的去向都已经定了,只有他一个,孤零零的还像个浑浑噩噩的少年。大学附

---

① 法语:这个魔鬼斯佩兰斯基。——译注

设的贵族寄宿学校旁边就有一个,离得不远,把萨什卡送到那里简直是再简单不过了。可是,娜嘉什么也不关心,全部重担全放在他肩上。他沉默不语,小心地瞥了勃鲁多夫一眼。不,这寄宿学校嘛……上帝保佑。他宁愿……要不彼得堡?

"您想把他送进耶稣会士的中等学校吗?"勃鲁多夫问。

谢尔盖·里沃维奇稍有些恼火地回答了。无论是他关于斯佩兰斯基的话,还是他和德·梅斯特尔的友谊,都未引起大家的注意。

"是啊,"他叹了口气说,"只能是上中等学校了。还能往哪儿去,就剩下中等学校了。"

谢尔盖·里沃维奇并不想把亚历山大送进任何一个中等学校,去彼得堡那是最起码的。他不满意的是这场有关教育的谈话是由自己挑的头。

屠格涅夫被一阵从胃里涌上来的呃逆折磨,显然,和呃逆进行的这场斗争,时而是他胜,时而是自然获胜。他把手放在肚子上,转身对着谢尔盖·里沃维奇,用浑浊的眼神瞥了亚历山大一眼,急急忙忙地说:

"去彼得堡,彼得堡吧……"

这时达斯科夫凝然不动地像个纪念碑,不动声色,全身心关注着侄儿——普希金。随后,他用眼角的余光扫了一眼谢尔盖·里沃维奇,说:

"耶稣会士那儿收费贵。"

谢尔盖·里沃维奇觉得自己很屈辱。他把身子仰靠在椅背上,急速转身对达斯科夫,干巴巴地问道:

"这些神圣的教父们,这些 ces reverends peres① 会收多少教育费呢?"

达斯科夫再次用平静的眼神看了他一眼,更加简要地回答说:

"我不知道。"

就其职务本该知道这件事的屠格涅夫同样也忘了。

"一千五,两千吧。"他说。

此时亚历山大忽然看见父亲的脸色全变了。他的嘴角显出微笑,稍稍眯起了眼睛,这似乎有点儿像是一种骄傲。这种骄傲煞像一个撒谎者和好嫉妒别人的人那种绝望的骄傲,他表现于父亲的全身上下,父亲以一种真挚的惊讶并未提高声音地问屠格涅夫:

"一切全包了?"

"是啊,"屠格涅夫说,"全包了。"

"可这也并不多呀。"谢尔盖·里沃维奇平静而又缓慢地说。

达什科夫看了他一眼。一千五到两千这价钱实在是不合理,而彼得堡那些耶稣会士们规定这个付费标准的唯一目的,是把优秀的少年吸引到自己的寄宿学校里来,为的是他们从此以后不再受任何贵族习气和穷人的打扰。谢尔盖·里沃维奇此时此刻忘掉了世界上所有的数字——即纳吉尼给法国人小铺子借了多少钱了,而自己又该给小杂货铺多少食油,醋和鸡蛋。不过他正在期待很快便从波尔金诺来一下补充的。

早在等待时机的沙利科夫断定属于自己的时机来临了,他用粗哑的嗓音朗读了一首自己写的罗曼司。可遗憾的是没有吉他他就不会唱了,结果客人们爱听不听的。达什科夫脸上的表情是石雕般凝固的,是冷淡

---

① 法语:这些神圣的教父们。——译注

的，屠格涅夫平稳地呼吸着，和气喘的斗争越来越稀疏了下来。谢尔盖·里沃维奇内心对自己答复达什科夫的话感到十分满意，现在只有他一个人在注意听这位艺术家演唱。

没有人注意亚历山大。他在房间里随便走动着。在他一直以为是不住人的旁边那间屋里，他看见一个年轻的女人正在绣架前绣花。女人见到他连忙站起来鞠躬。他们聊了起来。她的一张脸很有生气，很宽，一双白皙的巧手飞快而又灵活地操纵着钩针。亚历山大从谈话中模糊了解到，安娜·尼古拉叶夫娜住在伯父瓦西里·里沃维奇家里，安娜·里沃芙娜姑姑有时候还会按照往日的习惯叫她安卡。忽然之间他全明白了。

她问他午饭怎么样，得知午饭做得很可口时，她高兴得脸都红了。很快他就开始帮她缲丝了，干了一会儿她开始把他往外赶。

"小心挨骂，"她担忧地说，"伯父会骂人的。"——说着说着，她勇敢地摸了一把他的脑袋，笑了一笑。

"去吧，去吧，亚历山大·谢尔盖耶维奇。"她语速飞快地说，挥动着双手轰他出去。

他无论如何也不愿意离开这个房间。他不喜欢那些客人，他们全都那么傲慢自负。他也不喜欢达什科夫。而在这个小屋里却是那么温暖，安努什卡的眼睛是那么欢快，这个性情温顺的女隐修士，他非同寻常地忽然爱上了这个房间。此刻正在客厅里忙乱，而达什科夫却对其嘲笑不已的伯父瓦西里·里沃维奇，在他眼里重新变得高大起来。他不想离开，他死皮赖脸地赖着不肯走。于是安努什卡抱了抱他，抓住他两只手，突然以一种出乎意料的强大的力气，一把把他推出了门外。

的确是时候了：人们已经在喊叫他了。客人也都离开了，正在前厅里热热闹闹地穿外衣。脸色红润心怀不满的沙利科夫，心情抑郁地正在把手伸进袖筒里。他演唱的罗曼史没有获得成功。歌曲演唱到最柔情的时刻忽然肚子咕咕叫,引得大家哄堂大笑:亚历山大·伊万诺维奇未能和自己体内的自然取得协调。新来的朋友们也笑了——看样子是在笑所有人——即彼得堡那帮老头子们,也笑卡拉姆津那些朋友们。沙里科夫决定今天就写信给赫沃斯托夫伯爵,只有此人才会像这帮乳臭未干的雏们这样评价朋友。

路灯已经点亮时分他们才回到家。莫斯科已经沉浸在酣睡中了。

谢尔盖·里沃维奇对于儿子的问题——谁是勃鲁多夫——沉默了好久,随后不太情愿地叹了口气,怨气冲天地皱紧眉头,回答说:

"他们全都是外交家。"

亚历山大什么也没问安努什卡。他觉得这没必要,关于这个欢乐的女隐修士,是不能随便打听的。

第九章

1

在娱乐中的父母却显著地变衰老了。谢尔盖·里沃维奇那一头柔软得像亚麻式的头发变得稀疏了,垂落在两边太阳穴上,头顶秃顶的地方已经泛出玫瑰红的肉色。纳杰日达·奥西波芙娜也发胖了,面部皮肤也变得粗硬了。他们生了个儿子巴维尔,可是很快就死了。

他们过着蜉蝣命短的生活,心里暗中认为仆人们、家庭教师们和孩子们都是受苦受难的。假如有人忽然问谢尔盖·里沃维奇,他是否富裕,是否有名,他对自己是怎么看的——只会得到两个答案。他从心底认为自己是富人,但出于谨慎而花钱吝啬。他认为自己属于名流,那是根据出身,况且他有过爵位和封号:军粮部代理人,七品文官。这是他竭力不愿意面对的粗陋的现实。有时候给儿子 50 戈比硬币买小玩意儿——这孩子已经年满 10 岁了——他也会揪心不已,儿子千万可别丢了啊,常常会去检验一下那硬币是否还完整无缺。可是只要一有钱,他就在裁缝那里给自己定制时髦的燕尾服,并给妻子买了枚以纪念爱情的信物——镶嵌宝石的戒指。

尽管这样忽然有一天他们仍然破产了。

灾难和往常一样总是来源于汉尼拔这个家族姓氏。

小叔子彼得·阿勃拉莫维齐不忘往日的屈辱，忽然以一个货真价实的恶棍的面貌出现了。

玛丽娅·阿列克谢耶夫娜本想在自己的庄园里度过一天中剩下的时光，不愿意回忆自己青年时代的黑色岁月。她甚至都不去米哈伊洛夫斯克村继承遗产。关于汉尼拔家族的记忆本身对她来说也是无法忍受的。

可现在她的庄园和安宁，和青年时代的时光一样，再次成为过眼烟云，结果竟然使得自己无容身之地。不但如此就连米哈伊洛夫斯克村自身也岌岌可危。

等到彼得罗夫斯克终于在自己的小村子情绪安静下来以后，他似乎已经开始渐渐平和的终结着自己作为饮料和饮品爱好者的岁月，这个非洲人忽然向奥波切茨基法庭递交了一份已故长兄奥西普·阿勃拉莫维齐的一份商借信。这几封信是在对"胖子"——伍尔夫喜欢这样称呼她——残忍情欲的日子里写给已故者的，看起来似乎早已被兄弟两人个忘记了。根据这些信件计算这是一笔巨款，因为那位已故黑人生前曾经对为赢得美人青睐做出再大的牺牲也无所谓：仅据其中一封信（给乌斯季尼娅一套金餐具和一座花园），就值3000卢布，根据另一封信（一匹带有深色圆斑点的枣红色马和水晶），值842卢布。

彼得·阿勃拉莫维齐看起来就是以一个为汉尼拔家族曾经遭受到的所有屈辱而复仇的复仇者。很快米哈伊洛夫斯克村就来了一位主席，带着一个小公务员，帕拉什卡称此二人是吸血鬼，虽然陪同的那位斜眼中尉宣告这家人一文不名，也无济于事，来人还是放出了侦探狗，对财产进行了登记造册。

与此同时，向玛丽娅·阿列克谢耶夫娜出示了传票，很快扎哈罗沃就被拍卖了。谢尔盖·里沃维奇和纳杰日达·奥西波芙娜接到中尉的信后，很长时间不敢相信他的话，只是当透过窗子看见前来送信的马车时，才信了。谢尔盖·里沃维奇双手乱挥，跺了跺脚，终于像孩子一样号啕大哭起来。在一天当中他曾两次抻得手指啪啪响，紧接着就暴跳如雷，唾沫星子飞溅，大声嚷叫说伊万·伊万诺维奇·德米特里耶夫是不会放过这种坏事的。这个老黑人活着的话得被流放到西伯利亚和进修道院，傍晚时分他安静了下来，吩咐尼基塔送他回卧室。

第二天全家人把中尉的来信又读了一遍。中尉在信中提到自己那条警犬与主席进行厮杀的地方，受到了全家人的赞扬。

"好样儿的，"玛丽娅·阿列克谢耶夫娜说，"一眼就看出这是个正派人。"

对于欠债的数额她不太相信，但最终还是一摆手算了。

"我知道这人。给他付的款不少于两千卢布。他要两倍的钱是为了喝酒，这个可恶的酒鬼！"

在此之后谢尔盖·里沃维奇当即着手给伊万·伊万诺维奇·德米特里耶夫写信。他在此信开头的两页中表达了自己对那些心肠冷酷恶毒的人们的愤慨，同时希望友谊的赞助能够多一些，从而使生活的优越性得以保持。接下来需要说明情况，他写到了钱的问题，这个堕入罪恶中的老年少将荒谬地要求那些并无任何过失，而且，除了欠上帝外不欠任何人的人们缴纳 3840 卢布，而如果这么一算的话几乎就是全部款项了——两千多卢布——已经交讫。在此谢尔盖·里沃维奇引用了玛丽娅·阿列克谢耶夫娜的话。他几乎多次深信不疑，而且备受侮辱的尊严感也在向他做出如此这般的暗示。所以，债务只剩下 1000 卢布了，而为了千八百卢布他故意把好处说得天花乱坠。

接下来该写一写被这个恶人描述的乡村和人的数量了。

他问纳杰日达·奥西波芙娜属于米哈伊洛夫斯基庄园名下的乡村有多少。

纳杰日达·奥西波芙娜回想起了一件公文摘抄件,是公务员出具的,上面有火漆印,是一个黑乎乎的胡萝卜馅的农家大馅饼,而且,无论如何也不愿意承认乡村实际上并不存在,她回答道:

"20个。"

谢尔盖·里沃维奇就照这样登记了。

"那么,我的天使,一共有多少农奴和仆人?"

纳杰日达·奥西波芙娜想了想。她想起了一群仆人和穿着土粗呢外套的农民。

"200。"

谢尔盖·里沃维奇在给诗人的信里伤心地写到这件事:凭1000卢布,就变卖了家族庄园米哈伊洛夫斯克及其下属的20个村庄,200名农奴,而且这笔交易是违法的,是恬不知耻的和违背良心的。关于玛丽娅·阿列克谢耶夫娜的庄园,他也给部里写了信,但不是像在谈论一件毫无希望的事情,也不是在申诉和斡旋,而她也并未求他做此事。

玛丽娅·阿列克谢耶夫娜重新栖身于顶层楼上,在家里走动时活像个影子,无声无息,细瘦苗条,总是找不到该做的事儿,总是战战兢兢唯唯诺诺的。她总是叹息着摸一摸孩子们的脑袋,惊奇不已地端详着孩子们的模样:

"长高了。"

"坐化了,"阿琳娜小声对孩子们说,"就像蜡烛。"说着,一挥手。

谢尔盖·里沃维奇的那封信他很细心地用火漆和戒指碾压地封好,封好后,轻松地长出了一口气。

尼基塔被打发去向瓦西里·里沃维奇通报所发生的不幸，姐妹们也都来了。

安涅塔搂着哥哥的脑袋吻了吻他那肉色的秃顶。谢尔盖·里沃维奇被感动得落泪，此时此刻他才真正感受到这件不幸事件的深刻程度。他抟挲着双手一筹莫展。

接到尼基塔通报的瓦西里·里沃维奇来了。处于强烈悲痛中的他把皮大衣扔在地板上，迈着小步走向弟弟，其间还亲吻了弟妹。

谢尔盖·里沃维奇倚靠在哥哥的肩膀上。

"Oh, mon frere。①"说到此处，他不由得想起了拉辛，于是嗓音突然中止了。

随后，他拥抱了专注地凝视着他的萨斯卡和列里卡，把他们紧紧地搂在怀里，就好像是要保护他们不受外来的侵犯似的，这姿势煞像拉奥孔和他的儿子们那幅雕像，只见他感慨了一声，转对弟弟说：

"我不是在为自己而惋惜。"

儿子们的鼻子紧紧地贴着父亲混合着香水和烟草味道的男士西装背心。儿子们叹息着。

"兄弟，兄弟！"安娜·里沃芙娜啜嚅道。

瓦西里·里沃维奇感到一分嫉妒，这是一个演员高尚的嫉妒。塔尔玛无袖长披肩令他平添了几分生气。他自己也心甘情愿用心去做这些动作——拥抱和呻吟。弟弟制止了他。

他忽然冷漠地眯缝着眼睛开口一字一顿地说道：

---

① 法语：啊哦，我的兄弟。——译注

"Cela ne vaut pas un clou a soufflet。"① 这连一个铜板也不值,你听我的没错。"

儿子们感受到父亲拥抱的力度越来越减弱。他们好奇地斜视着伯父。大家全都盯着伯父看:谢尔盖·里沃维奇张大着嘴,妹妹丽泽特则一脸惊恐。

瓦西里·里沃维奇在屋里走了个来回,高昂着头。

"Pas un clou a soufflet。"他慢慢悠悠地嘀咕了一遍。他怎么也想不明白事情会这样。在往弟弟家的路上,他还以为弟弟死了呢,此刻却得费尽心思地想说点儿什么好或做点儿什么好,自己又该怎么解释自己所说过的话。

"啊哦,弟弟呀,弟弟呀。"安娜·里沃芙娜声音颤抖地说。

"我要给伊万·伊万诺维奇写封信,"瓦西里·里沃维奇仍然眯缝着眼睛说道,"明天就取消这一切。你就放心吧。"他继续说,"他们属咱们管。"

于是谢尔盖·里沃维奇放心了。瓦西里·里沃维奇作为长兄,表现出了如此坚定不移的决心,他甚至觉得,比他本人的决心还要更加坚定和顽强。谢尔盖·里沃维奇的易于轻信简直令人震惊。但他却不愿意或是无法摆脱悲伤的心境。他用指头指着亚历山大,叹了口气说:

"啊哦,同行们……"

他油然想起了有关耶稣会士的幻想和他们对富人的答复。一切都分崩离析了,这就是他如今大发感慨的原因所在。

看见姐妹们和纳杰日达从四面八方向他投来的热情的和不大信任的

---

① 法语:这一钱不值。——译注

目光,如今这大发感慨地对自己也感到吃惊,于是他用平静的语调说道:

"我亲自送他到彼得堡见那些耶稣会士。"

他四下里打量了一番。纳杰日达·奥西波芙娜半张着嘴,安静地坐着,像个小女孩一样,眼睛睁得最大地盯着他。

"放心吧,我的朋友们,"瓦西里·里沃维奇说起了一句急语,"都包在我身上了,所有的事儿……而且包括所有这些——pas un clou a soufflet。"

他苦恼地回答了吊在他脖子上的姐妹们一个吻,挥了下手帕,便把呆若木鸡的大家丢在身后,走出门去。他坐上自己的轻便敞篷马车,神情困惑地扫视着四周。车到特维尔大街上,他擦了擦额头上的汗,摊开了双手。他自己也什么都没搞明白,宽容大量的心胸再次吸引着他的心,他像一个调皮的中学生似的鼓起了下唇做了个鬼脸。在特维尔大街上走了一段后,他吩咐马车停下来,他走进一家糖果点心店,买了些自己熟悉和喜欢的糖果点心,对朋友们说,他要带到彼得堡,送给接纳侄儿的耶稣会士。朋友们都兴致盎然地看着他,看样子对他的表现很满意。很快沙里科夫伯爵就来了,他和平常一样手里攥着一块雪白雪白的围巾拧来拧去的,脸上现出对所有人都一视同仁的微笑。他穿的裤子紧贴在身上,是最新款的时髦样式。瓦西里·里沃维奇对他的新裤子有时候公然表现嫉妒。听说瓦西里·里沃维奇要带着自己的侄儿,年轻的朗诵者读书人去彼得堡上耶稣会士的学校,伯爵就放下了盛着巧克力的大碗,并紧紧地拥抱了瓦西里·里沃维奇,并一连吻了他3次。他管糖果点心店的老板叫伽倪墨得斯,老板即刻给他拿了一瓶波尔多葡萄酒。在场的人都为瓦西里·里沃维奇的健康而干杯,并与之真挚地相互一一亲吻。

伯爵请求他一定向那位无可比拟者转达最真挚的吻。大家全都为无可比拟者的健康而干杯,感觉并且懂得自己这是在为伊万·伊万诺维奇·德米特里耶夫干杯。

有人问瓦西里·里沃维奇这次去要多久?

"时间很长。"瓦西里·里沃维奇心情郁闷地说,"很长"这个词儿听起来似乎也含有忧伤的意味。

随后人们问要不要再来一瓶波尔多,然后是阿夷香槟酒,最后才是便餐。

瓦西里·里沃维奇坐车回到家里时,尽管腹胀如故,但自我感觉绝对幸福无疆,坐在车座上打盹儿,样子就像雷加米埃夫人,直到傍晚才醒酒,他一拍自己的额头,于是安努什卡听见他似乎宣告道:

"堆了好大一堆呀!"

说完,他转向她,叹了口气说让她把东西收拾一下,他要去彼得堡。

安努什卡问要去多久,瓦西里·里沃维奇阴沉着脸,神秘地看了她一眼,回答道:

"去很久。"

安努什卡害怕了,开始急速收拾上路的东西,可瓦西里·里沃维奇又一挥手,说他一个月以后才出门。

对自己十分不满的他一夜没睡好,折腾了好久睡不着。

第二天一大早,还躺在被窝里的他,清晰地想象到了自己彼得堡生活中的一幕。被想象所吸引的他,感到十分喜悦,因此自己又可以在涅瓦大街上走一走了。他已经背会了自己最近写的那首诗,想象自己已经坐在伊万·伊万诺维奇·德米特里耶夫家的客厅里，在一个漂亮的女听众之后用勉强听得见的声音朗诵道：

"Bravo! Bravo!"① 嚷着，他站起身来，抖掉身上的睡袍，啜了一口茶，又开始纵任想象力翱翔：要不要带着全家——带上安努什卡——去彼得堡呢？

他非常喜欢这个想法。彼得堡有许多朋友，而且彼得堡无论怎么说都是国家的首都。瓦西里·里沃维奇则是一个根深蒂固的莫斯科人，忽然觉得如今和彼得堡比，莫斯科简直根本无法与之相提并论。莫斯科已经陈腐不堪了。

和所有普希金家族的人一样，他性格善变如风中芦苇。

2

亚历山大经常在家里的各个屋里走来走去，视若无视，闻若无闻，嘴里咬着指甲，傻傻地，以一种游离恍惚的，旁观者的目光看着所有人和所有物体，看着鲁斯洛先生，看着阿琳娜和父母，看着周围的东西和物体。折磨他的，是一些音响，是一些虚拟而又可疑的诗句，他自己也搞不清，却把这些诗句都记下来，几乎不加任何改动。这是些法语诗歌，语句通顺，语义贫乏：韵脚早于诗句来到他的大脑。他在嘴里默默地重复着这些诗句，有时候会忘掉一两个词，便用其他的词来代替。每天傍晚临睡前，他会怀着甜蜜的心情回忆着那些半被遗忘的韵脚。这些诗句不全是他写的，但也不全是别人的。

谢尔盖·里沃维奇夸奖鲁斯洛不无原因。鲁斯洛是十足意义上的教

---

① 法语：好极了。——译注

育家,他十分严格地要求学生遵守算术和语法规则,为此首先必须正确判断时间。一堂课学会后,他才允许学生玩游戏。他已经与孩子们喜欢的你追我赶相互追逐的游戏妥协了,如果亚历山大不曾两次选择了仆人家的孩子为玩伴儿的话,在肢体能力正在发育和成长阶段的孩子们,是应该好好尽情地玩才对。但他不喜欢孩子们跳椅背和凳子背这种游戏,最后,他还根本不赞成孩子们疯狂地奔跑和乱跑乱撞,每到那时,亚历山大就会像中了邪似的丢掉手中拿的一切东西,撞到路上碰到的一切东西,嘴里还一个劲儿地嚷着喊着,或是哼着一句不知所云的、歪歪扭扭的词句。

可是,如果亚历山大听到叫他却不答应,而是一味沉浸在某种思绪里难以自拔,这种粗俗无礼的心不在焉和沉默不语——这从他那种波澜不惊的眼神就可以看出,这往往会令他怒不可遏。是啊,到他这个年龄应该不会这样了啊。鲁斯洛先生开始密切关注他和警惕他:小家伙儿是在偷偷地写什么东西,每次都偷偷地四下里瞅一眼,显然是生怕别人察觉。

事情很快就明朗化了,鲁斯洛发现了几张纸,被藏在褥垫底下旁人很难注意到的地方。纸上抄写了几首法语诗,鲁斯洛先生根据诗句之间松散的联系判断,这其实是亚历山大自己的诗作。他毫无任何愉悦感地笑着读完了这几首诗。鲁斯洛自己也是个写诗的人,他曾三次想要让自己的诗作印成书,把它们寄给了《诗歌选刊》。可是三次他都碰了壁,这使作为诗人的他分外生气。他怀疑这是那些已经成名的诗人们的阴谋和对他的绞杀,而其中许多人依照他的标准写得还不如他。因此鲁斯洛在读这个淘气的孩子写的诗时,心里酸酸的,这孩子从幼儿时期起就喜欢在纸上画,喜欢胡编乱造。尤其令他自尊心受到伤害的是,这孩子的诗写得工工整整的，但里面却充满了许许多多违反正字法的错误。鲁斯洛顺手改动了这些错误，而对那些最严重的错误，他会在底下画两条横杠。除此之外，他会在旁边用铅笔打一个大大的问号，以此表达自己对诗歌的实用性的怀疑。

纳杰日达·奥西波芙娜对这个法国人呵护有加，因而法国人在普希金家里觉得非常自如。谢尔盖·里沃维奇巧妙地利用这个法国人的影响力以安排自己的事物，一旦想要溜号，便挑逗法国人讲故事。纳杰日达·奥西波芙娜喜欢听鲁斯洛讲故事，听得入迷时往往察觉不到丈夫溜号。就这样鲁斯洛先生成为一个必不可少的家庭成员，他有时甚至会充当夫妻吵架时的调停人。纳杰日达·奥西波芙娜穿裙子时也会听听他的意见，法国人的恭维话她听起来很舒服，法国人的意见总是能体现这个以往的法国市民对他的关心，并且也总是会涉及腰的高度和开口的高低问题。

鲁斯洛先生一般在午饭后开始工作。他以一种枯燥的声音宣称，作为一个诚实的人，他很快就不得不辞掉自己的职责，因为觉得自己已经成了一个多余人。纳杰日达·奥西波芙娜和谢尔盖·里沃维奇听了吃了一惊：这番话没有过任何先兆，表面上看，从一早起来，鲁斯洛先生就很高兴，吃饭时还轻轻地吹着口哨。虽然比平时显得忧心忡忡，显然在想什么事儿，但吃得却很多，胃口依然很好。他一说这话，谢尔盖·里沃维奇最后甚至都伤心了起来。对人家的提问鲁斯洛先生迟迟不愿作答，随后便颇不情愿地仔细斟酌着用语和说法，开始抱怨亚历山大，说他很懒，无所事事，说他真的是对他毫无办法了。亚历山大拧紧了眉头，忽然简短而又粗暴地说：

"这不是真的。"

纳杰日达·奥西波芙娜想要把他从餐桌旁赶开,可是,法国人制止了她。

法国人从口袋里掏出叠得整整齐齐的几张纸,开始读诗,他读得很慢,加重着语气,似乎是在模仿某个悲剧角色,读完每句诗,还要惊奇地扬起眉毛。他的朗读发生了惊人的效果——纳杰日达·奥西波芙娜响亮地哈哈大笑起来,而平时不苟言笑的谢尔盖·里沃维奇也很高兴,心想这个鲁斯洛会留下来的,这一切不过是场闹剧罢了。

于是大人们便都瞅着萨什卡,都对他充满了感激,因为是他带给了他们以欢乐。小男孩坐在餐桌的一角,手里绞着一角桌布。母亲敲了敲桌子,和往常要孩子们遵守秩序时常做的那样。他根本就没听大人们说话,而是继续迅疾地把餐桌布绞在手指上。母亲叫了他一声,他这才站起来,看了一眼大人们,却似乎对他们视而不见,似乎什么也没弄懂的样子。他脸色发白,晦暗,嘴唇扭动着,眼睛红红的。忽然,他动作敏捷地扑向鲁斯洛,像捕食动物的小老虎一样,一眨眼间就从他手里夺下了诗稿,随着一声"啊哦",跑出了餐厅。

大人们全都愣住了。感到受辱了教育家和善于说俏皮话的鲁斯洛一言不发,等着父母表态。然而,纳杰日达·奥西波芙娜却安静下来,而谢尔盖·里沃维奇也一声不吭。他一次也不参与吵架或是劝架,到处吃请让他没有时间干这个。他很生大家的气——连一天也不闲着,这简直太荒谬了,简直就像坐在火山口上。

鲁斯洛想起了自己的职责。他亲自去找这个家族的后代进行解释。纳杰日达·奥西波芙娜心情郁闷忧心忡忡地坐等着。而谢尔盖·里沃维奇郁闷地回忆起自己那逝去的美好时光,回忆自己在潘克拉季耶芙娜处喝过的美味肉汤,和格鲁什卡以无可挑剔的热情殷勤地为他一个人服务。格鲁什卡是不是还活着,而最重要的,她身体是否仍然健康?他再次强烈地感觉到自己仍然十分向往这种无忧无虑的生活,向往那个由单身汉、戴绿帽子及与行为放荡的姑娘们组成的交往圈。然而此刻他却坐在餐桌前,刚吃过饭,正在等着例行的争吵如何了结。正在这时从育儿室传来一阵尖细抱怨的喊声。孩子们急忙往那儿跑。喊叫的是鲁斯洛,他在叫人帮忙。

育儿室的壁炉点了火,壁炉前有一堆乱扔在那里的一抱劈柴,乱七八糟地堆在角落里,炉炭上有几张白纸,正在燃烧,时而发白,时而发黑,时而卷了起来。鲁斯洛站在壁炉前,身子紧贴着壁角,伸开一双手,正在喊人前来救助。亚历山大面对他站在那儿,像一个小小的魔鬼,幸灾乐祸地龇着牙,手里攥着一根圆滚滚的木头块。法国人的处境着实可怜。纳杰日达·奥西波芙娜扑向亚历山大,试图从他手中把木头块夺下来。使她备感意外的是,她竟然无力把木块夺下来,儿子居然比她预想的要有力量得多。亚历山大弓着腰,像一个弹簧,紧紧地攥着手中的武器,母亲竟然无力掰开他的手指头。

最后,亚历山大把木头扔在角落里,飞也似的冲出屋子。

鲁斯洛在重重地喘息,他感到自己受到极其严重的侮辱。很快他开始了讲述:他一进屋就发现亚历山大正蹲在地上烧自己的这几张破纸。他叫他站起来,小男孩却不听话。于是他用手碰了碰孩子的肩膀,同时再次命令他站起来。可这孩子非但不执行老师的命令,反而抓起一根木棒对老师扑了上来,老师甚至都来不及对自己进行任何防护。鲁斯洛幸运地闪躲了过去,全仰仗自己身体灵活,因为他曾经当过刀客。鲁斯洛请求辞掉教育这个古怪男孩的职责。

父母当即松了一口气,争先恐后地劝说他继续留下来。法国人却坚定不移。最后,纳杰日达·奥西波芙娜提出要增加薪水,这位教育家的决心才开始有所动摇。谢尔盖·里沃维奇违心地中断谈判,生怕妻子又增添什么不必要的条款。最后,教师满怀感激地深鞠一躬,说自己之所以愿意留下来完全出于一种父母所表现出来的高尚的情怀。

家人到处找亚历山大,最后在阿琳娜那里找见了他。

令他万分惊讶的是大人并未动他以指头。

可是,从此每天夜里他常常从睡梦中醒来,心脏怦怦地激烈跳动,眼睛闪现着一种强烈的仇恨。他仇恨而又冷漠地仔细打量着梦中人的脸庞。自从这个法国人亲自用他那只脏手把他那几张手稿丢进壁炉起,他就顽固而又强烈地萌生了想要他死的愿望。假如他年长几岁,他肯定会向这个家伙发起决斗的挑战的。孟德福给他讲述的决斗的程序,以及他给他示范的剑术第四式中的弓箭步,这不会是徒劳无功的。可是,他手头没有剑,再说也没有胆量。

他的注意力不知不觉间被想象力所吸引而去。他跑出屋子,跑出莫斯科,在条条大路上游荡,他全身被荣誉所环绕。他头脑里浮现出一早醒来发现自己不在屋里的鲁斯洛那副愚蠢的样子。有一次他甚至蹑手蹑脚地翻身起来,藏在门后,窥视着鲁斯洛乍然醒来的那一刻,并透过门上的锁眼,尽情地欣赏着睡眼惺忪的阿耳戈斯束手无策的样子。这个法国人后来终于发现了这个小小孩子的古怪之处,他认输了,开始像对成年人那样对待他,小心维护着孩子的自尊心。每天睡觉前,他都会借口窗外有风,而把自己的床铺挪到门口,把夜壶也挪个位置,然后像刻耳柏洛斯[①]似的躺在门槛上入睡。

---

① 希腊神话中守卫冥土大门的三个头的恶犬。——译注

3

12岁时,穿上家里裁缝缝制的臂肘细尖的制服的他,煞像家里的一个陌生人。他就像一个惊弓之鸟的小狼崽子,眼睛滴溜乱转,走向早餐桌,并且颇不情愿地吻一吻母亲的手。故意曲解父母谈话的原意往往能带给他许多快感。12岁那年,他开始无情地用一种冷酷的先知的法官的口气评判父母的行为。父母对他这一点丝毫无任何怀疑。不过父母感到沉重和压抑的是,他们都开始急不可待地等着瓦西里·里沃维奇想起自己许下的诺言。这一年似乎事事不顺,家里永远显得空空荡荡,冷冷清清。

4

谢尔盖·里沃维奇有一个有助于他生活下去,并且业已成为其幸福的保障的珍贵特点:他不会长久地沉浸在悲伤情绪中难以自拔。哭过后他马上便会精神抖擞,心里想着昨天听来的尖锐刺耳的言辞或好笑的事情。好在在莫斯科,好笑的事情永远都不会缺乏。沙皇在访问过莫斯科以后,在贵族大会上搀着的第一个人儿,是阿尔哈洛娃老太太,而此时这位太太却感觉自己的内衣滑落下来了。作为一个古老的罗马女人,老太太眼不斜视,丝毫也不让人看出自己的失态,她踩着掉在地上的内衣,神态倨傲地和沙皇并排就座。莫斯科那些老人们对此津津乐道,赞不绝口,他们断言如今那些时髦女郎们没有一个能在这样的场合下处变不惊:

"连眼皮都不眨一眨!"

这一切都是谢尔盖·里沃维奇在失去米哈伊洛夫斯克村的第二天给

人们讲述的。

给伊万·伊万诺维奇的信发出去了，必要的措施已经采取了，剩下的就只有等待了。谢尔盖·里沃维奇每逢傍晚就会回忆自己在姑妈家做客的情形。在他的回忆中，米哈伊洛夫斯克村是一个广袤的庄园领地，周边环绕着密密的森林和湖泊，那湖大得简直可以和海相比。那是片"海子"——谢尔盖·里沃维奇如是说。住宅很宽敞，很舒服，很温暖，也很古老。服务设施配置得也很合理，周围的森林广袤无边。纳杰日达·奥西波芙娜只是听着却不置一词，而玛丽娅·阿列克谢耶夫娜用手帕擦着眼角的泪水，在为其扎哈罗瓦哀伤不已，女婿说的话实际上没有一句不是和他自己有关。最后她给女婿和女儿一个建议，叫他们直接写信给那个恶人。

"也许，这会对他起点儿作用，要不然他又会改主意了。他们这帮人平常就是这样的——意见常常变来变去的。弄不好醒过闷子来了，就反悔了。"

谢尔盖·里沃维奇皱紧眉头，坚决拒绝了这个建议。

"哎，不至于，"他心绪宁静地说，"他会反悔！不会的。我才不写信呢。"

就在那天傍晚，他手指丝毫也不颤抖也毫无厌恶感地给少将写了一封信，请求他撤回起诉书，中止案件的审理。如果不行的话，阁下可以自己暂时现金短缺为借口和撤诉。他说相信叔叔以其贵族的高尚情怀，会最终给他一个答复的。不过话说回来，叔叔平常也是极其忠诚的，等等。纳杰日达·奥西波芙娜在信末加了一个简短的附笔。

可是，无论是伊万·伊万诺维奇还是那个黑人，都没有给予答复。

谢尔盖·里沃维奇开始抱怨。他对自己的损失记忆犹新，此刻他已经不再期待拯救了。他抱怨伊万·伊万诺维奇·德米特里耶夫，说此人居然如此傲慢，连给老朋友回封信都不肯，此外他还抱怨政府。最后，他竟然走到公然宣称彼得三世短暂统治时期是史上高尚的治理时期的地步。

"他如果能再多执政三年，"有一次他竟然说，"那就不是我向伊万·伊万诺维奇寻求庇护了，而是他向我求情了。"

正如被剥夺的米哈伊洛夫斯克村在会议中变成一个广袤无边的领地一样，被他父亲丢弃掉的普希金家族在往昔的意义也变得成为一种绝对强大的存在了。

"随后就是 tous ces coquins，①，他们这帮骗子、马倌、这些人嚷得声嘶力竭——他们嚷嚷什么呢？天知道。可如今你和谁谈？Chute complete!"②

如今他对所有这些职位、部门、法庭法官席，统统采取谴责态度：

"告密者就是告密者，而官员永远都是挂衣钩，舍此无他。"

忽然，当人们都已经不再等待时，他收到了来自伊万·伊万诺维奇的一个包裹，包裹上打着厚厚的火漆印。

谢尔盖·里沃维奇拆开包裹。他的双手抖颤，就像那个值得记忆的夜晚，当他输钱时却忽然时来运转那样：幸运女神塔利亚向他微笑了。

伊万·伊万诺维奇给谢尔盖·里沃维奇寄来的，是普斯科夫省检察官报告的复本。谢尔盖·里沃维奇读了，便将其丢弃在地板上，还踩了几脚。他脸色苍白。

---

① 法语：所有这些坏蛋们。——译注
② 法语：彻底堕落。——译注

显然这位检察官是老黑人液体饮料和果酒浸酒的崇拜者,他写的这份报告既不体面又很粗野。首先是一组非常奇特的数字——"看样子,此人数数时已经醉眼迷离了"——谢尔盖·里沃维奇说道。米哈伊洛夫斯克村的仆人和村里的农民总共是男人 23 个,女人 25 个,而非谢尔盖·里沃维奇和纳杰日达·奥西波芙娜所一直以为的 200 个。"普希金先生的起诉根本就是毫无道理极不公正的"——这个坏蛋接下来这样写道。——ce faquin de prikazny① 因他之故而支付的两千卢布却根本哪儿也看不到。

"看不到呀!"他脸色煞白地说着,又笑了一笑,"写得绝妙之极:就是看不见。"

除此之外,少将汉尼拔向法庭提交了他的侄女、纳杰日达·奥西波芙娜和她的丈夫谢尔盖·里沃维奇的一封信,他们在信中请求他,汉尼拔,由于缺钱……

谢尔盖·里沃维奇略过了两行字……可是他,汉尼拔,无论如何也不同意。而且,显然,普希金家人所写的那些文字,给官府在抄写时只能徒劳地制造一些麻烦而已。

"我这就去找皇上,"谢尔盖·里沃维奇冲尼基塔喊了一声,"换衣服!"

在此之后他才通读了伊万·伊万诺维奇的那封信。这位诗人十分客气,他说起诉书他已经交给检察官了,他将检察官的报告复本寄给谢尔盖·里沃维奇,执行判决此案的命令已经延期,不会引起任何迫害和压制。遗憾的是,他认为重新审理此案的依据不足。接下来他请求向他可

---

① 法语:这个骗子官。——译注

爱的妹妹们问好。他说他将单独写信给瓦西里·里沃维奇汇报结果。

谢尔盖·里沃维奇立刻就安静了下来。他把那个可恶的检察官的报告从地上捡起来，丢进炉膛里，烧成灰烬。

第二天已经没有人再说什么，谢尔盖·里沃维奇前不久还口口声声要去找皇上，对政府骂骂咧咧。判决执行期延期这才是最主要的。这一延期就五年十年地拖下去了，到最后究竟如何——说不定，老天帮忙，叔叔也就死了。不，彼得三世以后凑凑合合还可以过得下去。当然，伊万·伊万诺维奇也许会撤销这个案子，但请上帝保佑他吧。话说回来，邮寄某个复本这完全多余，所有这些提交报告的渠道都属他管。你可以是个达官显贵，但却并非上流社会人士；你可以是个诗人，但却丝毫不懂得什么是真正的礼貌和体面。谢尔盖·里沃维奇忽然觉得自己已经不再喜欢伊万·伊万诺维奇的诗作本身了：诗里处处都有牵强附会的痕迹。

米哈伊洛夫斯克再次归属于他了，从前从他手中夺走的庄园和领地里，再没有比它更大的了。那里的住宅很舒适，屋顶覆盖着茅草。

至于萨什卡及其命运的安排问题完全不必操心，一切都安排得再好不过了：兄弟瓦西里把他送到彼得堡，交给那些耶稣会士。在那里，萨什卡就将和所有那些年轻的无所事事之徒，像什么戈利岑们，加加林们以及 tutti quanti① 一起受教育。Ces reverends peres② 将塑造他的性格，说句实话，他的性格真让人受不了。家里永远都是乱哄哄的，不是和列利卡打架，就是和鲁斯洛吵架——给谁都得烦死了。

---

① 法语：及其他人们。——译注
② 法语：圣父们。——译注

5

奥连卡不很自信地在屋里走动,她全身心地感觉并且知道自己并不招人喜爱。她害怕母亲,害怕到两腿发抖,母亲一看她就会脸色煞白。她耍心眼儿,她藏藏掖掖,她一遇事就撒谎——甚至就连根本没必要撒谎时也这样。

"我保证是实话。"每当对方不相信她时她就如此这般地嗫嚅道。

如果她走路不是那样蹑手蹑脚,像一个知道自己淘气的小姑娘那样的话;如果她不害怕惩罚,目光也不那么游离不定——那种眼光任何人一见就知道是在撒谎——眼睫毛也不是那么毫无色彩,她的模样兴许该说是十分可爱的那种。她浑身上下长得特像谢尔盖·里沃维奇。

也许只有粗糙的鼻子和嘴唇像母亲。她的头发在鬓角处打着卷儿。短期光顾的家庭教师——这些家庭教师每年两次到家里,待一个月或是一星期,掌握她的教育问题,然后就消失不见了。孟德福根本就不曾注意到她。作为勤奋努力的家庭一员的鲁斯洛偶尔教她一些法语语法和算术法则。一段时期中一个总是喝得醉醺醺的德裔舞蹈编导教她弹奏击弦古钢琴。此人自己弹得不怎么样,只不过收费便宜罢了。奥连卡老也踩不到点儿上,他就用尺子抽奥连卡的手背,抽得很疼,她抽咽啜泣,弹出的音乐令纳杰日达·奥西波芙娜很厌烦,于是乎,奥连卡的音乐教育便告休矣。平常日子里,击弦古钢琴上放着堆满果核的碟子,一旦家人在等待客人到来时,碟子及其他杂物便会被收起来,灰尘也会被打扫掉,但是击弦古钢琴却没人会演奏,像一具棺材,孤零零地矗立在客厅里。

奥连卡喜欢萨什卡的处事方式:她最乐于观看的,就是他和母亲以及鲁斯洛吵架。每当那时,她就会躲在门后面,津津有味地偷听着鲁斯洛的训斥,母亲的哭诉和萨什卡的回答——那是一种奇特而又简短的扑哧扑哧声。

她曾经一句话不说地充当了萨什卡攻击鲁斯洛事件的见证人,她当时透过锁眼,屏住呼吸,张开大嘴,睁着火辣辣的眼睛,目睹了这个场面。他们的房间是相邻的。从那时起——尤其是因为家人并未因此处罚萨什卡——她开始对萨什卡充满了敬畏之情。

忽然有一天早晨,她发现自己原来已经不再是个小孩子了,她走路的样子里出现了某种新的东西,晚上来家的客人纷纷发现了这一点,他们都说:都长这么高了哇!好一个漂亮的妇人!——听到客人这么说,把纳杰日达·奥西波芙娜给吓了一跳。难道她真的已经 36 岁了吗,而她女儿——还是个少女,是个姑娘,但也许很快就该当未婚妻了呢?她呆呆地坐在镜子前,连衣服也没穿,眼睛一眨不眨地盯着镜子里的自己。她发现自己除了眼睛和牙齿外,脸上没有什么是年轻的了。但脖子,胸部和臃肿发福的、曾经令谢尔盖·里沃维奇夜不成寐的腰身——难道她真的已经是个老太婆了吗?儿子们都长大了,但这不足以令她心态变老,况且她也很少有机会想到他们。萨什卡脾气很不好,但他很快要被送给耶稣会士们教育去了,只有列乌什卡胖乎乎的很招人喜爱。但她不喜欢人们对她说:您女儿已经是个未婚妻了。生活在飞速前进,生命消逝得无影无踪,留不下激情,背叛,事件。她希望在遇到谢尔盖·里沃维奇以前,她生活中不曾与那个近卫军炮兵和酒鬼有过灾难和不幸。顺便说说,他也不曾是个酒鬼。对这个男人在壁炉前的表白,他的俏皮话、他的宽大的睡袍和他走路的样子,都令她厌烦已极。

她于是开始严格管教奥连卡,孩子们让她濒临破产——光是穿衣服就得有多少花费呀！奥连卡如今只穿廉价粗布衣。阿琳娜给她织补长袜，打补丁，始终默默无语。奥连卡悄声细语地对奶娘抱怨诉苦，但阿琳娜对她的抱怨和诉苦已经习之若素了，始终不吭声。

有一天奥连卡忽然觉得无人可以倾诉了，那是一个傍晚，父母都出门了。鲁斯洛也出门了。她在父亲的书房发现萨什卡正在看书，于是语速飞快地和往常一样，开始对他抱怨母亲和父亲，抱怨兄弟列利卡，因为每次吃饭，最好的一块肉总是给他的。最后，她怀着感情说自己很高兴有萨什卡这么个哥哥，说萨什卡的所有作为都好极了，而鲁斯洛简直就是个牲口。

友谊就是这样建立起来的。

奥连卡的表白令他很感动，她一双眼睛里几乎充满了迷信一般的惊悚和喜悦。可是，他看不起她那种悄声细语的表情，她的胆怯，他不喜欢她对所有人抱怨所有事情，不喜欢她总是怀着感激之情盯着妈妈，希望能得到妈妈的欢心。

他很为她惋惜和懊丧。

"你就是个鼻涕虫，而我是个淘气鬼，我不怕他们。"他飞快地对她说。

第十章

1

他知道自己很快就该离开了。家里所有人开始对他另眼相看,家人再也不对他吹毛求疵了,因此他得以尽情展现自己的性情。而他本人也开始从旁观看这个家,观看自己的小屋,以及坐落在壁炉和书橱之间的角落,他经常待在那个角落里,一边咬着指甲,一边读书,而且又一次甚至差点儿把自己的老师给打了。他如今看家里的一切都显得那么贫乏,小得可怜。就连他曾经以为个头很高的父亲,原来也是个小个子。不过话说回来,他很少想他的家人。他的思绪已经走上一条大路,他已经超越了路上所有的旅人,他似乎已经到了彼得堡这座奇迹般的城市,父亲每谈到这座他熟悉的所有老人都会痛骂不已的城市就唏嘘感叹不已,而且对儿子十分羡慕嫉妒。

他的步态不知不觉中变得轻快起来了。

他走路的样子很特别,很特殊,很轻快,身子微微前倾,而脚步稍稍滞后。如今他在莫斯科花费很多时间散步,无论好自尊的鲁斯洛如何徒劳地提醒他入学考试的事,他都坚持这个习惯。对入学考试感到恐惧的,是鲁斯洛,而非他的这个学生。

如今,他还开始以一种全新的眼光——一种陌生人的、迅疾飞快的目光——看待莫斯科，莫斯科的街道，莫斯科的房屋和人。莫斯科街道上走着看不见头尾的载重马车队，马车发出吱呀吱呀的声音，慢慢悠悠地不慌不忙地走着，旁边同样也慢慢悠悠不慌不忙地走着马车夫，车上载的都是乡下拉来的贡品。就在此时，胡同里忽然传出一阵笑声，只见一些莫斯科的淘气鬼们坐在一辆三套车上，响着铃铛，飞驰而过，车上的小伙子们冲街边的一切挥了一下手。房屋时而隐藏在花园里，这里那里不时会冒出一些建筑物的石头底座，煞像一帮性情执拗耳聋眼花的老年人，一上来就踩了行人的脚。

莫斯科宽敞广阔的街道此刻在他眼里看上去却不是那么协调。

达官显贵们的住宅，大都隐藏在像森林一样浓密得不透风的园林里，这就是莫斯科的城堡。躲在城堡里的人成天嘲笑彼得堡，嘲笑那些只知道把自己打扮得漂漂亮亮的人，在一群群老太婆、一对对仆人、黑人、女仆们的簇拥下，日渐衰老，忽然不期而然地从远处传来一阵牛角音乐：原来是老诺沃西尔佐夫在饮茶。

伴随着一声叫喊："慢一点儿！"一辆奇特的四轮马车像飞毛腿一般飞驰而来。亚历山大惊奇地发现一个入口马车的后踏板上站着 5 个黑奴，前面的那个黑奴穿着一套奇形怪状的服装，头顶的帽子上还插着白色的羽毛，原来是一帮信差，他们气喘吁吁地大声喊道：

"慢一点儿！"

接下来就是主街道了，这里的房子一幢比一幢更奇特。涅格林街上有一幢中国式宫殿，像孔雀一般身上涂着绿色和金黄色。一条条巨龙冲着莫斯科街上的行人张开大嘴，而在宁静的壁龛里，则放着黄嘴的木头人，头顶撑着伞——木头人是个满洲人。一些房屋住宅晦暗的窗户里透着奢华、幽静和凉爽，但看起来里面无人居住。此时一扇大门慢慢地，带着莫斯科特有的吱呀声,渐渐被打开——这是老头子捷米托夫要出门散步。

他沿着特维尔大街走下去。

沙利科夫伯爵拧紧眉毛,从旁边走过,没人发现他的到来,他直接走进糖果点心店。可是很快他就发现:他的那位年纪还不算太老却皮肤松弛的父亲,脸上挂着无忧无虑的笑容,瞪大着白蓝相间的眼睛,正在街上一步一步蹒跚而行,此刻停下来通过夹鼻眼镜眯缝着眼仔细观察一位路过的老太婆,脚下蹲坐一条莫斯卡狗。谢尔盖·里沃维奇向老太婆鞠了一躬,老太婆停住了自己坐的那辆轿式马车。亚历山大像闪电一般迅疾地拐进一角胡同。

一个月以后,他的行期确定了。他跟着叔叔瓦西里·里沃维奇去了彼得堡。

2

那是春天,是候鸟回迁的季节。小花园里人行道两旁的树木和灌木丛里,出现了一些引人注目、嗓音异常尖细的小鸟儿。其名字,就连身为城市人的瓦西里·里沃维奇也说不上来。在莫斯科城郊的萨尔蒂科夫伯爵家里,他曾经听到过两次夜莺的叫声。他对夜莺那婉转滴溜的啼鸣喜欢得不得了,甚至就连模仿夜莺的叫声他也喜欢:在波兹德尼亚科夫家的舞会上,一个仆人隐藏在酸橙书的阴影里,学夜莺叫。

候鸟儿飞来了,瓦西里·里沃维奇也该动身去彼得堡了。

他先给彼得堡的朋友们写信,而且还在莫伊卡河边的杰穆特加给自己租了两间舒适的屋子,价钱并不贵。瓦西里·里沃维奇想在彼得堡多住几个月,和上流社会多接触接触,进一步巩固和德米特里耶夫的已经有些冷却的友好关系——最后，就是还得把侄儿子安排进耶稣会士开办的寄宿学校。该干的事情有很多。

动身的时候到了。瓦西里·里沃维奇已经在驿站预订好了一辆供老爷坐的四轮马车和一辆载仆人和行李的四轮马拉大车。

谢尔盖·里沃维奇急了。儿子动身的日期逼近了。可是，老天像是故意为难似的，发生了和老黑人令人不快的事。于是不得不花点儿钱好把这个贪婪的非洲黑人的嘴给堵上，玛丽娅·阿列克谢耶夫娜从此以后不叫这个老黑别的，就叫他坏蛋。而且还给了那些当官的多少钱呀！谢尔盖·里沃维奇再一次确信他一直都仇视的本国的官员们的心肠究竟有多黑，有多么自私和冷漠呀。

但无论如何，数了数自己的家产后，谢尔盖·里沃维奇发现家产流失很严重。于是决定做出牺牲：本打算在夏季开始前给自己缝一件绿色带花的、带有高高的胸领的优质燕尾服，甚至就连衣服上的花样也选好了，而且谢尔盖·里沃维奇已经屡屡做梦，梦中的自己穿着这件燕尾服：剩下唯一要做的事，就是给扣眼里插一朵花了。家人甚至想过要把格鲁什卡卖了，她现在干活儿偷懒，再说家里总的说来也不需要她了。父母平常都节省到了吝啬的地步了，普希金家庭里的饭越来越难吃。波尔金的贡品也抵不上什么事儿。此时已经是 6 月了。有一天谢尔盖·里沃维奇忽然时来运转：他以波尔金的农奴抵押，一夜之间变成了富人，过起了心安理得的生活。燕尾服立刻就订制好了。亚历山大也尽可以在耶稣会士那里学习了。

然而，谢尔盖·里沃维奇在搞到钱以后，和往常一样，变得趾高气扬起来。似乎就连世上最富有的人也不配和他为伍。他不时会以一种神秘的表情窥伺着纳杰日达·奥西波芙娜的脸色，在其逼视下，纳杰日达·奥西波芙娜常常恐惧得心都凉了：她总是觉得谢尔盖·里沃维奇形迹可疑，甚至处境十分危险。就在诸如此类的日子里，他从报上读到一条决议，政府要在皇村开办一所寄宿学校，读完决议的他心情激动不已。对寄宿学校他没有一个比较清晰的概念，但却突然福至心灵地有了一个念头。于是他和朋友们商量了这件事的可行性，有一种传言，说这所学校将以培养大公为主。

在上两个沙皇执政期间，支配着生活的偶然性在再次出现时也会带来出乎意料的幸运。年轻人可以成为未来的恺撒游戏中的伙伴，或是在散步时偶然在树林里遇见皇帝和他的皇后。无论如何，他的命运都已经决定了。人们能回忆起人人都能耳熟能详的前沙皇执政期间的各类笑话和逸事。谢尔盖·里沃维奇想到，如果萨什卡在皇村受教育的话，那不就等于是在宫中受的教育吗，他突然明白了一个道理，认为这样的机会可一而不可再。耶稣会士在他心里已经没有那么大的吸引力了。与此同时，他从心底深处相信，亚历山大绝对不会被新的教学机关所录取。他的自尊心一直都很强。他的手在发抖。瞒着妻子他准备试试自己的运气。他的爵衔、名望和地位远远不够，而提交的申请一定很多，他担心自己会被拒绝。于是，他瞒着纳杰日达·奥西波芙娜，偷偷寄发了帮儿子申请入学的申请书。一边担心，一边又决心绝不让步：或是普通中学，或是皇村中学。申请书写得很好，但仅仅写得好是无济于事的。

光是开具其家族具有古老的世系的证明书，就费了他牛劲儿了。他不得不寻求伊万·伊万诺维奇·德米特里耶夫强有力的保护，还必须把证明文件寄去。可是诗人所在的代表委员会却令谢尔盖·里沃维奇再次确信了一点，即诗人和部长都是些学究和迂夫子。证明书后面司法部部长德米特里耶夫和萨尔蒂科夫伯爵的签名，显得无关轻重，甚至意义含糊。高官显贵们证明，少年亚历山大普希金的确是军需部七品文官谢尔盖·里沃维奇的合法婚生儿子。类似的证明文件，毫无疑问，可以在本堂神父的记录里找到。

一个曾经遭受到法维辛嘲笑过的古老的语词"少年"，用在自己儿子身上，不仅令他感到委屈，而且在某种程度上甚至令他感到害怕。

"合法不合法，老实说，这和您，老爷，无关。"他嘀咕道。

可是，部长的签名和纸上符号就足以说明问题了。

谢尔盖·里沃维奇违心地向兄长瓦西里·里沃维奇袒露了自己的计划，赋予他以在耶稣会士和寄宿学校之间做选择的权力，并且还给亚历山大·伊万诺维奇·屠格涅夫写了一封十分委婉的短信。父亲曾经两次隐隐约约对亚历山大提到过皇村开办了一所中学的事儿，但他当时正在忙于描写风景因而顾不上说什么，就没说什么。

耶稣会士那儿似乎更可靠一些，他们那里办事比较正规，不过话说回来，他们也未见得就可靠。一切的一切都有赖于瓦西里·里沃维奇就地解决。作为一个老赌徒，谢尔盖·里沃维奇相信运气，与此同时，他的自尊心很早就已经受到过伤害。

此刻他不无几分忧伤地看着儿子——儿子究竟值不值得这么精心培育和操心关怀呢？此时的儿子正是他情感最旺盛的时候——却在毫无任何感情中长大。有时候在傍晚时分，他会像一个富有、见多识广生活智慧的长者那样条分缕析地给儿子下达各种各样的指示和教导。渐渐地，他回想起了彼得堡的每个最微末的细节，涅瓦大街，近卫军青年军人的生活，仕途的失意，忽然之间，他极端渴望亲自去一趟彼得堡，去一个少不更事的青年人待过的那个地方。而萨什卡在彼得堡能有什么发现呢？说实话他有什么必要非得去彼得堡呢？在莫斯科也能受到良好的教育。可要教育孩子他得花费多么巨大的劳动呀！

况且此时此刻再改变主意已经晚了。

他叹了一口气，忧伤地开始教导儿子：

"百货商场的梭形面包和馅饼绝对不能买。那些小商贩会把你围在中间一个劲儿地嚷嚷：'梭形面包，热腾腾的梭形面包！'这些梭形面包是毒药，我有一次吃了差点儿没死了。"

"在涅瓦大街上，记住，你也许可以碰见皇帝，据说现在他每天都沿着涅瓦大街散步。看见皇帝，你得这样，瞧瞧，得这样鞠躬。"

谢尔盖·里沃维奇教导萨什卡如何鞠躬敬礼，但很不满意。

"是这样，不是这样！"

他到过宣令局：就是在那里，胖子松采夫给他发放了给亚历山大的证明，证明他出身于古老的贵族世族普希金家族，其家族徽章已经被列入公共徽章图册。亚历山大的命运就这样被安排好了。谢尔盖·里沃维奇为儿子做了一切他力所能及的事情，就暂时把他忘在脑后了。

所有这些准备工作，萨什卡的妹妹们也都参与了——安娜，安娜之后还有丽泽塔。无怪乎安娜·里沃芙娜每天早晨要读《女性晨读读本》，这是她的案头书。这本书非常实用：书后面的几页都是打了干净的格子的——一个栏目是访客和拜访、舞会；另一个栏目是牌戏记录，赢和输；第三个栏目最大，是记录笑话和尖刻的俏皮话的。安娜·里沃芙娜非常满意地从事着记录工作。在笑话栏目里，她塞进了几乎所有在莫斯科流传的关于女性不忠实的传闻，而在俏皮话栏目里，则收录了出自她兄弟们的俏皮话。这本小书的第一个栏目是"名女人"，这是她最喜爱读的一部分。她对庞贝奇特可怕的风习，对福里维和克列奥帕特拉的事迹都耳熟能详。对厚颜无耻以浑身赤裸挂满玫瑰花的维纳斯的样子展示给近臣们看的岑佐尼娅或米洛尼娅，永远都能引起她的同情和怜悯。但紧接着旁边就是性情比较温顺的女英雄画廊，其中有女皇叶卡捷琳娜一世，她为了把自己的丈夫从土耳其的俘虏中赎回来，牺牲了自己所有的珠宝首饰。安娜·里沃芙娜竭力想要在亲人们中间扮演的，正是这样一个女性拯救者的形象。

3

5月、6月相继过去了，而瓦西里·里沃维奇仍然一点儿都不想动身上路。谢尔盖·里沃维奇不敢提醒他上路的事儿——他们兄弟二人思考问题的方式和角度各有不同。亚历山大很郁闷，常常在半夜醒来，发觉自己一身冷汗。那个法国人想要炫耀自己教育下一代的知识成就，差点儿用带译文的法语读本和算术法则把亚历山大给淹死了。亚历山大总是显得漫不经心，心不在焉。时间过得很慢很慢。

最后，当7月过完，瓦西里·里沃维奇宣布要走了。于是定下了起身的日子。

这天，阿琳娜起得比平常还要早，一切的一切都早就洗涮晾干整理一新，缝缝补补整理停当。亚历山大·谢尔盖耶维奇随身携带的课本，被她分放在两边，避免马车颠簸中散了架。她还在窗台上找到一本被人忘记的小书，想了想，也塞进了他的箱子里。那本小书是伏尔泰的赞美诗。随后，又从谢尔盖·里沃维奇的书架上小心翼翼地拿了一些小版本皮封面的书来——亚历山大·谢尔盖耶维奇花了好多时间读这些书，况且这些书尺码较小方便携带。谢尔盖·里沃维奇很早以前就不再光顾这书架了。她把这些小书也悄悄地塞进箱子里，看样子不少于20本。

"谁还读这些破书呀。"她皱着眉头严肃担忧不无几分胆怯地嘀咕道。

这些小书的内容原来是十分喜兴的：庇隆、格列库尔、格莱塞最新笑话编。亚历山大·谢尔盖耶维奇平常每读这些书都会笑个不停。

"到那儿会笑得更欢的。"他断定。她根本就坐不住，又跑进厨房，厨房里正在炖路上吃的小牛肉，于是便再一次地刷洗了一下裙子。

再没有什么活儿可干了，她不觉有些伤感起来。她偷偷瞅了眼门里：亚历山大·谢尔盖耶维奇睡得正香。他这副无忧无虑的样子令她吃惊。

"还小，还完全是个孩子，"她对尼基塔说，"这是送给谁呀。"

尼基塔不喜欢和她聊天，认为女人都头发长见识短。

"这不为了学习吗。"他不情不愿地说。

"为了学习，"阿琳娜感情真挚地重复道，"到别人家学！如果遇上个坏先生怎么办？"

身为教师的孟德福给阿琳娜留下了最为美好的印象。

尼基塔都不认为有必要反驳她。

"任何人都会受屈的。"阿琳娜说着用围裙擦了擦眼睛。

"先生们是不会受屈的。"尼基塔平静地反驳道。

仆人们最无法忍耐的是鲁斯洛。

"东西全在家里。"阿琳娜说。

尼基塔一挥手走了。

那是一个炎热的早晨，太阳炙烤着大地。母亲、父亲、姑妈都一本正经、一言不发地坐在那儿，用一种无关的、旁人的眼神打量着就要离开的人。阿琳娜脸色煞白地站在旁边，脸上似乎没有了一点儿血色。她在门槛上对他画了个十字，嘴里念念有词——说的什么他也没听见。他的心紧缩了起来。

马车走上了特维尔大街。

家人把他们一直送到第一道岗哨。

瓦西里·里沃维奇私下打量了一眼四轮马车，最后觉得还是不满意，对那个驿站长破口大骂。所有出门人都有这么一种习惯。

临分手时安娜·里沃芙娜一眼都不看侄儿子，而是看着兄弟俩，交给萨什卡一个封了口的信封。

"这里有100卢布，是给你买零食的，"她郑重其事地说，"小心别丢了啊。"

谢尔盖·里沃维奇挞挈着双手，温柔地责备着妹妹。她过日子很仔细。瓦西里·里沃维奇显然很吃惊。他说自己会保管好这笔钱的，便把信封从亚历山大·谢尔盖耶维奇手里拿了过去。捧着手里不知该往哪儿放好，最后还是揣进了兜里。

安娜·里沃芙娜对自己给兄弟俩留下的印象感到很满意。萨什卡表示了感谢，但看样子并未被感动或感到吃惊。不过，除了感谢没有任何别的什么，这多少令她感到有些出乎意料。

马车夫坐上车座，铃铛丁零零地响了起来，他终于动身了。

在转弯处，瓦西里·里沃维奇郑重地望着他——这个小鸟儿平生头一次离开父母的家园。这时他吃了一惊：这个年轻人的目光在燃烧，嘴是半张开的，脸上的表情是奇特的。对此表情，瓦西里·里沃维奇怎么也弄不明白。他觉得这个小家伙似乎在笑。